JN011490

おいしさを高める味と香りのQ&A

# 味・香り「こつ」の科学

柴田書店

# 著者のことば

『「こつ」の科学』というと、一九七一年発刊の杉田浩一先生の本が本家です。そして、私に調理科学に興味をもたせてくれたも、この本です。二〇〇六年には、新装版として、科学的な発展があった部分に注釈が加えられて発刊されました。本書の執筆を柴田書店の方から依頼されたとき、それはあまりに畏れ多いのではないかと、一旦はお断りしようと思いました。しかし、科学の世界には、ニュートンの「巨人の肩の上に立つ」という言葉があり、科学者は、先人の発見に基づいて新たな発見をしていくのが仕事です。杉田先生の『「こつ」の科学』へのオマージュと捉え、自分自身がファンである本の、続編のような意識で、敬意をもって書かせていただこうと思いました。

食には3つの楽しみがあります。食べる楽しみ、つくる楽しみ、知る楽しみです。この本では、料理をつくり、そして味わううえでの様々な「こつ」を、その科学的な理由とともに書いています。おいしい料理をつくる「こつ」を知ることで、料理がよりおいしく感じられ、また、その料理を作ってみたいと思う人もいるでしょう。さらには、「こつ」を知るということそのものが、知識欲を刺激して、もっと知りたいと思うかもしれません。これらの楽しみはお互いに結びついていますから、どれかをきっかけに料理を楽しみ、好きになっていく方が増えることを期待しています。

この本は、176の質問に答える形で執筆しています。これに15のコラムを加え、味や香りについての基礎知識も得られるようにしています。質問のなかには、一般の方には専門的すぎるものもありますが、これは、私がプロの調理技術の研究をしてきており、プロ向けの料理雑誌『月刊専門料理』で、料理人とともに、おいしさの科学とデザインについて考える連載をしてきた経験をふまえ、プロの料理人からも質問を募集したためです。それらについては、少し難しいものもあるかもしれませんが、「一流シェフというのはこのように考えているのか」と、知る楽しみもあると思います。

おいしい料理を作るために、プロの料理人に「こつ」を聞いたとします。すると料理人によって、様々なやり方を教えてくれると思います。なぜ統一されていないのでしょうか。それは、お店によってその料理人が習ってきたことが違っていたり、厨房の設備が違っていたり、そもそも材料の質が違ったりするためです。山に登るにはいろいろな道があります。しかし、おいしいものをつくるという頂上は同じなのです。「こつ」の科学的な理由を知ることで、その山に効率よく登ることができ、頂上に早く到達できるでしょう。現代の料理界は人材不足で、昔のように悠長に人を育てる時間はありません。理由を理解しながら技術を高めることが、早道なのです。

調理の科学とは、調理技術の科学的な解析だけでは不十分で、調理技術によってどのような成分ができ、食品の構造がどう変わるか、という知識も必要です。そして、さらに重要なことは、その成分や構造が人の感覚にどう受け取られるか、という点です。たとえおいしい成分が含まれていても、人の感覚で感じられる差でなければ意味がないからです。この本のタイトルを、『味・香り「こつ」の科学』としたのには、そのような経緯があります。

この本の執筆は、私一人の力で成されたものではありません。専門的な問題を提供いただいた料理人の皆さん、執筆の機会を与えていただいた柴田書店の皆様、とりわけ、私に白羽の矢を立てていただいて、完成まで導いていただいた柴田書店書籍編集部の長澤麻美さん、以上おおぜいの方々に、心から御礼を申し上げます。

二〇二一年七月　川崎寛也

# 味・香り「こつ」の科学 目次

## 味覚・嗅覚全般

## 素材の味・香り

### ［野菜・果物・穀類・植物性食品］

［肉類・卵］

## 調理と味・香り

［だし］

［加熱調理］

●焼く

●炒める



●煮る・ゆでる他

## ●揚げる・燻す



## 【調味料】

## 新しい料理を考える

## 風味×風味

AD…細山田光宣
デザイン…木寺 梓（細山田デザイン事務所）
イラスト…川合翔子
図版作成…タクトシステム株式会社
編集…長澤麻美

## Column



文中の［ ］の番号は、P.274～の引用・参考文献の番号です。

# 味覚・嗅覚全般

味覚と味・嗅覚と
匂いに関する
基礎知識・素朴な疑問

Q 001

味覚の意義

# 味覚はなんのためにあるのでしょう？

私たちの五感には、生きるために必要な意味（生理学的意味）が必ずあります。そのうちの1つである味覚は、必要な栄養素を感知するためのセンサーの役割をしていると考えられています。自然の状態では、食べ物か食べ物でないかを判断することは、命に関わることです。とくに、体に悪いような、腐っていて酸味があったり、毒になる苦味があったりするものが口に入った場合は、飲み込む前の最後の砦として、きちんと機能しなくてはいけません。逆に、エネルギーとなったり体を作るのに必要な栄養素は、できるだけ取りこぼさないように、感知する必要があります。

「おいしい」と思う生物的な原点は、「栄養素を摂取した悦び」といえるかもしれません。

Q 002

「食べたい」は、どこからくるのか？

# 甘いものがすごく食べたくなったり、塩辛いものが食べたくなったりすることがあります。なぜでしょう？

特定の味のものを食べたいと思う欲求は、食欲がもっとも原始的な形で現れたものといえます。生きていくために、エネルギーや身体を作る必要があり、その材料となるのが食べ物の栄養素です。欠乏したりすることを防ぐために、その栄養素を摂取したいと思うのです。体内に貯蔵できる栄養素は限られていますから、体内の栄養素のレベルは常にモニタリングされており、足りなければそれを補おうとするのです。

ある研究によると、運動後、塩味とうま味（グルタミン酸ナトリウム）については、おいしさの感じ方が運動前と変わりませんでしたが、甘味（砂糖）については、おいしさの感じ方が強まったといいます。[1] これは、運動後にエネルギーが不足したために、エネルギー源となる甘い味のものをおいしく感じ、摂取しようという欲求が現れたものと考えられます。運動によって塩味へのおいしさの感じ方が変わらなかったのは、塩は体内に貯蔵できる量が少なく、常に欲しているからです。だからこそ減塩は難しいといえるでしょう。

ちなみに、これらの味への閾値（どれだけ薄い濃度で感じるか）は、運動前後で変わりませんでした。甘味についていえば、もし閾値が下がったとすれば、薄い濃度の甘味を感知できることになります。それは甘味が弱い、つまり糖質が少ない食品でも感知できることになりますが、糖質は少ないので効率は悪いでしょう。閾値は変わらないのに、食べたいと感じるということは、できるだけ効率的に高い濃度の甘い味を摂取しようということなのかもしれません。

Q
003

訓練で鍛えられるのは

# 味覚は訓練によって鍛えることはできますか？遺伝でしょうか？

味覚を鍛える、とはどういうことでしょうか。確かに、遺伝的に、特定の苦味物質を感じない人がいたり、嗅覚の遺伝子も人によって発現が異なる場合があります。しかし、この質問の味覚については、調味料や食品の質（五基本味や香り、食感など）に関する強さや継続時間を、適切な言葉で表現できることと定義したいと思います。料理を作るうえで言語化することは、他者と議論するために重要だからです。

この表現力は、訓練で鍛えることができます。「官能評価」という学問分野では、味や香りごとに基準となる物質を濃度を変えて準備し、評価します。それを何度も繰り返すことで、質と強さを記憶するのです。同時に他者と議論することで、自分の感覚表現を合わせていきます。味覚や嗅覚の難しいところは、視覚のように、指をさして「これは濃い赤色です」とできないところです。したがって、自分が感じている感覚を表現するためには、言語化し、議論することが必要で、それによって味や香りは記憶され、感覚は磨かれていきます。

濃度が低い、つまりごくわずかしか入っていない味や香りを感じる、ということも訓練によってできるようになります。わからないと思っているのは、感じているのに意識が向いていないか、表現する言葉を思いついていないだけである可能性があるのです。

Column 1

# 味の種類（五基本味）

　現在、科学的に「基本味」として定義されている味は、甘味、うま味、塩味、酸味、苦味です。

　甘味は、炭水化物、つまりエネルギーのシグナルと考えられていますが、炭水化物の分子は大きく、甘味の受容体にはまらないため、炭水化物の分解物である糖を感じるようになっています。同様に、うま味は、たんぱく質のシグナルと考えられていますが、たんぱく質の分子が大きいため、その分解物であるアミノ酸の味を感じるようになっているのです。

　塩味は、塩化ナトリウム（NaCl）の味ですが、ミネラルのシグナルであると考えられます。塩化ナトリウムは水に溶けると電離し、$Na^+$と$Cl^-$に分かれ、その両方があることで塩味を感じます。減塩が難しいのは、それを代替する物質がないためだと考えられます。

　酸味は、水素イオンの味ともいえます。酢の酢酸などの酸性の物質は、水素イオンを多く出し、酸味受容体は、その水素イオンを受け取ります。食品が腐敗すると微生物が酸性物質を多く作ることがあるので、酸味がする食品は、腐敗していると判断されることも多いのです。もちろん酸性物質を作らない食中毒菌も多いので、酸っぱくないからといって安全とはかぎりません。またレモンなどのクエン酸の酸味は、腐敗のシグナルではなく、エネルギーのシグナルともいえます。疲れたときに酸っぱいものがおいしいと感じるのは、このためです。

　苦味は、植物に含まれる毒物であるアルカロイドという物質によく感じます。ちなみに苦味以外の味の受容体は1種類から3種類ですが、苦味の受容体は25種類もあります。これは生物として多くの毒物を知覚し、飲み込まないようにするためだと考えられます。

１９１６年にドイツのヘニングにより、基本味は甘味、塩味、酸味、苦味とされていましたが、近年の研究から、うま味も第5番目の基本味として認められるようになりました。基本味とする条件は、山本氏によりまとめられています。

❶基本味とは他の味とは明確に異なった味であり、他の味を混合しても合成できない。

❷基本味ならば他の味とは独立して、選択的にその感受性を制御することができる。

❸味細胞表面膜の受容体は、基本味のそれぞれに対して異なっており、異なった情報変換機構が存在する。

❹味覚情報の伝達や情報処理に関与する神経細胞は、いずれかの基本味により応答する。

❺遺伝的に基本味のいずれかの感受性が欠落している人がいる。

❻基本味は化学構造の明確な単一の化学物質より生じる。

❼基本味を適当に混ぜ合わせることにより、いかなる味も人工的に合成することができる。

ところが、山本氏も指摘しているのですが、基本味はこの条件をすべて満たしているわけでもありません。加えていうと、第6番目の味として「油の味」や「カルシウムの味」なども、基本味ではないかとする研究者もおり、最近では、味わいが濃厚な感じを表現する感覚を、「コク味」として、味覚ではないが味の感覚には影響するだろうという研究報告もあり、まだまだ研究や議論が必要なようです。

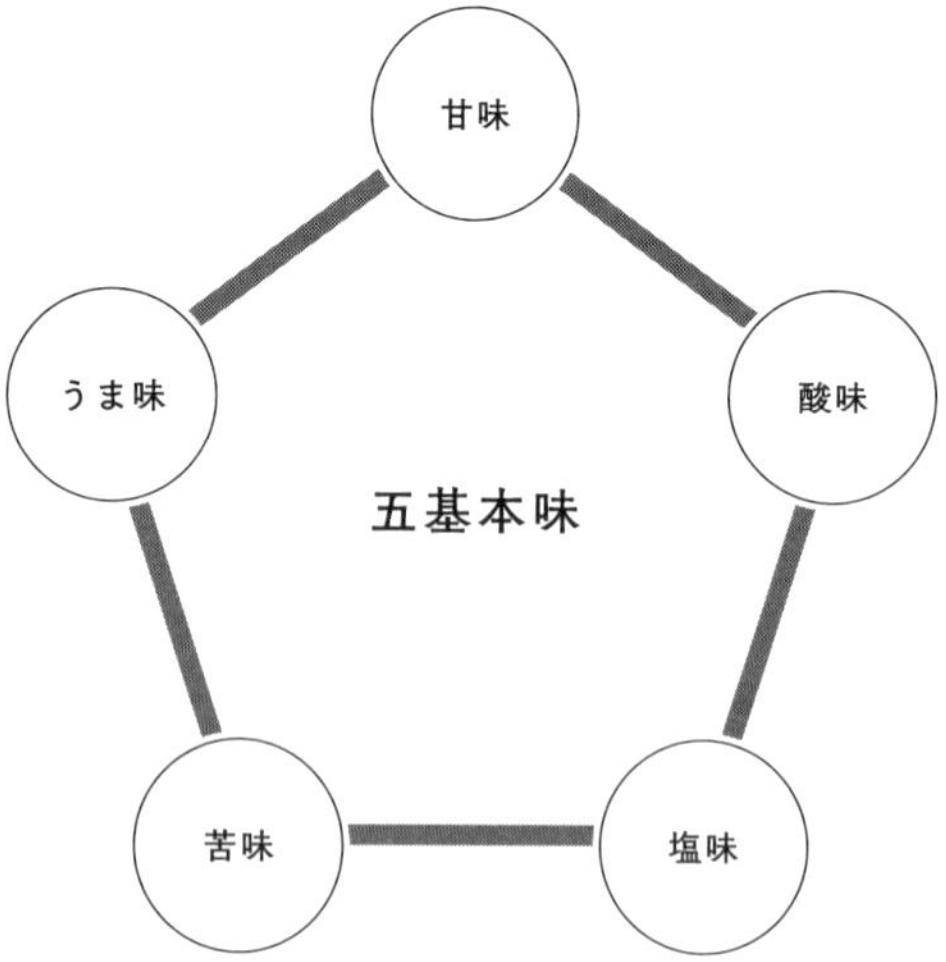

五基本味

甘味
酸味
塩味
苦味
うま味

## Q 004

食塩への嗜好

# 東北地方の料理に、塩辛いものが多いのはどうしてでしょう？

日本人の食塩摂取量の地域差についての研究では、寒冷な地域ほど、食塩摂取量が多くなっていることが示されています[2]。

しかし、食塩への嗜好には、さまざまな要因が複合して影響しているため、気候だけで説明するのは無理があるようです。日本では、食塩は醤油や味噌などの調味料にも含まれていたり、漬物、魚加工品などにも使われますから、地域の食文化の特性である可能性も考えられます。気候の影響だけであれば、日本より寒冷な気候の国で食塩摂取量が多くなければ説明できませんが、そうとはかぎりません。逆に、タイなど日本よりも暑い国で食塩摂取量が多い国もあります[3]。やはり食塩だけの問題ではなく、食塩を含むおいしい調味料が多くあり、それを使う料理が多くあることで、食塩摂取量が多くなる可能性があるのではないでしょうか。今後の研究が期待されます。

# Q 005

## 塩分を控えた料理をリクエストされました。塩分を減らして、おいしくするにはどうすればよいでしょう？

うま味やハーブ、スパイスを活用

減塩は世界的に求められていますが、根本的に難しいとされています。減塩の方法は4つに分けられます。[4]

まず、段階的に摂取する塩を減らしていく戦略です。これは有効ですが、行動の変容を伴うため難しいものです。

次に、KCl（塩化カリウム）など、食塩（NaCl）とは異なるミネラルを使った塩を使う方法です。KClは苦味を感じますが、現在それをおさえるような工夫をした塩が販売されています。

そして、塩の粒の形や大きさを変えたり、表面に局在させるなどの工夫もあります。料理の中にはできるだけ塩を含ませずに、表面だけに大きめの塩粒をごく少量使うことで、刺激として印象を強めることができます。

最後に、味や香りによる変化を活用する方法です。これまでのところうま味、スパイスやハーブの添加によって、減塩しても満足感が得られることがわかっています。

うま味の効果については、2％のカツオ節を加えて作ったすまし汁に、食塩とうま味成分であるグルタミン酸ナトリウム（MSG）を添加して嗜好性を調べた研究があります。それによるとうま味成分を加えないときに最適食塩濃度とされたのは0・92％でしたが、うま味成分を0・5％加えると、食塩濃度0・77％が好まれ、最適の組み合わせは、食塩濃度0・81％とうま味成分濃度0・38％でした。[5] このことから、うま味成分には減塩効果があるとされています。また、うま味成分を料理に添加したときに感じられる印象の変化については、適切な強さで加えられたときに、「コク、深さ、広がり」などを増すことで、好ましさが高まることがわかっています。

スパイスやハーブについては、米国人を対象とした研究で、チキンスープとトマトスープで、オレガノ、バジル、マジョラム、ベイリーフを加えることで減塩できたという結果が報告されています。[6] また、日本人を対象とした研究でも、香辛料の水溶性抽出液成分の塩味増強効果を調べたところ、バジル、セロリ、カモミール、烏龍茶、オレガノ、パプリカ、レモングラス、メース、シソに、塩味を増強して感じさせる効果が見られました。ただし、塩味が増強されても、塩味の質についてはよくないもの（えぐみ、渋み、しつこさ、刺激感を感じるなど）もありました[7]。しかし烏龍茶とシソは、塩味の質も高めた（すっきり感、まろやかさ、キレを感じるなど）とのことです。

また、醤油やカツオ節の香りによって、塩味が増強するという結果も示されています[8]。

これらを複合的にうまく使うことで、減塩しても満足できる料理を考えていく必要があるでしょう。

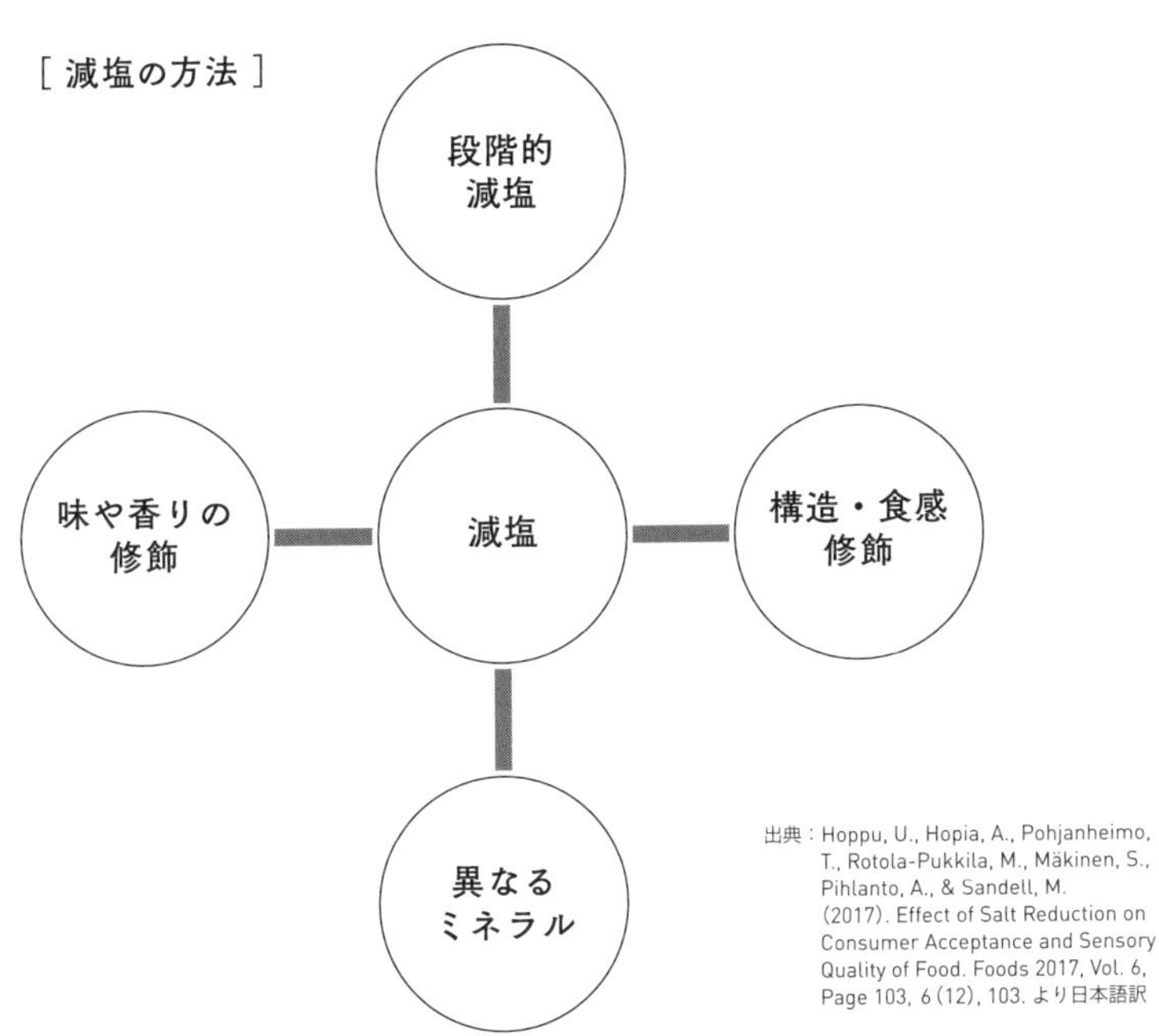


出典：Hoppu, U., Hopia, A., Pohjanheimo, T., Rotola-Pukkila, M., Mäkinen, S., Pihlanto, A., & Sandell, M. (2017). Effect of Salt Reduction on Consumer Acceptance and Sensory Quality of Food. Foods 2017, Vol. 6, Page 103, 6 (12), 103. より日本語訳

# Q 006 うどんやそばのつゆは、関西と関東で、どうしてあんなに違うのでしょう？

うま味の相乗効果の活用は同じ

上）東京のそば店のかけそば　下）大阪のうどん店のかけうどん

料理とは、その土地の食材を、その土地の人々が食べられるように加工することです。食材はその土地の自然と強く結びついています。交通網が発達する前は、とくにその傾向は強かったでしょう。一方で、人間がおいしいと感じる要素は、必要な栄養素と強く結びついています。人間に必要な栄養素は、大きく異なるわけではありません。自然という多様なものと、人間というある程度の幅に収まっているものを結びつけるのが料理であり、だからこそ料理は多様なのです。

関西では、北海道から上質な昆布が、そして鹿児島や高知からカツオ節が集まってくることで、昆布のグルタミン酸とカツオ節のイノシン酸の相乗効果を活用した強いうま味のだしを使ってきました。関東のうどんやそばは、醤油が主となった「かえし」を使うのですが、だしとしてはカツオ節だけを使う店が多いのが特徴的です。興味深いのは、カツオ節のイノシン酸と組み合わせるのが、昆布ではなく醤油のグルタミン酸であるという点です。うま味の相乗効果を活用するのは両者同じですが、その由来が異なるのです。

Q 007

味噌汁とだし

# 味噌汁にだしは必要ないというのは本当ですか？

味噌汁は、家庭でも料理店でも、具材や味噌の地域差、季節などによってさまざまに工夫される、懐の深い料理です。どんな具材でもおいしくしてくれるのが味噌汁なのです。

味噌汁には、だしは必要ないともいえますし、必要ともいえます。味噌を湯に溶かしただけでは、なにか物足りない感じがします。つまり、味噌を湯に溶かしたときのうま味成分の濃度が、おいしいと感じるまでに至っていないということです。味噌汁にだしが必要かどうか、ではなく「うま味」は必要で、そのうま味をだしからもってくるのか具材からもってくるのか、ということを考える必要があります。

昆布やカツオ節、煮干しなどの「だし素材」は、長い時間をかけて日本人が見つけてきた、うま味成分を多く含むように工夫して加工された素材です。フランス料理や中国料理などは、生の食材である鶏などを長時間かけて煮ることで、うま味成分であるグルタミン酸などのアミノ酸や核酸のイノシン酸を抽出しつつ、煮詰めて濃縮し、メイラード反応を起こして香ばしい香りをつけます。しかし、日本のだし素材は、すでに加工業者によって、乾燥などの加工がされることで濃縮され、メイラード反応も起こしているため、キッチンでは、抽出するだけに

豆腐とわかめの味噌汁

なっています。キッチンでの作業が「出す」だけなので、日本語では「出し汁」というのでしょう。

だし素材を使うと、漉す作業や、だしがらの処理をめんどうに感じる方も多いでしょう。ただ、だしをとるのがめんどうという理由で、味噌汁を作らないというのはもったいないことです。だしとは、煮干しなどで「とらなければいけないもの」という先入観があるのかもしれません。であれば、そのめんどうさのハードルを下げるために、うま味成分が抽出される具材を使えばうま味が補強される、という意味で、「だしは不要」というのは効果があるかもしれません。

しかしその場合は、どの食材から多くのうま味成分が抽出されるか、という知識が必要なのです。また食材にはそれぞれ固有の風味があります。たとえばソーセージであれば、肉の風味や燻製の風味が加わります。それが必要ない味噌汁を作りたい場合は、新たにうま味成分が多く含まれる食材を調べ、その風味についても考え合わせて決めていく必要があります。

このように考えていくと、いわゆるだし素材は、保存がきいて具材や味噌の個性を消さないものが、現代まで残っているといえます。もちろんさらに簡便な「だしの素」もおすすめしておきます。

Q 008

# スナック菓子は、「バター醤油味」をつい選んでしまいます。なぜこんなに惹かれてしまうのでしょう？

クセになる要素がいっぱい

バター醤油とは、バターを溶かして少し加熱して、メイラード反応による香りを作りだし、そこに醤油を加えることで、さらなるメイラード反応と塩味、うま味を加えたものです。調味料とは、栄養素の摂取を促す目的で、味を強調するために用いられてきたもので（P・194参照）、本能的に好む味が長い歴史の中で選択されてきました。

塩味、甘味、うま味は生得的に（生まれながらに）好まれる味の質と考えられています。また、メイラード反応は、糖とアミノ酸の加熱反応であり、世界中の料理で好んで使われてきた反応ですから、幼少のころから慣れ親しんだ風味となっています。また、油脂には「やみつき」になることも報告されています。やみつきとは、「クセになる」ともいわれますが、「もっと食べたい」と「また食べたい」の2つの要素があります。この感覚は、味、香り、消化して栄養になること、が統合されて記憶されるような食品によって起こります。

調味料ではありませんが、チョコレートには、まさに油脂とメイラード反応物質と糖が豊富に含まれており、やみつきになる要素が十分にあり、実際、チョコレート依存（Chocolate craving）もありえるという研究結果が報告されています[9]。

バター醤油味は、バターの油脂、醤油の塩味とうま味、バターと醤油の加熱によるメイラード反応の香り、という好まれる要素が豊富に含まれており、クセになる人が多いのでしょう。これらの要素を考えると、バター醤油味以外にも、ラーメンのスープや、ごま油と醤油やフルーツを使った焼肉のたれのような味など、クセになる調味料の組み合わせは考えられるでしょう。

Column 2

# 味や匂いを感じる仕組み（味覚受容体と嗅覚受容体）

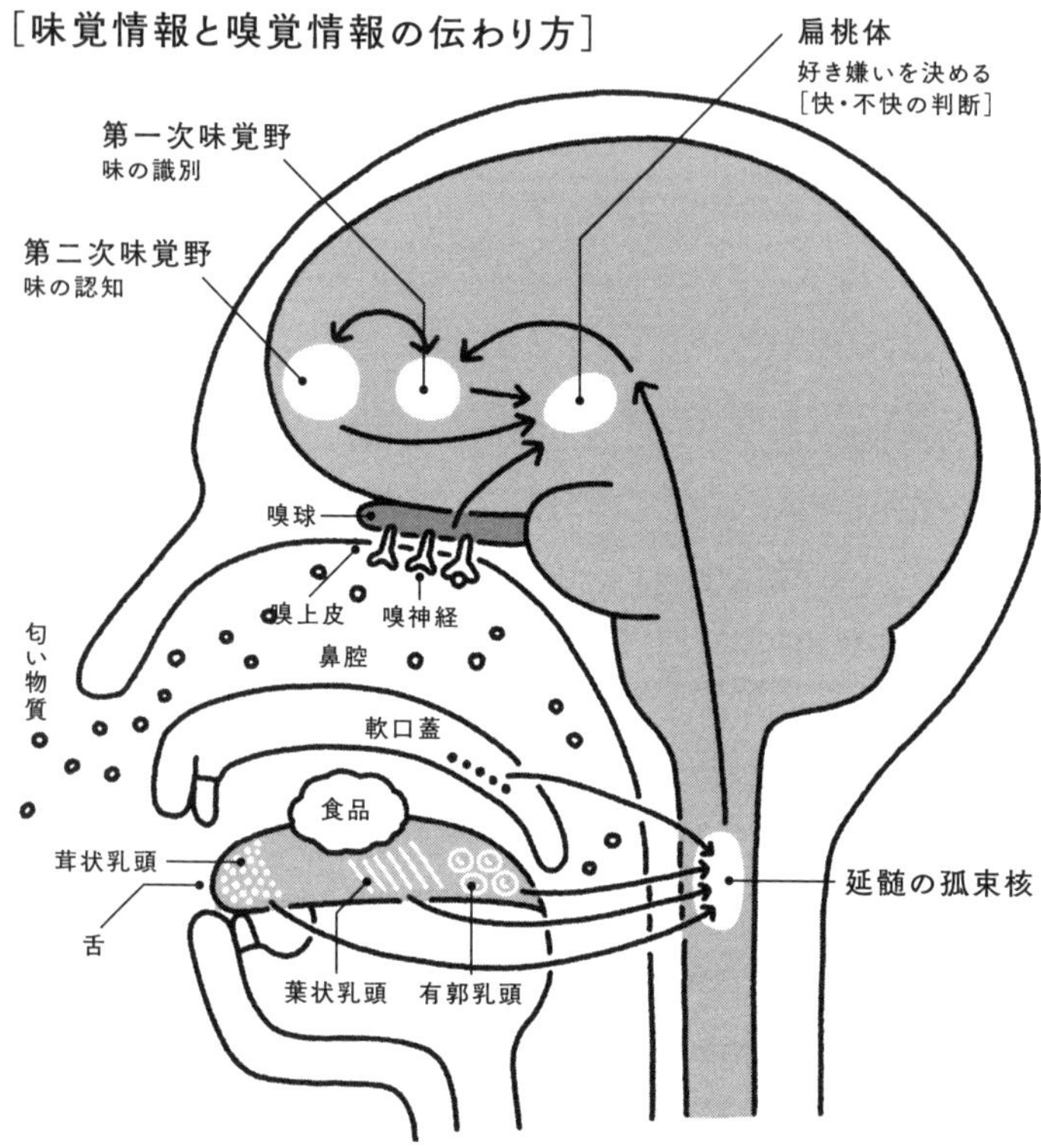

**【味覚】**

- 味覚受容体は、舌の表面にある3種の乳頭や軟口蓋などにある、味蕾に存在。
- 味覚受容体に味物質が結合すると、電気信号が発生し、味覚神経によって脳に情報が伝わる。

**［味覚受容体の種類］**

・塩味…２種類　・酸味…２種類
・甘味…１種類　・うま味…３種類
・苦味…25種類

**【嗅覚】**

- 嗅覚受容体は鼻の中の上部（嗅上皮）に存在。
- 嗅覚受容体に匂い物質が結合すると、電気信号が発生し、嗅神経によって、嗅球を経て脳に伝わる。
- 鼻腔の前からだけでなく、後ろからも匂い物質が運ばれてくる。

**［嗅覚受容体の種類］** 400種類

・匂い物質は数十万種類。
・ヒトが認識できるのは１万種類

## ［味を感じる仕組み］

味成分は唾液に溶け、おもに舌の表面にある「味蕾」という器官に含まれる、味細胞の表面にある「味覚受容体」に結合します。舌には乳頭と呼ばれる多数の小突起があり、味蕾は、舌の先端側に多くある茸状乳頭、奥の横のほうにある葉状乳頭、付け根近くにある有郭乳頭に集中して存在し、この他にのどや上あごのやわらかいところ（軟口蓋）にも分布しています。

かつて味覚地図と呼ばれていた、舌の部分によって感じる味が違う、という説はまちがっていることがわかっています。ただし、ある程度の感受性の違いはあり、舌の前のほうと上あごは甘味や塩味、舌の横は酸味、付け根付近は苦味やうま味をよく感じることは確かです。

味を感じる仕組みは、すべてわかっているわけではありませんが、塩味と酸味は、それぞれナトリウムイオンと水素イオンが、受容体（イオンチャネル型受容体）に流入することで味細胞が反応すると考えられています。一方、甘味、うま味、苦味は、それぞれの味物質が、受容体（Gたんぱく質共役型受容体）に結合することで、味細胞が反応すると考えられています。味細胞が反応すると、その情報は味覚神経を通して、脳に伝えられます。味を感じる仕組みの基本として、それぞれの味物質は特定の味覚受容体で受容される、つまり、5種類の基本味に対して、それぞれ決まった受容体が対応する、という原則があります。

## ［匂いを感じる仕組み］

では、匂いの場合はどうでしょうか。私たちの「嗅覚受容体」は、鼻の中の鼻腔という広い空間のてっぺんにあります。匂い物質は、数十万種類あると考えられており、人間が知覚できるのはそのうち1万種類程度といわれています。ところが、嗅覚受容体は400種類程度しかないことがわかっています。つまり、嗅覚は、厳密に決まった味物質と対応している味覚とは異なり、ゆるやかなパターン認識であると考えられています。1つの嗅覚受容体がさまざまな匂い物質を結合させるということです。それにより、400種類程度しかない嗅覚受容体でも、多くの匂いを認識できることになります。

ちなみに、それぞれの嗅覚受容体

[複数の匂いを同時に感じたときの受容体パターン]

嗅覚受容体が9種類とした場合

匂いAに結合した受容体のパターン

匂いBに結合した受容体のパターン

匂いAと匂いBに結合した受容体のパターン

の数は、人によって違っているといわれています。その点は研究が進んでおらず、よくわかっていませんが、人によって匂いの感じ方が違う理由も、そこにあると考えられています。

私たちはまず、いわゆる匂いを嗅ぐという行動で、鼻の穴から入ってくる匂いを認識します。香り成分は揮発しなければ感じることができません。このときの匂いを「オルソネイザル香（前鼻腔香）」といいます。

そして、口に入れて咀嚼すると、食べ物が破壊され、香り成分が口の中で揮発します。フレッシュハーブなど、細胞の中に精油として香り成分が入っている場合は、歯で噛むことではじめて揮発するのです。その際に香り成分は、いったん肺に入り、鼻から息をはいたときに、鼻腔の嗅覚受容体に結合します。これを「レトロネイザル香（後鼻腔香）」といいます。このレトロネイザル香は、食べ物のおいしさにひじょうに重要な役割を果たしていることもわかってきています。

さらに「風味」という表現がありますが、これは味覚情報と嗅覚情報（レトロネイザル香）の組み合わせによる知覚であると考えてよいでしょう。このように、脳は味覚情報と嗅覚情報を連合して認識するため、味だけ、あるいはレトロネイザル香だけと分けて感じることは難しく、たとえば味だけであれば、鼻をつまんで味わうなどの工夫が必要です。食品のもつ味覚情報と嗅覚情報の掛け算で、多様な風味の世界が広がっているのです。

Q
009

辛味とは？

# 辛味は味ではないのですか？また、辛い料理が好まれる国や地域には、なにか共通する条件があるのでしょうか？

辛味は、甘味、うま味、苦味、塩味、酸味の五基本味とは受容するメカニズムが異なります。代表的なトウガラシを例にとると、辛味物質であるカプサイシンという物質が、舌や口腔内にある辛味受容体に結合することで、受容体が活性化され、脳に情報が伝わります。カプサイシンの受容体は1997年に見つかったばかりです。このの辛味受容体は、カプサイシンだけでなく、43℃以上の温度刺激や酸によっても活性化されることがわかっています。[10] 熱くて辛味のある料理は、辛味だけのものより辛く感じられるのも、この受容体が辛味と熱で同時に刺激されることにより、より活性化されるためです。またこの辛味受容体は、ショウガや黒コショウ、クローブの辛味成分によっても活性化されることがわかっています。

近年の研究で、カプサイシンはエネルギー代謝を促進し、同時に、汗をかいたりすることで、最終的には体温を下げる作用を引き起こすことがわかってきました。

では、辛い料理は温かい地域で身体の熱を冷ますという機能のために、好んで消費されてきたのでしょうか？ある研究では、別の考えが示されています。新大陸原産のトウガラシは世界に伝播していきましたが、暑いところでも、そこまで食べない地域もあることから、それだけでは説明できないとしています。[11] トウガラシが定着した中国の四川地域やインドにおいては、それぞれ花椒、コショウがすでに定着しており、新大陸からきたトウガラシを受容する下地があったのではないかとのことです。確かに、辛味の質は違うとはいえ、辛味の扱い方がわかっている地域では、新たにきたトウガラシを使うことも容易だったと思われます。では、なぜそれらの地域では花椒やコショウが使われてきたのでしょうか？中国の四川は盆地であり、中医学の考え方では「湿」が身体に溜まるため、それを発散させるという発想もあるようです。今後の研究が期待されます。

Q
010

アクとはなにか？

# 肉を煮たときに出るアクと、ナスなどの野菜のアクは、同じものですか？アクは悪いものなのでしょうか？

料理人のみなさんと鍋を囲んだことがあります。みなさん、徹底的に浮いてくるアクを取るので、鍋の中は常にきれいでした。料理人にとって、浮いてくるアクを取ることは、無意識に行うほど身についている習慣なのでしょう。では、アクとはいったいなんなのでしょうか？そんなによくないものなのでしょうか。

たとえば、鶏肉を焼いてそのまま食べてもアクを感じません。もしアクが肉の中にいっぱいあるのであれば、ローストチキンはアクの味がしておいしくないのではないでしょうか。また、ナスはアクが強いので、切ったら水に浸けてアクを抜く、といいます。ではなぜ、丸ごと焼いた焼きナスにアクの味を感じないのでしょうか？

実はアクにはいくつかの種類があるのですが、大きくは動物性のものと植物性のものに分けられます。それぞれどういうものなのか、まとめてみます。

## ［動物性のアク］

動物性のアクとは動物の筋肉や骨を熱水で抽出した際に、たんぱく質が脂質を取りかこんで浮いてきたものをいいます。加熱温度が低かったり対流がないとアクが出にくいことは、経験によりご存じかと思います。このたんぱく質には、血液中にある、鉄を含むヘモグロビンや、筋肉中にあるミオグロビンが含まれるため、加熱されると茶～灰色に変色します。畜肉系だしのおいしい匂いは、メイラード反応による香ばしさと脂質酸化物の匂いです。しかし、表面に浮いてきた脂質は酸化が進み、血生ぐさいと表現される匂いを発します。これは、ヘモグロビンやミオグロビンが含む鉄イオンの強力な酸化力によって、脂質酸化が過剰に進み、「臭み」と感じるほどになるためです。アクを取らなくても、ハーブや玉ネギを同時に加熱すると臭みを感じにくいともいわれますが、これはハーブや玉ネギの香りによる臭みのマスキング効果です。

つまり、動物性のアクとは、水の中で加熱された肋肉や血液から出てきた、鉄イオンを含むたんぱく質が、脂質を取りかこんで、対流によって浮いてくるために、水面で脂質が過剰に酸化されたものの複合体であると考えられます。

## [植物性のアク]

植物性のアクとは、植物のもつポリフェノールやカルシウム、マグネシウムなどのことで、渋みやえぐみの成分であると考えられます。これらは本来、植物が自分の体を守るための成分であるため、皮など外界にさらされる部分に多いようです。

植物のアクは水溶性のものが多く、細胞壁を壊せば、水にさらしておくだけでも溶出します。ホウレン草などに含まれているシュウ酸は、苦味、えぐみをもたらしますが、軽くゆでて水にさらすことで、ある程度取り除くことができます。ただし、味成分も水溶性のため、アクを取り除くための水さらしは、おいしい味成分の流出にもなるので、注意が必要です。

ナスは白い部分にもポリフェノールがあり、切り口に酸素が触れると、酸化酵素という酵素によって、酵素的褐変という反応が起こり、茶色く変色します。しかし、水に浸ける、つまり、酸素に触れないようにすると、酵素的褐変が起こらないため変色しません。ということは、切ったナスを水に浸ける、というのは、アクの成分を水に溶かし出しているのではなく、切り口が酸素に触れないようにしているだけなのです。また焼きナスのように丸ごと加熱すると、酵素が失活するので、変色はしません。

小豆(アズキ)の渋(アク)はタンニンとサポニンという成分です。小豆の渋切りをするとタンニンとサポニンは除けますが、小豆の色素のうち、赤系の水溶性であるアントシアニンも、同時に溶けて出ていってしまいます。ただし、紫系の色素は2018年にカテキノピラノシアニジンという物質であるとわかり、こちらは脂溶性でしたので[12]、水に溶け出ることはありません。あんにするときにつぶすと、皮に含まれるカテキノピラノシアニジンがあんの脂質に溶け、あんの色となります。

Column 3

# 「食べたい」に関わる、味覚以外の感覚の働き

味覚の重要性については、すでに述べたとおりです（Q001参照）。しかし、食べるたびに、味覚のみに頼っていては、脳の負荷が高くてたいへんです。そこで味覚にいくまでに他の4つの感覚を十分に使うことで、おいしいかどうか、食べるべきかどうかを判断しています。

目の前にあるものを摂食したい（食べたい）と思うのは、味覚以外の感覚によって得た情報を脳で記憶と照合して判断するところからはじまります。さらに情報が伝わって、脳の報酬系と呼ばれる情報処理系の部位で、ドーパミン神経系というドーパミンを伝達物質とする神経系が活性化し、それによって食欲が最高潮に達するのです。その後、実際に食べると、ドーパミン神経系は落ち着いて、おいしかった場合にはエンドルフィンが分泌され、多幸感を感じます。これが、「おいしくて幸せ」という状態です。

食べる前にまず、もっとも多くの情報を受け取るのは、視覚です。視覚だけで人間は多くのことを判断します。場合によってはそれが先入観となり、判断ミスをすることもあります。プロのソムリエでも赤い色をつけた白ワインを、赤ワインの評価用語で説明してしまうほどです。しかし、視覚を事前の情報として、自分のコミュニティの中で共有することで、人間は効率よく食物を選択してきたのです。

次に、触覚です。食べ物を口に入れる前に、つかんだり切ったりしますが、その際にも、手からの触覚として硬さを判断します。それにより歯で噛むときの力も、厳密にコントロールされているのです。その判断をまちがえてしまうと、歯を痛めて

しまいます。硬いものをまちがって噛んだときのつらさは、経験された方も多いでしょう。

　そして嗅覚です。食べ物の匂いの感じ方については、2つの段階がありますが（P・032参照）、まずは、鼻の穴から入ってくる匂い（オルソネイザル香）をかぐことによって、食べる前に、これがどういうものかを判断できるのです。

　聴覚については、直接ではありませんが、調理をしているときの音などに対して、「おいしそう」と感じることで、摂食欲が増します。

　このように、「食べる」ということは生きていくために必須の行動なので、五感をフル活用して判断し、そして楽しんでいるといえます。

Q
011

視覚情報と味

# 暗い中で食べると、味の感じ方は変わりますか？

視覚は、食べ物を前にしたときにまず最初に働く感覚です。人間は視覚によって、それまでの経験と記憶から、目の前にある食べ物の多くの情報を予測することで、安心して食べることができるのです。

さまざまな飲み物（リンゴやグレープ、アセロラなどのフルーツジュース、野菜果実ジュース、ミルクティー、スポーツドリンク、コーヒー、抹茶ミルクなど13種類）の実験では、暗い中（色の明度がわずかにわかる程度）で飲んでも、グレープ、オレンジ、グレープフルーツジュース、ミルクティー、カルピス、スポーツドリンク、コーヒーでは、正答率が75％以上になりました。これらは比較的なじみがある飲み物で、また匂いに特徴を感じたという意見もあったようです。しかしアセロラジュースと抹茶ミルクについては正答率が25％未満と低く、これはなじみがないものであったためと考察されています。さらに、おいしさについては、視覚情報を加える（明るいところで飲む）と、9種類で、暗い中で飲んだときよりおいしく感じるようになり、アセロラジュースと抹茶ミルクなどは、とくにおいしく感じるようになったということです[13]。これは、飲む前に情報を得ることで、中身に対する確信が生じ、味を鮮明に感じたり、おいしく感じたりするためと考察されています。味わうということは、視覚情報などの事前情報の影響を強く受けるといえます。

また色は、味の感じ方に影響を与えることもわかっています。色と味の組み合わせで、味を敏感（薄い濃度でも感じる）にさせたのは、黄色が甘味と酸味に対して、赤色が酸味と苦味に対して、緑色が酸味に対してでした[14]。また、甘味についての実験では、彩度（色の鮮やかさ）が高くなると味を濃く感じるということがわかりました。これらの結果から、砂糖などの量が少なくても、甘く感じさせるデザートなどを作りたい場合は、鮮やかな黄色になるようにすると、甘味を感じやすくなるといえます[15]。

Q
012

匂いと味

# 鼻が詰まっていると、味があまりしないのはなぜでしょう？

私たち人間の鼻は、鼻の前からの匂いだけではなく、食べ物を飲み込んだ後に鼻から空気を抜くことで、鼻の後ろからの匂いも感じることができます。鼻の前からの匂いをオルソネイザル香（前鼻腔香）、鼻の後ろからの匂いをレトロネイザル香（後鼻腔香）といいます。レトロネイザル香は、咀嚼後にのどから上がってくる匂いのため、基本的には味を舌で感じたときと同時に感じる匂いです。

脳は、その後鼻腔の匂いと味の情報を分けて感じることが難しく、「風味」として感じているこれらの複合感覚を「あじ」として捉えているのです。風邪などをひいて鼻が詰まっていると、後鼻腔から上がってくる気流がなくなるため、匂い物質が嗅覚受容体に結合することができず、舌の情報のみとなるため、「味がしないな」と感じるのです。レトロネイザル香はそれほどまでに重要なのです。

厳密には、注意深く味わうと、鼻が詰まっていても舌からの情報としての味は感じるはずです。これは、鼻をつまむと体験できるため、食べ物を鼻をつまんで食べてみて、舌で注意深く味わってみてください。そしてその後、鼻をつまむのをやめて鼻から息を出してみてください。豊かな香りと味の組み合わせに驚くことでしょう。ソムリエがワインを味わうときに、口の中で空気と混ぜ合わせた後、鼻から息を出して香りを確認するのは、レトロネイザル香の重要さを知っているからでしょう。

Q 013

食感と味

# もちもちした食感の食べ物が大好きです。食感と味にはどんな関係がありますか？

食感は、食べ物を口に入れたときに、物理的に口の中が刺激されて感じる触覚による感覚です。触覚は、口の中の皮膚、舌、歯（歯根膜）にある圧力受容器（センサー）が、変形したり圧力を受けることで感じます。[16] 口の中にあるセンサーの役割は、食べ物が消化して栄養になりえるかどうかの判断材料となる情報を得ることです。消化は、食べ物を物理的に破壊して小さくし、酵素で分解することで可能となります。分子が小さくなってはじめて、小腸などで吸収されるのです。口の中での咀嚼はその最初のステップといえます。咀嚼の過程で食べ物は小さくなっていき、食感はどんどん変わっていきます。[17]

日本人はもっとも食感（テクスチャー）を表現する言葉をもつ民族です。テクスチャー用語の数についての調査によると、日本語には445語ものテクスチャー用語があるといいます（Q017参照）。これに対し中国語では144語、フィンランド語では71語、フランス語では224語でした。[18] 日本人は、この多様な食感を表現する言葉によって、その違いを区別して楽しむことで、さらに多様な食感の食品を創造してきたのです。

触覚と味覚は異なる受容体で感じ、脳に情報として運ばれる神経も異なるため、直接的な関係はありませんが、一般に硬い食べ物は味物質のリリースが遅くなるため、味を感じるのが遅くなり、やわらかい食べ物はその逆、ということがあります。

# Q 014

不均一はおいしい

# 外側がパリパリで中がフワフワのパンは魅力的です。パリフワに惹かれてしまうのはなぜでしょう？

一口の中で食感が変わるということは、多様な食材を味わっているように感じるのかもしれません。このように、多様な感覚を感じることをヘテロ感といいます。食品業界では、ヘテロとは不均一さのことをいい、食感について用いることが多い表現です。

人間は、多様な栄養素を摂る必要があります。多様な栄養素とは、自然界では多様な食材を意味します。おそらく本能的に、多様な食材を食べたい、そして、それをおいしいと思うようになっているのでしょう

自然というのは不均一なものです。食品メーカーが工業的に作ると、均一なものができることが多く、どうすれば不均一にできるかというのは、技術開発のテーマとして、どのメーカーも取り組んでいることです。料理を作る場合も、不均一な自然としての食材を、皮をむいたりゆでたりといった下処理をするうちに、ある程度均一なものになっていきます。それを料理に仕立て上げるときには、食感に変化を与えるために、あえてカリカリしたものを入れ込むなどして不均一にしていくようにすると、ヘテロ感が演出できるでしょう。

Q 015

温度とおいしさ

# 温かいものは温かいうちに、といわれますが、食べ物や料理によって、おいしい温度があるのでしょうか？

日本料理では、熱いものはより熱く、冷たいものはより冷たく提供するように、温度が重視されます。椀物であれば、椀に一度湯をはって温めておき、吸い地をはったらすぐに提供するようにします。冷たい刺身はできるだけ冷たく提供するために、器に氷を敷くこともあります。

椀物は、だしの香りを重視しますから、その香りを十分に感じるためには、温度が高くなければいけません。低いと香りが揮発しにくくなってしまいます。また、刺身については、温度が上がると魚の脂質酸化臭を感じる可能性が高まります。このように温度でおいしさは大きく変わるのです。

フランス料理でも同様に、熱いものは皿を熱々にして盛り付け、客席まで運ぶ間に冷めないようにしますし、冷たいものを盛り付ける器は冷やしておくことも多いです。前菜などはゼラチンで固めたようなものもありますから、溶けないようにする必要があるのです。フランス料理で興味深いのは、あえてぬるい温度で出す仕立てがあることで、これをティエド（tiède）といいます。サーモンやホタテなどの魚介類が使われることが多いのですが、ティエドで出すことで魚介類の脂が溶け、食感も冷たいときとはまた違ったものになります。また、甘味、塩味、酸味、苦味は22～32℃で強く感じるため、それによる影響も考えられます。

一方、近年は液体窒素で極端に冷やした料理も見られます。この場合は、食べたものの温度が口の中で上がるまではあまり味を感じないでしょう。味物質が味覚受容体に結合した後、味細胞の中で情報伝達がなされて、味覚神経に情報が伝わりますが、その情報伝達は酵素反応なので、温度が低いと反応が起こりにくいためです。

Q 016

機内食の味に影響するもの

# 機内食がおいしく感じられないことがありました。なぜなのでしょう？

気圧の変化に影響を受けないうま味を多く含む食材や調味料をうまく使うことで、料理をよりおいしく食べてもらえるように工夫しています。

機内食がおいしくないと感じるのは、飛行機が上空まで上がっていくにつれて、味覚と嗅覚に変化が起こり、気圧が一定に保たれた機内において、塩味と甘味を感じにくくなるためと考えられています。それには「気圧の低下」「湿度の低下」「騒音」が関係しています。飛行機が高度を上げるにつれて、気圧が下がり、機内の湿度も下がっていきますが、その影響で上空では、甘味と塩味を感じる能力が、地上とくらべて30％ほど鈍くなるという研究結果が報告されています。[19] さらに、乾燥した機内では匂いを知覚する鼻の粘膜がうまく働かないので、匂いも感じにくいようです。一方、うま味、酸味、苦味、辛味は気圧や湿気の低下による影響をほとんど受けません。また、騒音によっても塩味と甘味を弱く感じます。

これらの理由で、地上で感じられていた味と風味のバランスが、上空ではくずれてしまうのです。そのため、航空会社では機内食に塩やスパイスを多めに加えたり、

［騒音による塩味と甘味の感じ方変化］

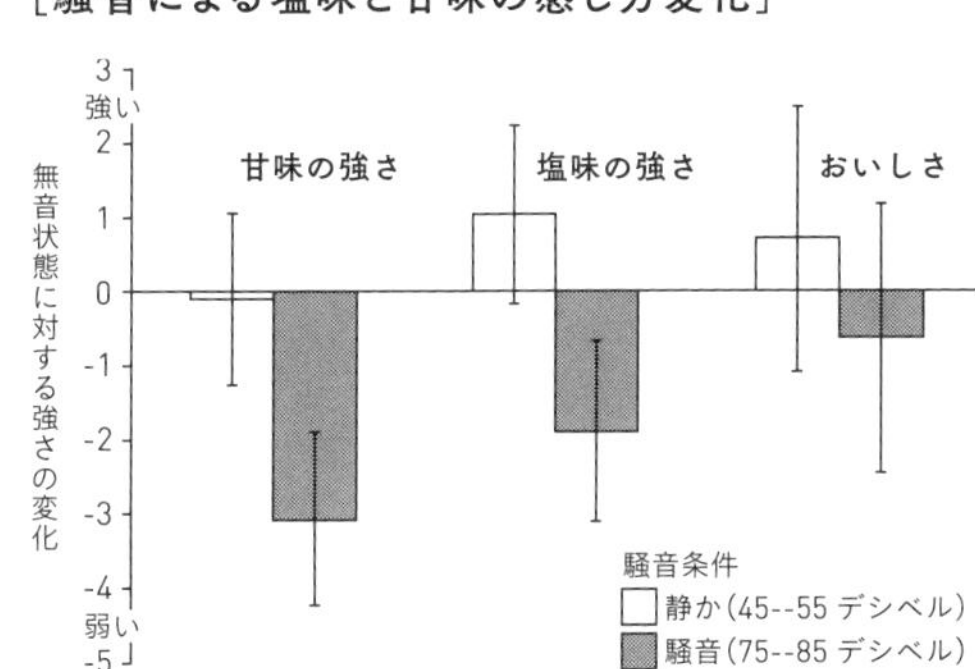


騒音条件を変えた場合の、ポテトチップ、チーズ、ビスケット、フラップジャック（シリアルバー）の官能評価の平均値

出典：Spence, C., Michel, C. & Smith, B. Airplane noise and the taste of umami. Flavour 3, 2 (2014).より日本語訳

Q 017

咀嚼音と味

# 揚げたてのコロッケのサクサクした音は、それだけでもおいしそうです。食べる音と味は関係がありますか？

音、つまり聴覚が、味覚の感じ方に影響するかどうかについては、飛行機の騒音によって、塩味と甘味を弱く感じるという研究はありますが（Ｑ０１６参照）、その他には、あまり研究がありません。しかし、音が「おいしさ」に影響するということは多く報告されています。とくに、食品の「おいしさ」の構成要素として食感（テクスチャー）が重要だと考えられていますが、この食感と咀嚼音は切り離せない関係にあります。咀嚼音は、食品を咀嚼したときの物理的な破壊音が、骨によって伝達され、知覚されるものです。

日本語のテクスチャー用語を検討した研究によると、日本語には４４５語のテクスチャー用語があり、約70％が擬音語・擬態語だったそうです。[20] 質問にもある「サクサク」というテクスチャー用語も、実際に音がするかどうかはさておき、表現として定着しています。時代による変化を見ると、１９６４年と２００３年では、共通して使われていたものと、使われなくなったものがありましたが、サクサクについては共通していました。[18] また、コロッケの食感として感じるサクサク感と、破砕音の大きさが、相関していたことも報告されています。[21]

近年は、咀嚼音を強調して聞かせることで、テクスチャーを錯覚させるような試みもあります。ポテトチップスを食べているとき、その咀嚼音にフィルタ処理を行った音を聞かせると、サクサク感のある揚げたてであるように感じさせることができたり、クラッカーを食べているときに聞かせると、分厚く感じさせたりできた、という結果が報告されています。[22]

このように音は食感と関連が強いため、これを意図的にコントロールすることで、食感の感じ方をデザインすることができるかもしれません。

［テクスチャー用語の出現順位の比較］

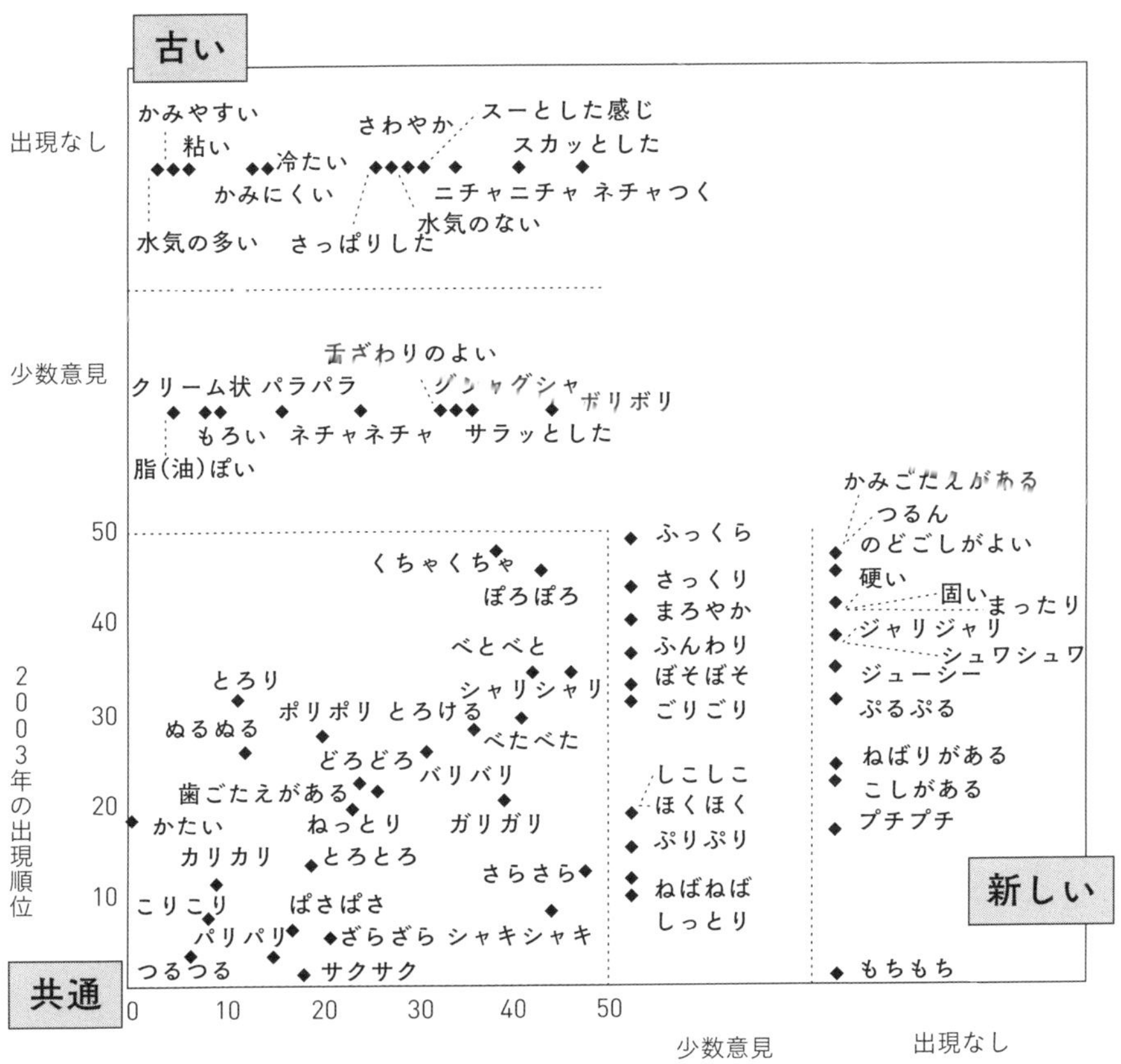


出典：早川文代.(2013).日本語テクスチャー用語の体系化と官能評価への利用.日本食品科学工学会誌, 60(7), 311-322.より

Q
018

香りによる味覚増強

# バニラアイスクリームのバニラは、どんな役目をしているのでしょう？

バニラはもともとチョコレートの香りづけに使われていましたが、現代では世界中でさまざまな菓子に使われています。実はバニラの香り成分は、バニリンという物質です。バニリン自体は苦いのですが、香りづけとして使われる程度の濃度では感じませんし、香りの質としては甘ったるいように感じます。甘いというのは本来、味の表現です。香りの表現は基本的になにかの例えが多いのです。

また、バニラの香りは、甘味を増強して感じさせることがわかっています。[23] これを「ニオイによる味覚増強 odor-induced taste enhancement」といいます。甘味を増強する香りとしては他に、ミルク、ストロベリーなどがあり、逆にオレンジやミントは弱く感じさせるようです。また醤油やカツオ節の匂いが、塩味やうま味を強く感じさせるともいわれます。[24] ただし、これらの結果は日本人についてのものであり、食文化が違う人の場合は異なる可能性があります。なぜなら、これらはその食文化において食べられている食品の味と香りを、連合学習していることから起こる現象であると考えられているからです。実際、ベトナムでは、バニラの香りは塩味、レモンは甘味と連合しているとの結果もあります。

バニラビーンズが入ったさや。バニラアイスクリームを作る際には、さやを裂いて中の種をこそげ出し、さやごと使用してアングレーズソースを作る

Q 019

香りの表現

# 「甘い香り」とか、「酸っぱい匂い」などといいますが、香りに味があるのでしょうか？

香りの表現は味にくらべて難しいとされています。[25] 味覚の表現は、基本味として、甘味、うま味、塩味、酸味、苦味が独自に定義されています。一方、香りには、このような基本臭が定義されていません。これまで定義づけする取り組みはありましたが、ことごとく失敗しています。それは味覚の受容機構が、受容体と味成分の一対一対応の関係であるのに対し、嗅覚はパターン認識であることも関係していると思われます。したがって、香りを体系的に分類することは難しいのですが、嗅覚表現としては、直接的に「洋梨の香り」のように示す直喩、「さわやかな香り」のような比喩が使われます。そして比喩の中でも嗅覚以外の感覚で例えるものを共感覚的比喩といいます。[26] それが「甘い香り」などの表現です。

このような考え方もふまえて、飲料や食品の開発に、フレーバーホイールを作成して活用することがあります。たとえば清酒のフレーバーホイールは、この図のように、味や香りの表現用語が示されていますが、「花様」のような直喩や、「焦臭」のような比喩、そして「甘臭」といった共感覚的比喩が用いられています。[27]

［清酒のフレーバーホイール］

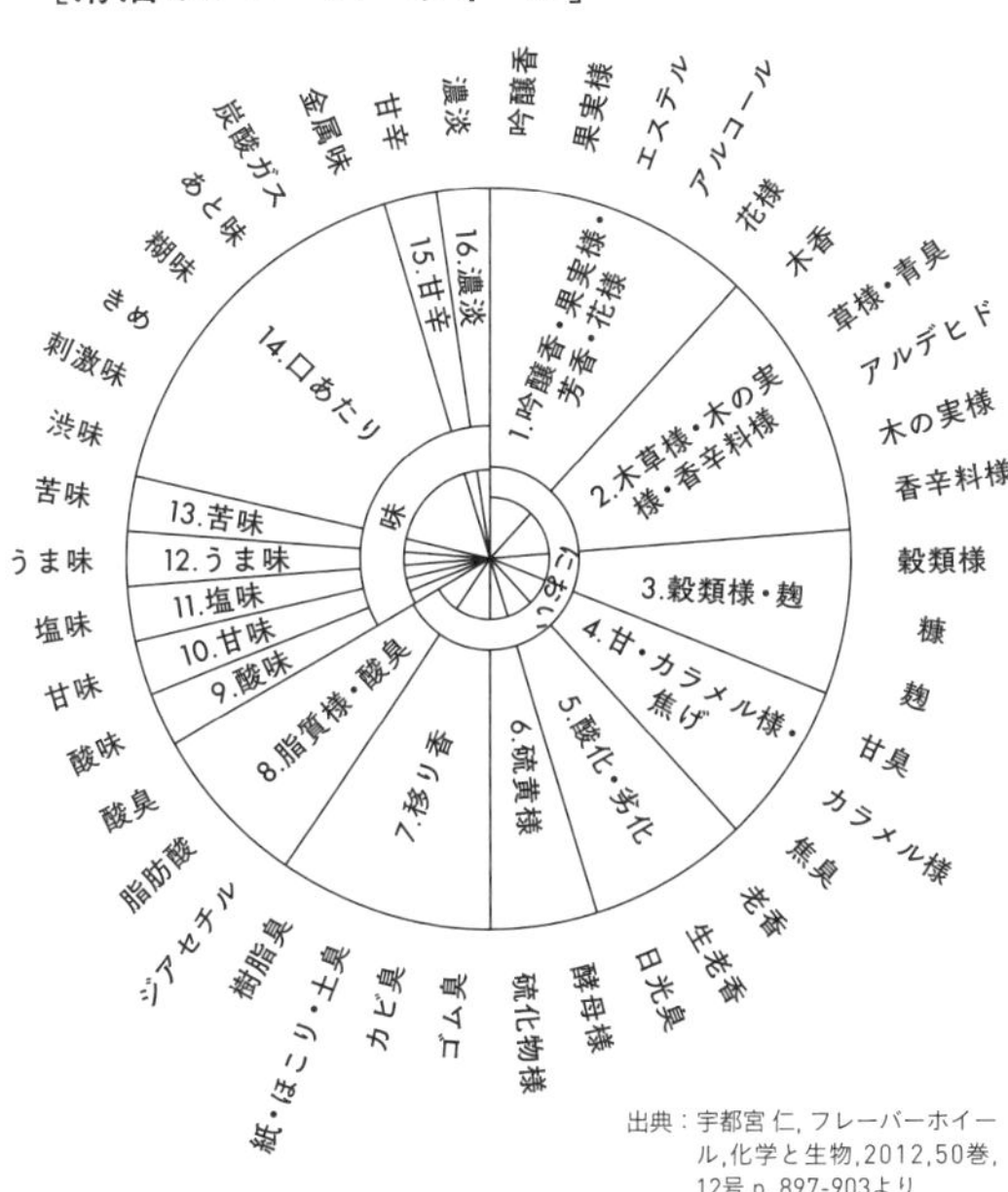


出典：宇都宮 仁, フレーバーホイール,化学と生物,2012,50巻,12号,p. 897-903より

Q 020

気温と湿度と味の関係

# 気温や湿度などにより味つけは変えますと、料理人さんがいっていました。味の感じ方が変わるのでしょうか？

割烹など、料理人が客前にいる業態では、料亭とはまた違ったサービスが必要となります。眼の前のお客に「おいしい」といわせるために、心をくだくのが料理人に重要な資質といってよいでしょう。その日の気温や湿度で、味や香りの感じ方が変わるのであれば、それに合わせて味つけを変えることで、求めるおいしさに到達できるでしょう。暑い夏、外から入ってきたお客が何か飲みたいといえば、冷たいものを出すということは普通にされると思います。料理についても、同じことです。

気温や湿度は、気分ばかりではなく、味の感じ方にも影響を与えます。塩味についてのある研究では、気温が下がると塩味への嗜好性は高まるという結果が示されました。[28] その一方で、体内の塩分の欠乏は厳密にコントロールされていることがわかっています。これを「恒常性の維持」といいます。そのため、汗によって塩分が失われると、塩分を摂りたくなるのです。よって、汗をかく機会の多い暑い地域では、塩味は濃いほうが好まれる傾向にあります。

湿度については、湿度そのものによる影響というより、湿度が高いことで気温を高く感じ、気温の影響をより強く受けるのだと考えられます。

Q
021

予測して味わう

# アイスコーヒーだと思い込んで飲んだら麦茶でした。口に入れたときに、一瞬なにかわからなかったのですが？

私たちは、食べ物を食べるときに五感を活用しますが、とくに食べる前には、視覚や嗅覚を用いて、その食べ物が、「安全かどうか」「栄養になるかどうか」について、無意識に判断しています。食べたことがあってお腹を壊したりしていなければ、視覚などの情報から、「これは食べてよい」という判断をした後に、口に運びます。その際の判断は、あくまで仮説であり、実際には食べてみないとわかりません。口に入れた時点でも瞬時に判断しており、そのときの味や風味、食感を記憶しておき、消化した後に、お腹を壊したかどうか、栄養になったかどうかという情報と連合させて、記憶に残していくのです。つまり、食べ物を摂取する際には、事前にそれがなにかをかなり正確に予測しておき、実際に口に入れたときにはその答え合わせをして、正しければ飲み込む、というようなことをしているのです。

心理学の研究で、白ワインに赤い色素を加えて色を赤ワインにしておくと、ソムリエであっても、赤ワインを表現する言葉で白ワインを表現する、ということを示した研究があります。それほど、私たちは予測して味わっているのです。

普段アイスコーヒーが入っている容器に入っていて、外観がアイスコーヒーに見えており、冷蔵庫のいつもアイスコーヒーが入っているところに入っていれば、「アイスコーヒー」だと思って、その味と香りを予測します。それが麦茶であれば、予測していた苦味やコーヒーの風味がないために、その飲み物が、そもそも摂取してよいものかどうかや、アイスコーヒーでなければ一体なにか？　を、味や風味から考える必要があり、脳の認知能力をかなり消費するような、予測前の状態までさかのぼって考える必要が出てくるのです。

Q
022

味見のこつ

# 煮込み途中の味見ではちょうどよかったのに、盛り付けて食べてみると、味が違うことがあるのは？

煮込み料理などは、加熱をしているときにさまざまな化学反応が起こっているため、味わいがどんどん変化していきます。途中の味見は目的を明確にしないと、最終的な味や風味の濃さを見誤ることにもなるので注意が必要です。

まず、味については、煮込むほどに味物質の濃度が高くなるため、濃く感じられますし、香りについても、蒸発する香り成分があるために、感じ方が変わっていきます。化学反応についても、メイラード反応が進むことで香ばしい香り成分が生成しますが、メイラード反応の香りはうま味やコクを強く感じさせるため、煮込むほどに濃厚な風味が出てきます。[29][30]

また、同じ味を何度も味わうと、その味を弱く感じる「味覚順応」という心理的現象が起こるため、[31]味見を繰り返すと、しだいに味を弱く感じてしまいます。そのため、盛り付けてからあらためて味わうと、実は味が濃かったということが起こりえます。また、味見する量も、実際に食べる料理とくらべてあまりにも少ないと、料理として味わったときの濃度としては、薄く感じてしまうでしょう。

これらのようにさまざまな要因がからむため、味見の際は、できるだけ回数を少なく、口に入れる量は多めにすること、そして味見の前に水などで口の中をリフレッシュすることで、毎回同じ状態にするなどの工夫が必要だと思われます。

Q 023

混合抑制と味覚順応

# いろいろな調味料を混ぜていくと、だんだん味がわからなくなるのはなぜですか？

複数の調味料を混ぜて、合わせ調味料を作るとき、味見をしながら混ぜていきますが、このときに「味がわからなくなる」という現象が起こります。この状態は、味や風味の質と強度を、適切な（おいしい）配合で決められない、ということだと思われます。

その理由を考えてみましょう。まず、複数の味成分を混ぜて味わうと、弱く感じる「混合抑制」ということが起こります。これは、たとえば塩と酢を混ぜると、塩味も酸味も弱く感じる、という現象です。さらに、何度も味見をしていると、舌は同じような刺激を受け続けるため、しだいに味を弱く感じていく、「味覚順応」が起こります。嗅覚も同様に、順応が起こります。このようなことから、調味料を混ぜていくと、味がわからなくなっていくように感じると考えられます。それを防ぐためには、味見をできるだけ少なくすることと、味見と味見の間に、味覚と嗅覚をリセットすることが重要です。味覚のリセットには、水を使うのもよいのですが、油脂を含んだソースなどには、炭酸水のほうが、油脂を流しやすく、よいと考えられています。また、物理的にキュウリなどを咀嚼して食べる、ということも効果があります。

嗅覚のリセットについては、自分の匂いを嗅ぐ、ということが効果的だとされていますので、香りがわからなくなったら、やってみましょう。

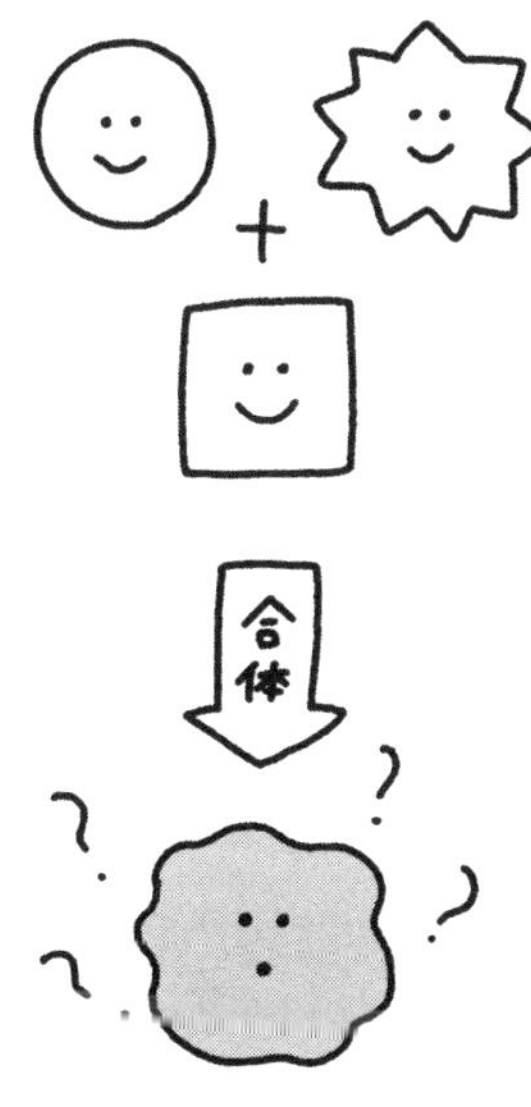

Q
024

味と香り、それぞれの相互作用

# 2種類の味を同時に味わった場合、香りを同時にかいだ場合、どんなふうに感じられますか？

味覚に関しては、人間には5種類の受容体があり、味と受容体は一対一で対応していて、たとえば、甘味物質は甘味受容体に結合し、酸味物質は酸味受容体に結合します。そのため、甘味物質と酸味物質を同時に味わうと、別々に情報が脳に到達し、脳では甘味と酸味を別々の感覚として認知します。また、その強さについては、互いに強めたり弱めたりする相互作用があることがわかっています。料理でも甘酢のように、酢の酸味が砂糖の甘味で弱められて感じられます。

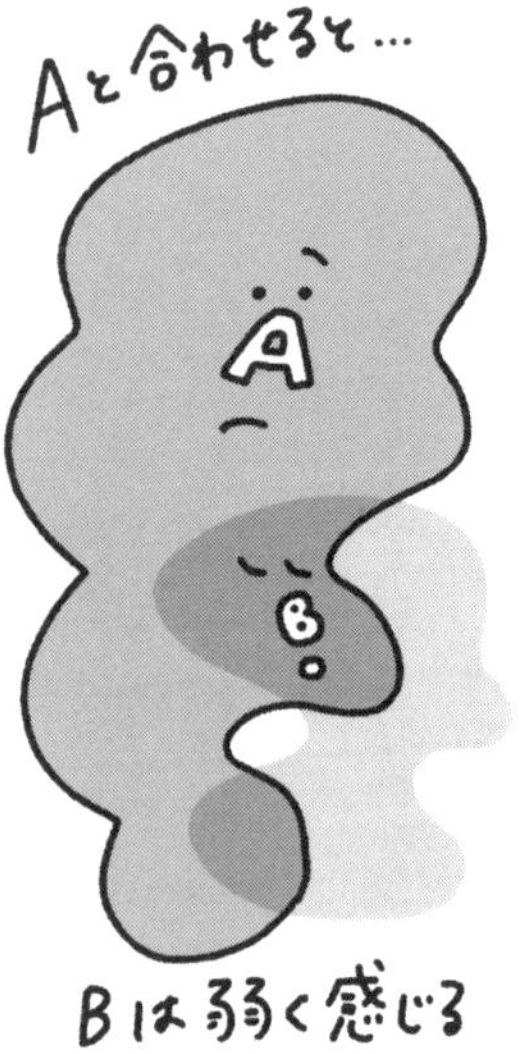

嗅覚に関しては、人間は約400種類の嗅覚受容体をもっていますが、それぞれの受容体と香り物質の組み合わせは、ゆるやかに決まっていて、ある受容体は複数の香り物質と結合し、脳はその受容体のパターンで認知します。

香りで興味深いのが、香り物質と嗅覚受容体の組み合わせがパターンであるため、2種類以上の混合の香りの場合、香りの質や強さが変化する相互作用がある点です。混合して弱く感じることを「混合抑制」といいますが[32]、この混合抑制については、香りの閾値（感じるかどうかの濃度）よりも濃いときに弱く感じたり、閾値よりも薄いときに強く感じる場合があったりと、極めて複雑な現象が報告されています[33]。明確な法則がないため、実際にいろいろな組み合わせを試してみることが重要です。

Aと合わせると…
Bは弱く感じる

Q 025

子どもの好き嫌い

# 子どもが食事を食べてくれません。どうしたらよいでしょう？

食経験の少ない子どもにとって、もっとも重要なことは、「食べ慣れた味」であることです。そのような親近性の高い料理は、食べても体調に問題がなかったことが、自らの体調をもって証明されているため、脳が「食べてもよい」という判断を下しやすいのです。また、成長期である子どもは、身体を大きくし、動いたり頭を使ったりしてエネルギーを消費することが、日々の活動の多くを占めるでしょう。それらに必要なたんぱく質のシグナルであるうま味や、エネルギーのシグナルである甘味が子どもに好まれる味であるのは、それらの栄養素を摂取させようとする脳の戦略であるといえます。しかし、単にうま味や甘味を強くすればよいかというとそうでもありません。成長期は同時に味や風味のかけがえのない学習期間でもあります。多様な食材を味わわせることも重要で、そのために必要な最低限の調味料を使い、食材固有の風味を「おいしさの記憶」としてストックさせせたいところです。また、食べない理由は単に「食べにくい」とか「硬い」といったことだけかもしれません。酸味や苦味は大人よりも閾値（いきち）が低いため、嫌がるのは生物として当然のことです。無理やり食べさせることで、食体験そのものへの嫌悪感が記憶されることもわかっています。注意深く観察し、多様な食材の体験をさせてあげましょう。

# Q 026

年齢による嗜好の変化

## 一般的に、若者は濃い味を好み、年長者はあっさりとした味を好むのはどうしてでしょう？

濃い味というのは、調味料の塩味や甘味、うま味などが強かったり、食材に油が多くてこってりとし、油っぽさなどが強いということだと思います。年齢が上がると、嗜好の変化は実感するところです。実際、女性のデータですが、薄味のものへの嗜好は年代が上がると上昇する傾向があり、油っこいものについては60歳代から特に低くなるという、研究の結果が報告されています。[34]

この「好み」について、味覚の変化と消化吸収能力への加齢の影響から考えてみます。

まず、味覚の感度は、年齢に伴って変化し、酸味、甘味、塩味、苦味については、60歳から閾値（いきち）が上昇して感度が下がることが示されています。[35] また、舌の奥のほうにある有郭乳頭という部分に存在する、味を感じる味蕾（みらい）の数は、70歳までは大きな差はありませんが、74歳をすぎるとそれまでの⅓程度まで急激に減少することがわかっています。これらは、薄味を好むとはいいながら、味覚の感度が鈍ってくることで、調味料を多く入れがちになってしまうことを示しています。

一方消化能力については、すべての消化酵素の分泌量が、60歳ごろから低下するといわれており、胃のたんぱく質分解酵素と十二指腸の脂肪分解酵素も、60代からの低下がみられています。[36] これは、たんぱく質、脂肪に対する消化能力が低下することを示しています。

消化能力が低下すると食べた後に胃もたれしたりするために、食欲がわかなくなり、これらの成分を含む油っぽい肉などを好まなくなるという、嗜好の変化と一致しています。

[たんぱく質分解酵素の分泌量の年齢による変化]

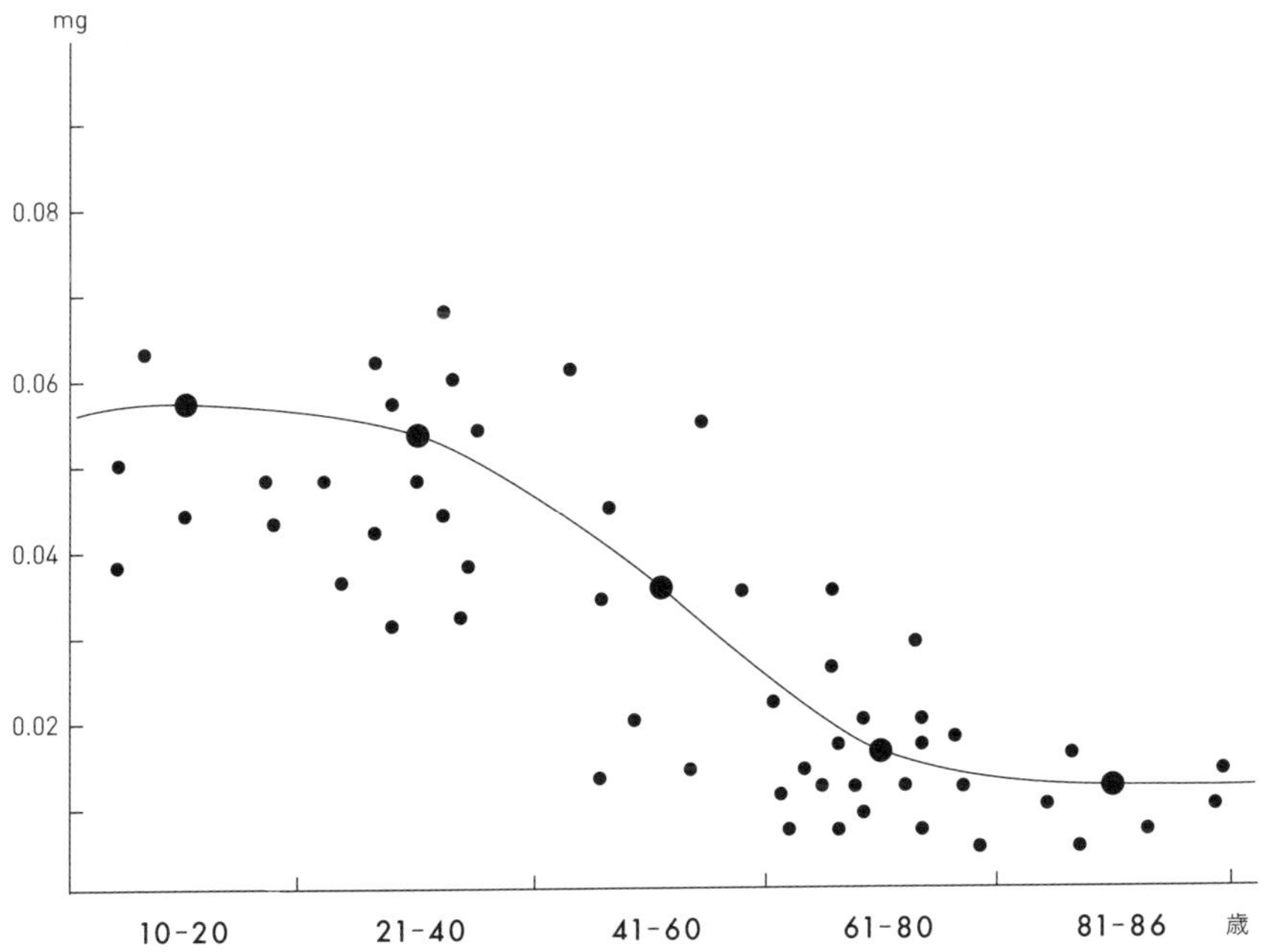


縦軸は試験管内消化でペプシンの作用により遊離するチロシンの量を示す

出典：高橋徳江,鈴木和子,佐藤節夫,&平井慶徳.(1991).高齢者医療における栄養・食事管理 ー低栄養の補正と過剰摂取の是正ー. 順天堂医学, 37(1), 15-25. より

Q
027

# 食べ物の好みが合わない相手のために料理を作るとき、大事なことはなんでしょうか？

大人の「好み」への対応法

食べ物の好みはさまざまな要因から成り立っています。「育ってきた環境が違う」のですから、好みが違うのは当然だといえます。とはいえ、その好みが塩味などの味の濃さ、なのか、ニンジンなどの風味そのもの、なのか、やわらかいものが好きなどの食感なのか、という要因の考察は可能です。要因が特定できれば、それに対して対応すればよいのです。味の濃さについては、薄いほうが健康にはよいのですが、薄い味を好むようにする、という行動変容には、段階的に味の濃度を低くした料理を食べさせることが有効であると考えられています。風味の好みについては、米国の研究で母親の食べた野菜（ニンジンやブロッコリーなど）の風味が羊水や母乳に移行し、野菜の風味がわずかにつくために、子どもがその風味を学習して好んでいくことから、好みが生成していくと考えられています。とはいえ、風味への好みは、味覚刺激との連合学習であり、味覚刺激への印象が変わると、風味への好みも変えることができると考えられています。したがって、ニンジンが嫌いであっても、その人が好きな調味料で味つけをすることからはじめ、食材というより「料理として」好ましく感じるようにしていくとよいでしょう。

Q 028

## レストランなどで、料理の説明を聞いてから食べることには、どんな効果がありますか？

親近性が高まることで得られる安心感

私たちの脳は「答え合わせ」が大好きです。危険に満ちている自然において、事前にわかっていることを体験することで、安全に生きていけるようにと進化した結果であり、安心感を得られるということだと思われます。

料理の説明がなくても、何を食べさせられるかわかるようなときは、その料理に対しての情報が十分にあるということなので、安心して食べることができますが、その人にとって新しい食べ物の場合には、新奇性が高く、なにも情報がなければ、「おいしいのだろうか？」「そもそも食べられるのだろうか？」という感覚が生じるかもしれません。料理を作る側からすると、特にガストロノミー的な料理の場合は、「新奇性と親近性のバランス」が重要とされています。親近性が高い場合は、わざわざお金を払って食べる値打ちがないと思われてはこまりますし、新奇性が高すぎる場合は、食べてくれない可能性があります。京都の老舗料亭「菊乃井」の村田氏は、「新しい食材は、見慣れた仕立て」で、「見慣れた食材は、ちょっと変わった仕立て」で料理を考えるそうです。まさに「新奇性と親近性のバランス」を食材と仕立てで実現しようとしているといえるでしょう。

Q
029

キャンプの料理がおいしいわけ

# キャンプやバーベキューの料理が、いつもよりおいしく感じられるのはなぜでしょう？

キャンプやバーベキューなど、外の自然の中で熾火や炭火を使って料理を作って食べると、なんでもおいしく感じるといわれます。確かに、これらの熱源で焼くことで、表面のメイラード反応が進んで、いつにも増して香ばしい香りがするため、普段の料理でも、よりおいしく感じられるでしょう。また、たとえ焦げすぎた部分があったとしても、いつもより香ばしい部分やカリカリした部分があることで、ヘテロ感（不均一感）を感じておいしく感じる、ということもあります。

しかし、煮込み料理では、風味への影響は考えにくいと思われます。それについては、作っていく過程を体験することで、料理の価値そのものが高まっているのではないかと考えられます。食べ物のおいしさには、五感の情報すべてが関わっています。そして、五感から得られた情報によって感じる、新奇性と親近性のバランスが重要とされています。たとえば、カレーであれば、野菜を切ったり肉を炒めたりする過程を、共同で行ったり間近で見たりすることで、火のパチパチいう音や、ジュージュー炒める音や匂いを感じ、火が燃えているのを見て、家で食べるときとは違う器で食べるなど、料理の体験としての価値が高まり、食べる瞬間には、期待感が最高潮に達するのです。さらに、いつもと同じ親近性の高い料理であっても、これらの五感情報により新奇性が高まって、よりおいしく感じると考えられます。

レストランでも、意識的に五感を刺激することで、自然の中で食べているように感じさせる工夫をすれば、新たな体験として提供できると思われます。

Q 030

ラーメンが愛されるわけ

# ラーメンは、どうして世界中で人気なのでしょう？

ラーメンの起源は「拉麺」と書く中国料理で、「拉（ラァ）」は引っ張る、「麺（ミェン）」は小麦粉を練ったものという意味です。それが日本で独自に発達し、世界中に広まりました。海外のラーメン店はパリやニューヨークで1970〜80年代にできはじめ、現代では、中国でも日式拉麺（日本式拉麺）として、本国の拉麺とは区別されています。日本に来る観光客も、ラーメンを日本食の一種ととらえ、これを食べることを目的の1つとして楽しみにしているようです。

興味深いのは、ハンバーガーやピザのような大手チェーンというより、小規模なチェーンや個人店として広がっている点です。この点を考察してみたいと思います。

まず、作る側から考えると、料理のプラットフォームとしてすぐれている点が挙げられます。プラットフォームとは共通の土台のことで、それをベースにさまざまにカスタマイズできるものです。ラーメンをプラットフォームとして考えると、スープと麺と具材という構成要素のルールが明快で、要素分解しやすく、それによって料理人の創造性を刺激するクラフト性があるなど、必要な条件を満たしているといえるのではないでしょうか。

食べる側から考えると、栄養素としては麺の炭水化物、具材のたんぱく質があり、スープの脂質とうま味、塩味が十分に強いなど、クセになる要素が多くあります。現代では過剰栄養になることも考えなければいけませんが、発明された当時はすばらしい組み合わせだったと思われます。このように、ラーメンには、作る側からも食べる側からも、世界の人々に好まれる要素が多くあると考えられます。

Q 031

その土地の自然に合わせて進化

# インドやタイのカレーにはインディカ米が、日本のお惣菜にはやはり日本の米が合うのはなぜでしょう？

食文化は、その土地の人間の好みの総和であると思われます。また、料理は、その土地の自然を人間の栄養要求に合わせて変化させること、といえます。地球上に住む人間の栄養要求は、ある程度の範囲に入っていて、食べられる状態のものもある程度の範囲に入っています。ライオンが好きなものと人間が好きなものは違います。ライオンはその土地の自然に合わせて、歯の形を進化させ、餌の好みを適応させたといえます。人間は、1万年前にアフリカで生まれ、あまり栄養要求を進化させずに、地上を移動しました。移動先の自然が多様になったとしても、料理をする、つまり食べられそうなものを選び取り、口に入る大きさと硬さに変化させ、消化できるように加熱することで、栄養を摂取してきたのです。

少し前までの人間は、自然としての食材に合わせて、調理技術を進化させることで、栄養要求を満たせるようにしたのではないでしょうか。それが土地によって料理が異なり、食文化が異なる理由ではないかと思います。

インディカ米が育つ土地では、インディカ米をゆでこぼして糊化し、それをおいしく大量に食べるために、さまざまな料理が発達しましたし、日本ではジャポニカ米を炊き干し法で糊化し、こちらも大量に食べるように進化しました。どちらが合うかではなく、その土地の自然で育ちやすいエネルギー源を育て、それを加工して食べるという意味では違いはありません。どちらが合うというのは結果論であり、インディカ米で日本の惣菜のようなものを食べるという食文化が、たまたま存在すれば、その人たちはそれが合うというでしょう。

# 素材の味・香り

野菜・果物・穀類・植物性食品
魚介類/肉類・卵/その他

Q
032

野菜の旬

# 季節によって、同じ野菜でも味が違ってこまります。

野菜は工業製品ではありません。植物である野菜は、季節によって栄養を蓄えます。寒い季節には、凍ってしまわないように、植物体内の糖を増やすこともあります。これは、凝固点降下（水は0℃で凍るが、糖などの濃度が高いと凍る温度である凝固点が下がるため、0℃でも凍らない）という現象を、植物が利用しているのです。野菜が植物として生き残るためのさまざまな工夫が、人間にとっては「旬」となり、「おいしい季節だ」とされているのです。甘味が足りなければ、調味料としてみりんや砂糖で補いましょう。重要なのは、野菜には旬があることを理解して、季節ごとにそれを楽しむことです。

Q 033

調味料になる野菜

# トマトは、世界中でいろいろな料理に使われ、加工品も多くあります。どんな特徴があるのでしょう？

トマトの加工品といえば、イタリア料理のトマトソースが有名ですが、フランス料理でもトマトコンサントレといって、トマトをペースト状になるまで煮詰めたものがあります。もっとも有名なのがトマトケチャップですが、トマトケチャップは、中国の魚醤である「鮭汁(koe-tsiap／ケ・ツィアプ)」が起源という説があり、これが欧米に伝わった際に、魚の代わりとして、トマトが使われたと考えられています[1][2]。

このように、調味料として使われる野菜は多くないでしょう。調味料は、他の食材をおいしくするものとして、塩味、甘味、うま味、酸味が、それぞれ強調されたものが基本です。トマトは野菜の中でもっともグルタミン酸が多いため、うま味をつける調味料の原材料として活用されたと考えられます[3]。トマトは、植物学上は果実で、熟成するとグルタミン酸の量は約10倍になり、100gあたり100mg以上も含まれます。とくにゼリー部に多く、他の部分よりも4倍程度多いとされています[4]。

［成熟に伴うトマト果実中の遊離グルタミン酸含量の推移］

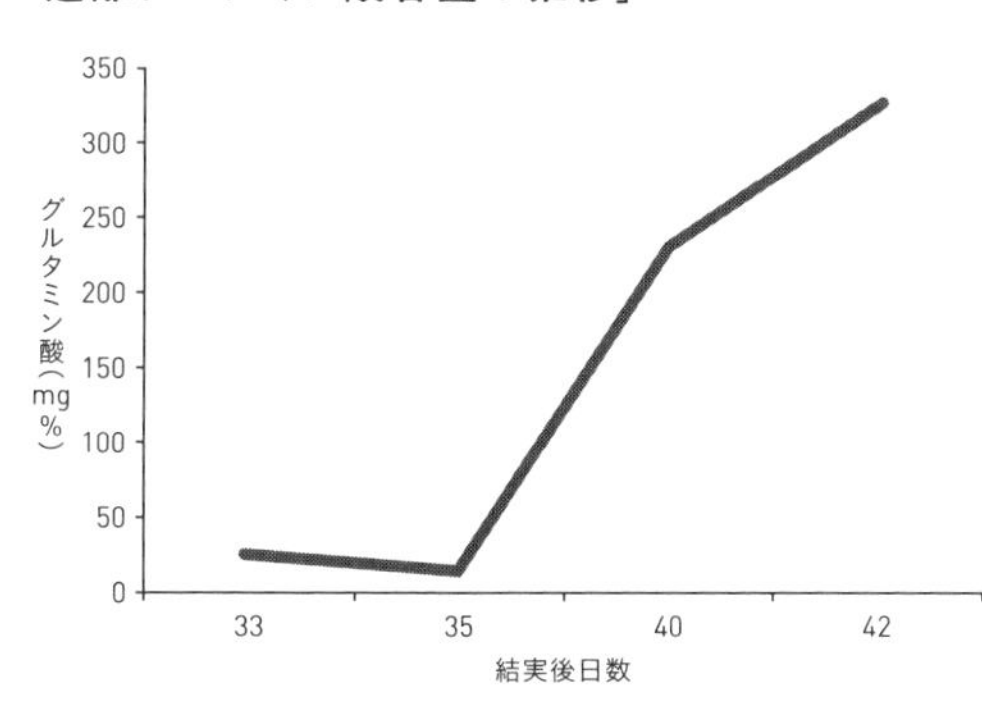


桃太郎品種の遊離グルタミン酸含量を測定

出典：高田 式久,トマトのアミノ酸について,日本家政学会誌,2012,63巻,11号,p. 745-749をもとに著者作成

Q 034

凍結濃縮の利用

# トマトウォーターを作るときに、冷凍するといいのはなぜですか？

トマトウォーターとは、トマトの果汁をろ過して透明にしたものです。うま味を多く含む野菜である、トマトの活用法の1つです。トマトの香りと酸味がじゃまにならない場合に、昆布だしのように使う料理人もいます。

作り方は、トマトをフードプロセッサーなどでピュレにして、クッキングペーパーに注いでろ過するだけですが、そのままでは薄いと感じることがあります。その場合はトマトのピュレを冷凍し、凍ったままクッキングペーパーにのせておくと、濃厚な透明のトマトウォーターが得られます。これは、「凍結濃縮」が起こっているためです。

水は0℃で凍結しますが、水に溶ける物質が多いと、凍結する温度は0℃よりも下がっていくという「凝固点降下」という現象があります。凍結したトマトのピュレの温度がしだいに上がっていくと、-10℃くらいでトマトの濃厚な果汁が解凍され、滴ってきます。温度が上がるにつれて、しだいに薄い果汁として抽出されますので、必要な濃さのところで抽出をやめるとよいでしょう。これを「凍結抽出」とか「アイスフィルトレーション（凍結ろ過）」といいます。ちなみに、この技術自体は、調味料や酒類の製造にも使われています。

# Q 035

野菜の熟成

## 〝熟成ジャガイモ〟とはなんですか？ また、他の野菜も熟成させることができますか？

熟成とは、一般に自己消化酵素によって、たんぱく質やでんぷんを分解することをいいます。熟成ジャガイモは、ジャガイモに自己消化酵素であるでんぷん分解酵素を働かせて、ブドウ糖を増やしたものです。ただし、ジャガイモは、20℃以上のところにおいておくし芽が出てくるため、低温で保存する必要があります。ジャガイモを2~5℃のところにおいておくと、芽が出てくることなく、でんぷん分解酵素がゆっくりとでんぷんを分解し、ブドウ糖が増える状態にすることができます[5]。熟成ジャガイモは甘味が強く、揚げるとメイラード反応が強く起こり、香ばしい香りがします。

他の野菜でも、でんぷん分解酵素が含まれていれば、熟成によってでんぷんが分解する可能性があります。さまざまな野菜のでんぷん分解酵素活性を調べた研究では、ヤマイモ＞カブ＞ダイコン＞ニンジン＞キャベツ＞パセリ＞ネギ＞レタス＞キュウリの順で活性が高いことがわかりました[6]。この上位にあるような野菜を熟成させると、甘味が増す可能性が考えられます。

ちなみに、近年フランス料理でも使われる黒ニンニク（熟成ニンニク）は、酵素反応によって熟成しているわけではなく、60~80℃、湿度70~80%のところに30日間前後おくことによる、メイラード反応で作られているものです[7]。

［生食野菜中のアミラーゼ活性］

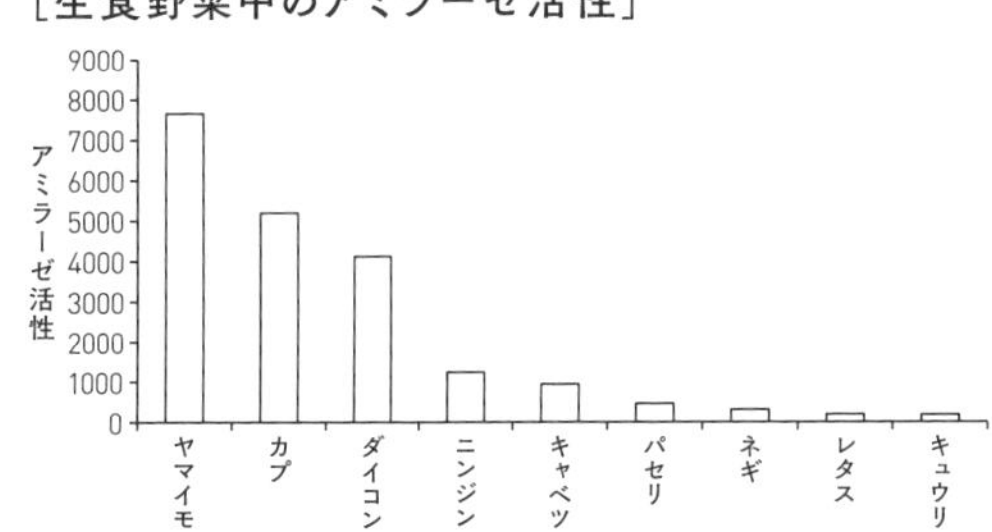


アミラーゼ活性は、100g生産量当たりの酵素量（単位）を示す

出典：加藤陽治,照井誉子,羽賀敏雄,小山セイ,日景弥生,&盛玲子.（1993）.生食野菜類のアミラーゼ活性.弘前大学教育学部教科教育研究紀要,17, 49-57.より著者作成

Q
036

# ナスはどうして油と相性がいいのでしょう？

ナスと油のいい関係

油と相性がよい、というのは、調理に油を使うと、熱媒体としてなにかよい効果があるということを指しています。ナスは、スポンジ状で空気を多く含み火が通りにくいため、炒めるのに時間がかかって色が悪くなったり、調味料が染みにくかったりします。

油で揚げると、液体である高温の油が接触することで効率よく高温になるため、一気に90℃を超えさせてペクチンを壊し、やわらかくすることができます。さらに、ナスの皮の色は、「茄子紺」といわれ、日本料理ではこのきれいな紫色が重視されますが、この色は、ナスニンというアントシアニン系の色素で水溶性のため、ゆでたりすると、表皮の細胞が壊れて流出してしまい、色が褪せてしまいます。ナスを油で揚げると加熱中に水分と触れないため、ナスニンの流出も防げます。ナスニンは、短時間の加熱においては、熱媒体に水分が少ないと分解もされにくいため、油で揚げる調理では茄子紺が保持されるのです。[8] 家庭で、油を多く使いたくない場合は、フライパンに油を熱してナスを入れ、皮を重点的に加熱したり、皮に油をまぶして電子レンジで加熱したりするとよいでしょう。

濃い紫色の皮が美しいナス

Q 037

嫌われるのにはわけがある

# ニンジンやピーマン、シイタケなどを嫌いな子どもが多いのは、どうしてなのでしょう?

自然界における生物として考えた場合、子どもにとって重要なのは、生きることだったはずです。つまり、日々の運動に必要なエネルギーと、身体を大きくするためのたんぱく質が最優先で摂取されるように、味においては甘味とうま味が優先されているのです。生得的に甘味とうま味が好まれる味で、酸味と苦味は嫌われる味である、というのは、その優先順位を示していると考えられます。生きるために必要な炭水化物とたんぱく質を摂取し、危険な酸味や苦味を避ける、というのは、食経験の少ない子どもにとって、重要な戦略でしょう。ピーマンが嫌いな子どもが多いのは、その苦味を強く感じるからであり、嫌いなのは当然のことです。

また匂いについては、生得的に好き嫌いは決まっていないとされています。子どもは食経験が少ないため、親近性が低い食品は警戒して食べるのです。ニンジンにはノネナールなどの青臭い香気成分が含まれています。羊水に浸かっている段階からニンジンの香りに親しんでいた子どもは、ニンジンを好むという研究結果はありますが、野菜の青臭い匂いは熟していない植物の匂いでもあり、多くの子どもにとってなじみがないため、嫌うのは当然でしょう。

シイタケはとくに干しシイタケを戻したときの匂いが嫌われることが多いのですが、これはレンチオニンという香気成分によると考えられます。レンチオニンは、他の食材にはあまり含まれておらず、硫黄を含む特有の匂いは閾値(いきち)も低く、少しでも強く感じます。上手に下処理してふっくらと戻し、甘辛く煮つけるなど、まずは好む味つけからはじめるとよいでしょう。

Q 038

# ゴーヤーは苦いのに、なぜ食べるのでしょう？ また、この苦味を適度に活かすにはどうすればよいでしょう？

苦いのに食べるのは

ゴーヤー（ニガウリ）の苦味成分は、実の部分に多く含まれる、ククルビタシンという、ウリ科植物特有のトリテルペノイドの一種です。[9] 若いキュウリのトゲにも含まれます。[10] つまり、植物としては熟す前に動物の餌になりたくないために、未熟なもののほうが多く含むようになっているのです。ククルビタシンは水にはあまり溶けませんが、[11] 塩をしたり下ゆでしたりして細胞を壊すと流出し、苦味が弱くなります。さらに油を使って和えたり炒めたりすれば、食べやすくなるでしょう。

苦味というのは本来嫌な味です。ところが、人間は、ある程度の苦味であれば食べることができます。それには、人間の苦味の閾値（いきち）が他の動物よりも高く、鈍感なことが理由として挙げられます。京都大学の霊長類の研究で、旧世界ザルから新世界ザルまでの苦味閾値を調べたところ、ゴリラについては、植物食が多いため少し特殊ですが、ゴリラ以外のチンパンジーなどの大きいサルほど、苦味閾値が高かったのです。[12] これは、大きいサルは1つの種類の餌ばかり食べると、その地域の餌を食べつくしてしまうため、いろいろなものを食べるように進化した結果だと考えられました。さらに、サルは雑食といわれますが、ネズミもそういわれます。しかしその2つの雑食には、大きな違いがあるのです。サルの雑食は、「いろいろなものを食べたい」雑食で、ネズミの雑食は「いろいろなものを食べられる」だけなのです。大きいサルは苦味の閾値を高める、つまり苦味に対して鈍感になることで、さらにいろいろなものを食べるようになったと考えられます。

このように進化してきた、大きいサルの一種である人間は、さまざまなものを食べたいし、食べられるようになったと考えられています。

［霊長類の苦味・渋みに対する耐性の多様性］

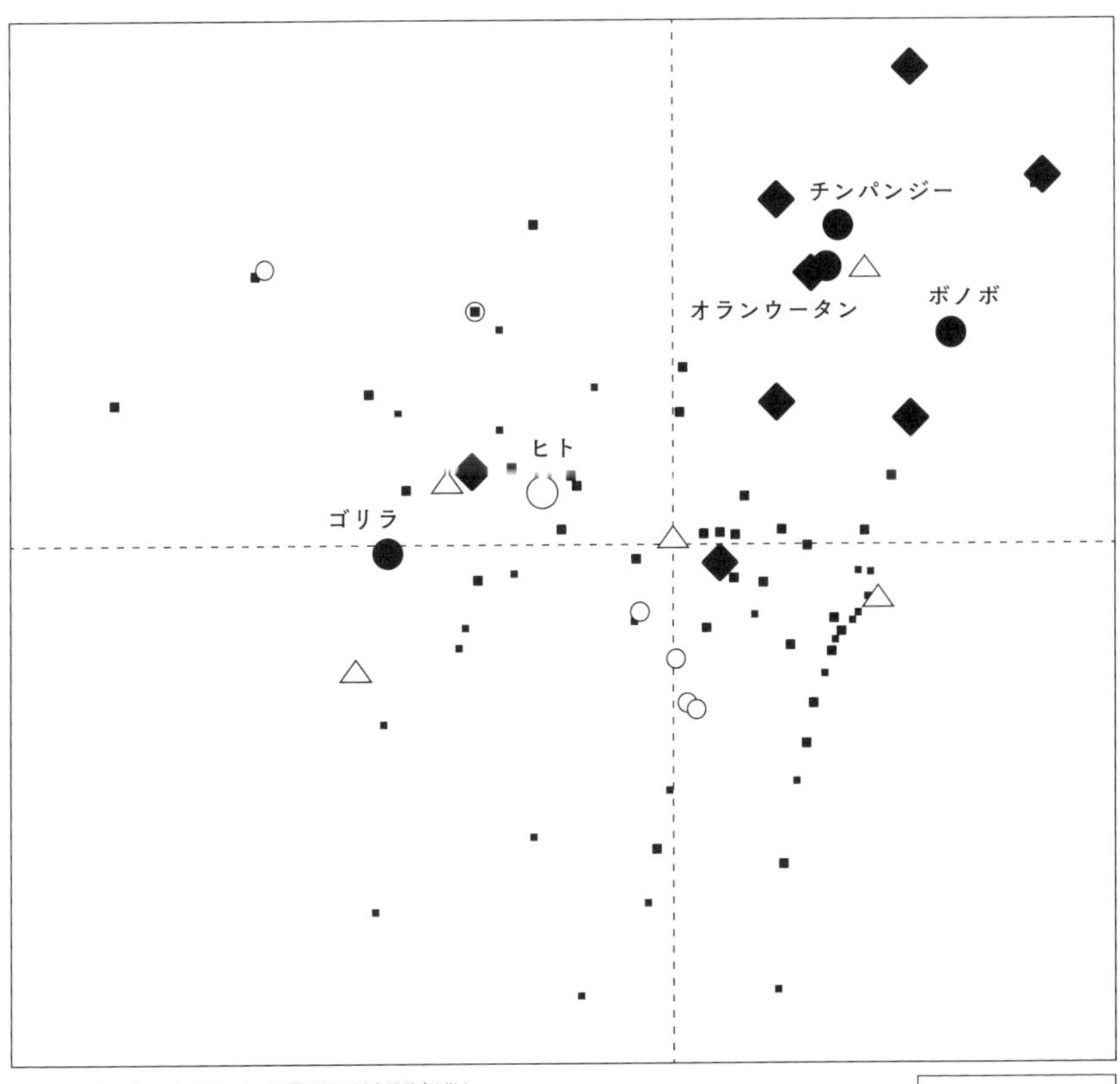


出典：上野吉一.(1999).味覚からみた霊長類の採食戦略(味覚と食性5).日本味と匂学会誌,6(2),179-185.より

大型類人猿 ●
小型類人猿 △
オナガザル亜科 ■
コロブス亜科 ◆
新世界ザル ▪
原猿 ○

Q 039

カメムシ？石鹸？

# パクチーほど、好みの分かれる香草もないと思います。なぜなのでしょう？

匂いの好き嫌いは、生まれながらに決まっておらず、食経験によって形成されていきます。パクチーについても、偶然食べ物ではない匂いとして感じてしまった場合に、嫌いになると考えられます。1つはカメムシ、もう1つは石鹸です。

パクチーはタイ語で、中国では香菜（シャンツァイ）、英語でコリアンダーと呼ばれるセリ科の植物で、茎葉だけでなく、種子や根も使われます。幼苗期の茎葉の主要な香り成分は、油っぽい、甘い、草様の香りを有するデカナール、トランス-2-デセナール、トランス-2-ウンデセナール、トランス-2-テトラデセナールなどのアルデヒド類で、成長が進むと、ヘプタナール、トランス-2-ヘキセナール、オクタナールのような青いフレッシュな香りのアルデヒド類が減少します[13]。一方種子にはこれらは含まれておらず、花や柑橘のような香りのリナロールやピネン、テルピネン、カンファー、ゲラニオールなどが含まれます。

カメムシの匂いのもとは、トランス-2-ヘキセナールというアルデヒド類ですが、これらがパクチーと共通した成分として含まれているため、カメムシの匂いを想像して、パクチーを嫌いだと感じると考えられます[14]。

また、東アジア系の21%、ヨーロッパ系の17%、アフリカ系の14%が、パクチーの匂いが嫌いであるということを示す研究から、人種による違いがあることがわかってきました[15]。遺伝子を調べてみると、パクチーを石鹸の匂いと感じる人については、パクチーに含まれるアルデヒド類に敏感な遺伝子をもつという可能性が高いようです。

このように、パクチーは、その香りからカメムシや石鹸を連想してしまう場合に、嫌いになると考えられます。

Q
040

植物なのに牡蠣の味？

# オイスターリーフは、どうして牡蠣の味がするのでしょう？

オイスターリーフとは、ハマベンケイソウの仲間で、カナダやグリーンランド原産の植物ですが、生牡蠣の風味がすることで有名です。植物なのになぜ生牡蠣の風味がするかというと、生牡蠣と同じ香り成分をもっているからです。

生牡蠣でも、太平洋牡蠣（マガキ）は、キュウリやメロンのような香りがするとされ、大西洋牡蠣（バージニアガキ）は、マイルドな海藻臭があるとされています[16]。両者には、マッシュルームのような香りやゼラニウムの葉の香りのする成分が共通して含まれており、太平洋牡蠣には、キュウリやメロンの皮のような香りのする成分も含まれていることがわかっています。一方、オイスターリーフには、マッシュルームやゼラニウムの葉の香りのする成分が牡蠣と共通しており、スイカのような香りのする成分も含まれています[17]。つまり、オイスターリーフは、牡蠣といっても、とくにマガキのキュウリやメロンのような香りと似た、スイカのような香りがする特徴があるのです。このような共通点から、オイスターリーフには、オイスターの風味を感じるのだと考えられます。なぜ生牡蠣と同じ香り成分をもつかについては、偶然だと思われますが、わかっていません。

オイスターリーフ

Q 041

寿司と米

# 米は品種によって味が違いますか？寿司には、どんな米がむいているでしょうか？

日本人にとって米は特別な穀物でしょう。原産地は温かいところなのに、北海道で育てられるようにまで品種改良をするなど、執着を感じます。コシヒカリが福井県で開発されると、日本中でもてはやされましたが、現在では、さまざまな地域の米を味わったり、炊飯器メーカーもそれを楽しめるように、米の銘柄によって炊き分けられる機能をつけたりと、楽しみ方が変わってきていす。それが食の楽しみであろうと思いますので、個人的には、よい傾向だと思っています。

寿司は日本で独自に発達した料理ですが、近年は職人芸として、世界中からリスペクトされるようになってきました。関西の寿司である箱寿司と、江戸前といわれる寿司では、求められる飯（炊かれた米）の状態は大きく異なります。

江戸前ではとくに「はらけ」といって、口に入れたときにばらけ、寿司だねとともに咀嚼して味わうことで、飯と魚をヘテロ、つまり不均一に感じるように発展してきました。このような飯にするためには、米粒と米粒が点でつながっているようにする必要があり、米の品種、保存方法と期間、炊き方、寿司酢の配合と吸わせ方、握りの技術などに、職人ごとの工夫があります。重要なことは、「このやり方がベスト」という考え方ではなく、「この状態がベスト」という状態を記憶することです。たとえ修業時代と同じ米が入手できなくても、ベストな飯の状態を覚えておけば、そこに至るにはどうしたらよいか？という考えで方法を決めることができるのです。

Q 042

春の味

# 山菜は、苦味やクセのある味のものが多いのはどうしてでしょう？また、山菜を食べるのは日本だけでしょうか？

山菜とは、山野に自生し、食用にする植物と定義できますが、近年は、うど、せり、みつばなど、栽培されるものもあります。とはいえ、一般に山菜として認知されているものは、春の訪れを告げる、季節感を表現できる重要な食材です。栽培種でないため、大きく育つと繊維が強くなり、食材にはむかないので新芽を食べるものが多いのです。新芽は、捕食者に食べられたくないため、アルカロイドやポリフェノールなどを蓄積していて、食べると渋みや苦味として感じます。水にさらすなどして、これを適度に抜くことで、ほろ苦く、香りのよい食材として楽しめます。

山菜という概念はないものの、日本以外でも栽培種ではない野菜を楽しむ食文化はあります。韓国では、ぜんまいやわらびをナムルにしますし、フランスでは、アスペルジュ・ソヴァージュといって、山菜のように自生している植物を春の短い期間に楽しみます。「アスペルジュ」はアスパラガス、「ソヴァージュ」は野生の、という意味ですが、アスパラガスと同じユリ科ではあるものの、アスパラガスはアスパラガス属で、アスペルジュ・ソヴァージュはオオアマナ属です。他にも食べられていないだけで、可能性のある植物があるかもしれません。毒性があるものもあるので、注意する必要はありますが、十分に調べて、新たな山菜として使えるものを、探してみるのもよいでしょう。

山菜（うど、たらの芽、ふきのとう）

Q
043

えぐみと下ゆで

# タケノコのえぐみとはなんですか？また、ゆでるときに米ぬかや赤トウガラシを入れるのは、なぜでしょう？

タケノコのえぐみの原因は、おもにホモゲンチジン酸とシュウ酸です。タケノコは、掘り出してからしばらくおくと、どんどんえぐみが強くなるのですが、これはなぜでしょうか？　タケノコは成長が早いため、リグニンという物質を大量に必要とします。リグニンは、セルロースなどとともに、植物の骨格を作るうえで、重要な役目を果たしています。その原料がチロシンというアミノ酸です。ゆでタケノコを切ると、節のところに白い塊がありますね。これがチロシンです。このチロシンはリグニンの原料になる以外に、ホモゲンチジン酸を生成する酵素によって、ホモゲンチジン酸にもなるのです[18]。それがタケノコのえぐみとなります。穂先のほうがえぐみが強いのは、穂先のほうが早く成長するためにチロシンが多く、それがホモゲンチジン酸になってしまうからです。

タケノコの下ゆでは、ホモゲンチジン酸やシュウ酸などのえぐみ成分を、ゆで水に移行させることで、えぐみを弱くする目的で行います。米ぬかを加えると、水だけでゆでるよりも、タケノコのシュウ酸の量は半分程度になったという研究があります[19]。また、ぬかによって水面が覆われ、空気との接触を少なくすることで酸化を防止し、白くゆで上げられるという効果もあります[20]。ちなみに、皮のままゆでることで、皮に含まれる亜硫酸塩が繊維を軟化させるともいわれています。ただし、ぬかの匂いがつくのは避けられません。トウガラシの効果についての研究はまだなく、効果の有無は不明ですので、研究が待たれます。

米ぬかと、赤トウガラシを入れてゆでる。

# Q 044

揮発しやすい香気成分

## そばって、香りがあるのでしょうか？ そばの香りがよくわかりません。

そば粉の香り成分は、あまり分析されていませんが、ヘキサナール、オクテナール、ノナナールといった揮発性のアルデヒド類の香気成分であるとする研究があります[21]。これらは、青臭い香りや脂肪臭とされており、これらを複合的に感じることで、そばの香りとして感じられていると考えられます。アルデヒド類は脂肪酸が酸化されることでできてきますが、そば粉は多価不飽和脂肪酸が多く、酸化されるとこれがアルデヒドになるため、これらの香気成分が生成します[22]。

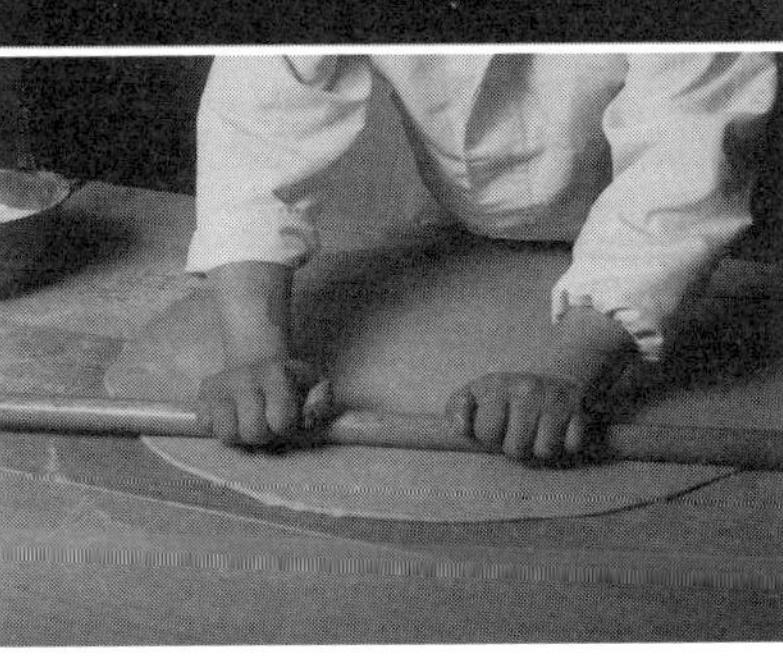

上）石臼製粉機で挽いたそば粉
下）そば打ち。これは延し棒を使って丸く延していく工程

そばの実は硬い殻に覆われていますが、製粉すると表面積が増えて空気中の酸素と触れるために、脂質酸化が進み、これらの香り成分はどんどん揮発していきます。そばの酸化は、まず製粉する際に、熱などによって大きく進み、同時に香気成分の揮発も進みます。打ち上がったそばに含まれる香気成分は、少ないと考えられます。アルデヒド類は、薄い濃度でも感じられますが、ゆでたりすると蒸発してなくなっていきます。

そばは三たてといい、「挽きたて、打ちたて、ゆでたて」がよいとされますが、とくに挽きたてについては、そばの実を挽いた瞬間から脂質酸化が進み、香気成分が揮発していくことを考えると、重要であろうと思われます。

# Q 045

花わさびの辛味を引き出す方法

## 花わさびに湯をかけると、なぜ辛味が出るのでしょう？ また、最適な湯の温度はどれくらいでしょう？

花わさびとは、わさびが花を咲かせる前のつぼみ状態の若い花茎を収穫したもので、1月ごろから出回りはじめ、2月から3月が旬とされます。つぼみであっても、わさび特有の辛味と香りがあり、春を感じる食材のひとつでしょう。

わさびの辛味は、アリルイソチオシアネート（AITC）という成分です。葉の細胞にこのもとになる成分（シニグリン）があり、細胞が壊されることで、同じく細胞にある酵素（ミロシナーゼ）と触れ合って、AITCが作られます。酵素にはそれぞれ、活性がもっとも高まる温度（至適温度）と活性がなくなる温度（失活温度）があります。わさびのミロシナーゼの至適温度は37℃で、60℃を超えるとほぼ活性がなくなります。[23] また、植物の細胞は、細胞膜があり、そのまわりに細胞壁がある構造ですが、40～50℃を超えると細胞膜が壊れて、細胞からいろいろな

［ワサビミロシナーゼの温度による活性］

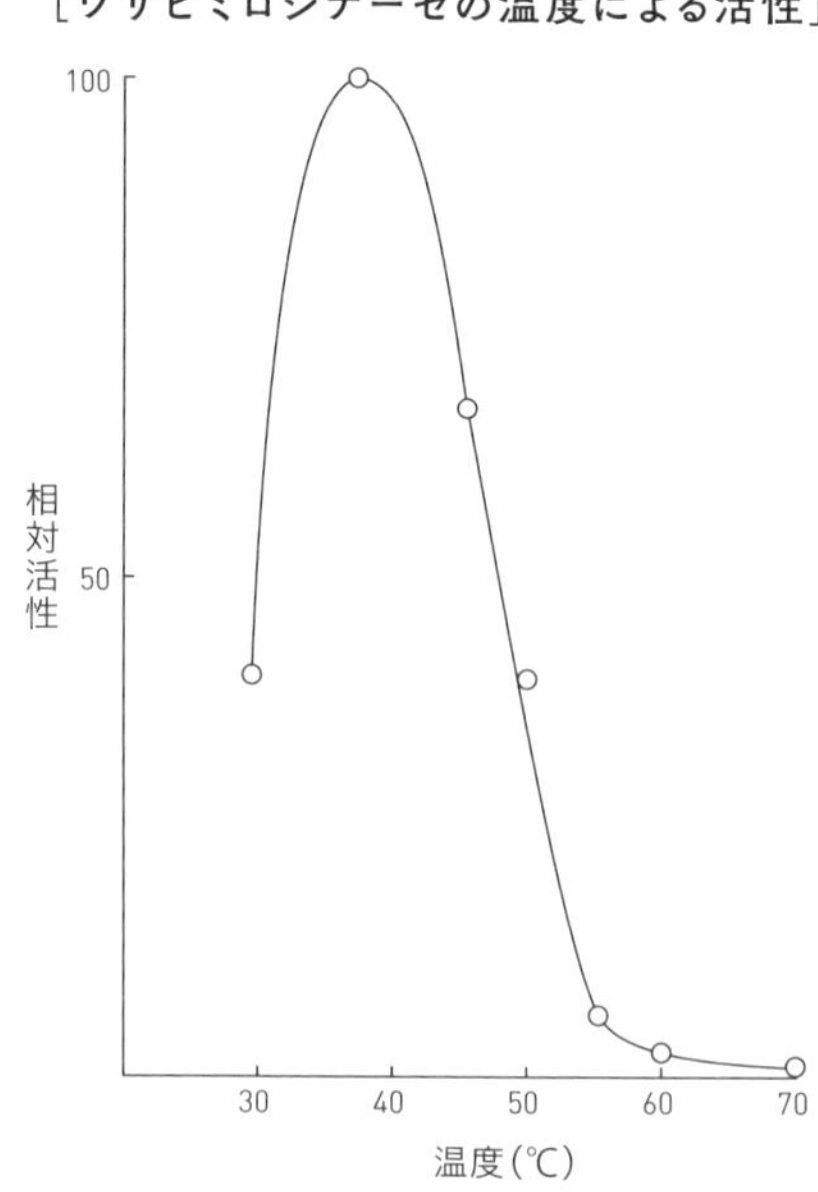


ワサビミロシナーゼの活性をpH7.0, 20分の反応条件に固定して測定

出典：Ohtsuru, M., & Kawatani, H. (1979). Studies on the myrosinase from Wasabia japonica: Purification and some properties of wasabi myrosinase. Agricultural and Biological Chemistry, 43 (11), 2249-2255.より

成分が流出してきます。

これらのことから、花わさびに、60℃くらいの湯をかけると、細胞が壊れて酵素が働きはじめ、辛味成分であるAITCが生成されると考えられます。ただし常温の花わさびに60℃の湯をかけると、温度が下がるとはいえ、酵素の至適温度から考えると少し高いでしょう。酵素を十分に活かすという観点からすると、細胞膜は壊す必要があるため、50℃くらいの温度の湯をかけて時間をおくことで、できるだけ酵素活性を維持したまま、細胞も壊す温度にできると考えられます。しかし、50℃の加熱ではほぼ生のような食感であることと、酵素も失活していないので時間とともに辛味が増していきますから、最後に90℃くらいの湯をかけて、酵素を失活させるとともに組織もやわらかくするとよいでしょう。

左)花わさび
上)辛味出しの作業。ちぎった葉と刻んだ茎に、塩を加えてよくもむ
下)湯を注ぐ。この後湯を切る

Q 046

# わさび、カラシ、トウガラシの辛味は、同じものですか？

辛味もいろいろ

わさびとカラシは同じアブラナ科の植物で、辛味成分もアリルイソチオシアネート（AITC）という物質で同じものです。しかし、わさびには特有のグリーンな香り成分が複数含まれるため、カラシとは違ったように感じます[24]。AITCは揮発性が高く、辛味が鼻から抜ける感覚として感じられます。また、おいておくとすぐになくなってしまいます。一方、トウガラシの辛味成分は、カプサイシンという物質です。カプサイシンは揮発性ではないため、辛味は口の中全体で継続的に感じられます。

辛味を感じる受容体もAITCとカプサイシンでは異なりますが、興味深いことに両方とも、温度にも応答する受容体で、それぞれ感じる温度が違うのです。カプサイシンの受容体である「TRPV1」は、カプサイシンに応答する一方で、43℃を超える高温にも応答します[25]。トウガラシが入った食べ物を食べると熱いように感じるのは、このためです。そして、AITCの受容体である「TRPA1」は、AITCに応答する一方、17℃以下の温度にも応答します。わさびを食べても冷たい感じがしない理由はまだわかっていませんが、冷たいほうがわさびらしさを感じることから、なんらかの影響があると考えられています。

［温度感受性TRPチャネルを活性化するスパイスとその活性化成分］

| 温度感受性TRPチャネル | 活性化温度閾値 | スパイス | 活性化成分 |
|---|---|---|---|
| TRPV1 | 43℃＜ | トウガラシ<br>'CH19甘'<br>生姜 | カプサイシン<br>カプシエイト（カプシノイド）<br>ジンゲロール、ショーガオール、ジンゲロン |
| | | 黒コショウ | ピペリン |
| | | クローブ<br>山椒 | オイゲノール<br>サンショオール |
| | | ワサビ | アリルイソチオシアネート |
| TRPV3 | 32～39℃＜ | タイム | チモール |
| | | オレガノ<br>サボリー<br>クローブ | カルバクロール<br>カルバクロール<br>オイゲノール |
| TRPM8 | ＜28℃ | ペパーミント<br>ローレル | メントール<br>シネオール |
| | | ローズマリー | シネオール |
| TRPA1 | ＜17℃ | ワサビ<br>シナモン | アリルイソチオシアネート<br>シンナムアルデヒド |
| | | ニンニク | アリシン、ジアリルジスルフィド |
| | | ミョウガ<br>黒コショウ | Miogadial, Miogatrial<br>ピペリン |

出典：川端二功.(2013).スパイスの化学受容と機能性.日本調理科学会誌, 46(1), 1-7.より

Q 047

日本食とわさび

# わさびの味をおいしいと思うのは、日本人だけでしょうか？

わさびの味とは、アリルイソチオシアネート（AITC）という辛味成分です。和の香辛料ともいわれるわさびは、単体で食べられるというよりも、生魚などと一緒に食べることで、もともとは毒消し（食中毒予防）とされていましたが、現代では、生魚の臭みを感じなくさせる効果を期待して食べられています。さらには、その食べ方に慣れてくると、生魚との組み合わせによる風味として記憶されるため、一緒に食べないと違和感があるという人もいるでしょう。

日本ではわさびがとれ、それを香辛料として使ってきたことで、好まれるようになったのです。ということは、わさびを使った料理が海外でも受け入れられれば、わさびも好まれることは十分に考えられます。実際、海外で日本料理が一般的になった今、わさびもWasabiとして普通に刺し身に添えられています。

Q 048

個性的なきのこの香り

# マッタケは、海外では人気がないと聞きました。トリュフやポルチーニなどは食べるのになぜなのでしょう?

マッタケはロシアを含むアジアの松林などの針葉樹、トリュフはナラやブナ、ポルチーニは針葉樹の下で、樹木の根と共生しているきのこ類です。ポルチーニはイタリア語で、フランス語ではセップといいます。いずれも旬があり、香りが特徴的で、珍重されています。

マッタケの香気成分のうち、もっとも多く含まれるのは1-オクテン-3-オール、別名マッタケオールといわれる成分です[26]。1-オクテン-3-オールは、きのこ類には広く含まれる香気成分で、きのこの特徴的な香りといえます。ポルチーニにも多く含まれます。ポルチーニにはそれ以外に、ロースト、カカオ、スモーキーな香気とされる、3-メチルチオプロパナール、3-メチルチオプロパノール、ピラジンなどが含まれることで、特有の香りになっています。乾燥ポルチーニには醤油のような香りも感じられますが、これは乾燥中に進んだメイラード反応によるものとされています。

トリュフには、アンドロステノンという豚の性フェロモンと同じ物質が含まれ、それによって豚は深さ1mのところにあるトリュフも見つけられるといわれています[27]。アンドロステノンの匂いは、人によって好みが大きく異なる、特徴的な香りです。閾値(いきち)に近い濃度では、「甘く、フルーティで香水のよう」と表現されますが、高濃度では「汗臭く、動物的で、尿やアンモニアのよう」と表現されます。また、女性のほうが男性よりも感受性が高く、不快に感じるという研究もあります。アンドロステノン以外にも、メチルブタナールやメチルブタノールが、トリュフの香り成分として報告されています[28]。

香りの好き嫌いは生まれながらに決まっておらず、料理を食べる経験の中で、その土地の食材とその香りを好むようになるのです。きのこ類は胞子をまいて増えるため、その土地を特徴づける食材といえます。その土地のきのこを好むのは、食経験によるところが大きいのです。

Q 049

発芽による変化

# インド料理などで、発芽させた緑豆を料理に使うことがありますが、なぜわざわざ発芽させるのでしょう?

緑豆をよく水で洗ってから、水に一晩浸けて戻し、水をよく切ってから、ボウルに入れて蓋をし、暗いところで2日間おくと発芽してきます。豆は種子ですから、発芽のエネルギーとして、でんぷんやたんぱく質を蓄えており、発芽のタイミングでそれらを分解して、活用しています。

発芽させると、日数とともにたんぱく質が分解されて、アミノ酸ができ、とくにグルタミン酸やアスパラギン酸ができるため、うま味を感じるようになります[30]。また、ショ糖も発芽後2日目で最大となり、その後減少することがわかっています。他の栄養成分についていうと、緑豆にはビタミンCはもともと少ないのですが、発芽すると急増し、発芽後13時間で最大になり、その後しだいに減少していきます[30]。

また、豆類の種子は一般的にたんぱく質が豊富ですが、たんぱく質分解酵素を阻害する成分(プロテアーゼインヒビター)が含まれています。緑豆にもこれが含まれていることがわかっていて、しかも耐熱性と耐酸性があるため、調理しても残りやすく、そのためにたんぱく質の消化が悪くなります[31]。しかし、発芽すると、発芽1日目にはプロテアーゼインヒビターの活性が一時的に高まりますが、その後は弱くなっていくようです。

これは、生食が不可能な豆類が、発芽させることで、生のまま、もしくは短時間の加熱で、食べることができるようになる理由といえます。

発芽させた緑豆

Q 050

# 大豆ミートに注目しているのですが、豆臭さや食感などがネックです。上手に使うこつはあるでしょうか？

不快味や不快臭をおさえる方法

大豆ミート（ソイミート）とは、大豆から油を除いた脱脂大豆を原料とし、加熱加圧することで繊維状に加工した食品で、植物性たんぱく質原料として注目されています。大豆臭はヘキサナールというアルデヒドが原因の青臭い匂いで、不快臭とされています。ヘキサナールはリノール酸がリポキシゲナーゼという酵素により酸化してできた物質が、さらに分解してできます。また、大豆の乾燥したようなパサパサした不快味の原因は、フェノール類、酸化リン脂質と脂肪酸、サポニン、イソフラボノイドであるといわれています[32]。とくにサポニンとイソフラボノイドは不快味が強く、胚軸に多く含まれます。

大豆ミートを製造するうえで、これらの成分を減らすためには、豆腐の製造で培われた技術が活用できます。胚軸を除いたり、水に浸漬することが重要で、不快味の原因となる成分は60℃の温水に浸けるとよく浸出させることができますし、大豆臭の原因となるリポキシゲナーゼの活性が60℃程度で始まるため、60℃の温水に浸漬することで、不快味と大豆臭両方の減少が期待できます[33]。

大豆ミートを使った料理の場合は、不快臭、不快味を減らすかマスキングする方法を考えるとよいでしょう。サポニンは150℃以上で分解が始まるため、揚げたり焼いたりすることで、不快味が減少する可能性があります。また不快臭については、タイム、ジンジャー、ナツメグ、ブラックペッパー、ホワイトペッパー、ローリエに、大豆臭低減効果が見られたという研究があります[34]。

大豆ミートは、代替肉として期待されているたんぱく質食材で、技術開発が進められています。肉に替わるたんぱく質源の選択肢を増やすことができ、世界中での消費が期待されます。日本には、豆腐やゆばなどの大豆製品や、麩などのグルテンたんぱく質製品があり、精進料理でも発展してきました。これらの調理技術や製造技術の活用により、さらなる多様性が考えられるでしょう。

Q
051

酸味でおさえる

# カボチャの甘味が苦手です。おいしく食べる、なにかいい方法はありますか？

甘味を弱く感じさせることが知られています。[36] 柑橘類の汁や酢を使った味つけで調味すれば、甘味がおさえられて食べやすくなるでしょう。

カボチャは、吸収されると、体内でビタミンAに変わるβ-カロテンという赤橙色色素を含み、ビタミンCも多い食材です。β-カロテンは脂溶性のため、油を使った調理をすると、吸収率が高まるともいわれています。味については、ショ糖、果糖、ブドウ糖が多いため、強い甘味があります。[35] 特に加熱したりピュレにしたりすると、でんぷんによる粘りもあるため、甘味を強く感じるでしょう。甘味が苦手であれば、それを酸味で抑制するのはどうでしょうか。味の感じ方の問題ですが、酸味は

## Q 052

### 果物と温度

# 果物は冷やしたほうがおいしいのでしょうか？

果物のおもな甘味成分には、果糖、ブドウ糖、ショ糖があり、果物によってその割合は異なります。

その中で、多くの果物が高い割合で含む果糖の特徴として、温度によって甘味度(＊)が変化することが挙げられます。温度が低いほど甘味度が高く、ショ糖の甘味度を100％とすると、果糖の甘味度は5℃のときに145％となり、温度の上昇とともに弱くなります[37]。これは温度によって果糖の分子構造が変化するためです。果糖を多く含む果物については、ある程度冷やしたほうが甘く感じるといえるでしょう。ただし、甘味が強いことだけがおいしさにつながるわけではなく、果物の香り成分や他の味についても考慮する必要があります。たとえば香り成分は、温度が低いほど揮発しにくいのですが、口に入れると体温で温度が上がり、香りを感じやすくなります。

＊甘味度：甘味料の甘さを表す指標。官能検査で測定され、ショ糖の甘さを基準とした相対値で表される。

［果物に含まれる糖の種類と濃度］

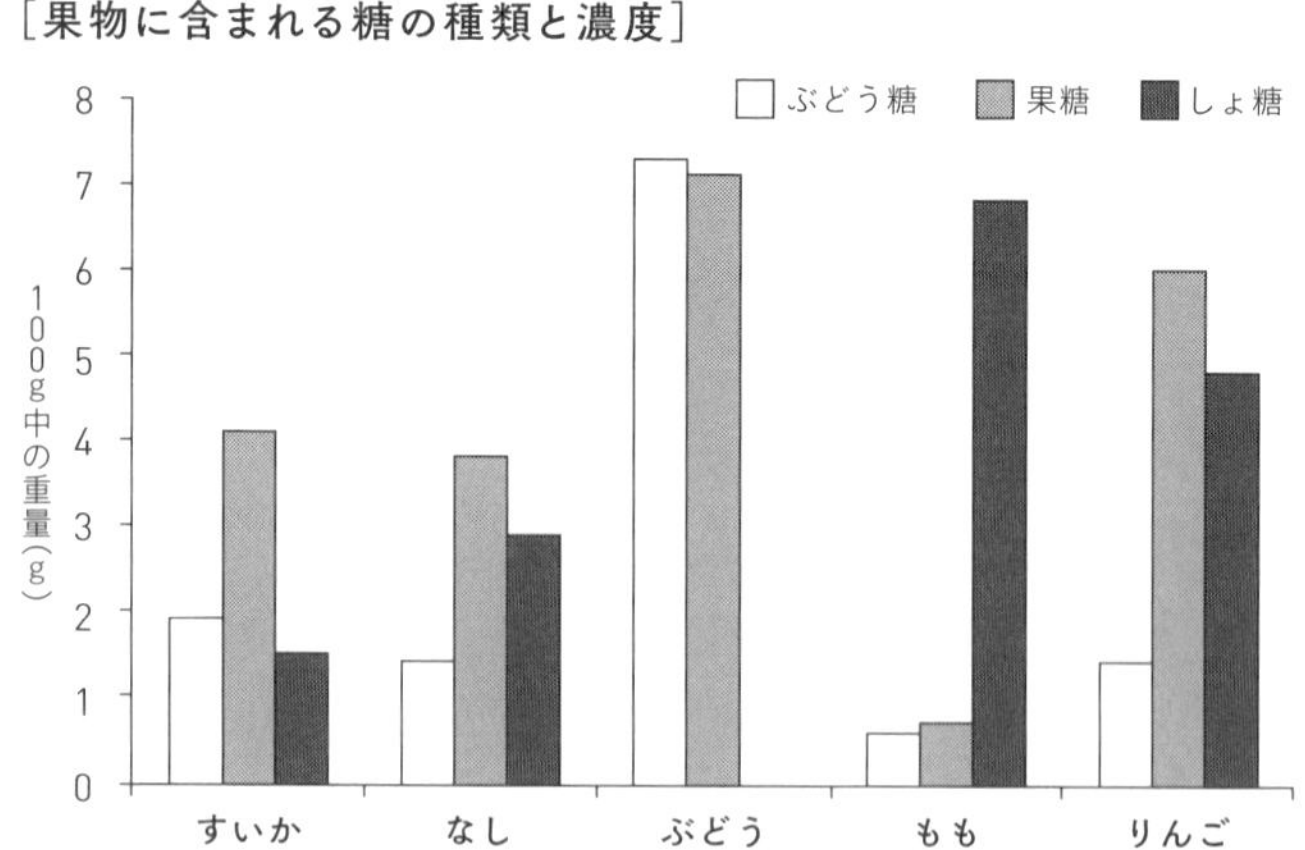


出典：日本食品標準成分表2015年版（七訂）.より著者作成

Q
053

バナナをおいしく食べるには

# バナナの食べごろを教えてください。また、食べきれないバナナは、どうすればいいでしょう？

バナナは、輸入された時点では緑色で、未熟な状態です。これが追熟加工された後に出荷され、店頭に並びます。日本における追熟は、温度20℃、湿度90～95％で、12～24時間、エチレンガスのある状態で行われます。その時点では、約20％がでんぷんで、糖との割合は20：1ですが、熟成によって、これが1：20に逆転します[38]。これは、でんぷん分解酵素であるアミラーゼの作用です。また、でんぷんの糖化とともに、細胞壁成分のペクチンが溶解して、組織がやわらかくなります。

家庭では、購入してから夏は2～5日、それ以外の季節では5～8日で、食べごろとされる糖度22度以上になることが、研究でわかっています[39]。

食べきれない場合は、冷凍して保存するか、加熱して食べてしまいましょう。冷凍する場合は、家庭用冷凍庫ではそこまで硬くならないため、あらかじめ薄切りにしておくと、冷凍庫から取り出してすぐに食べられます。つぶしてから冷凍すれば、ジュースやお菓子などにすぐ使えるでしょう。加熱については、サツマイモのように揚げることもできますし、バターに砂糖を加えて焦がし、バナナを入れて焼けば、バナナのキャラメリゼとしてデザートになります。

バナナをバターでソテーして、キャラメルソースをかけ、アイスクリームを添えたデザート

Q 054

養殖魚の可能性

# 天然の魚と養殖の魚。味にどんな違いがありますか？

現代では養殖技術が発達しており、養殖だからおいしくない、天然だからおいしいという時代でもありませんし、魚のおいしさ、とくにうま味や食感については鮮度や締め方の影響も大きいため、一概にはいえません。一般的にこれまでは養殖魚は脂が多く、餌の匂いが脂に移行するため、独特の臭みがあるとされてきました。逆に、その性質を活かして餌を工夫することで、臭みを生じさせないように技術が発達しているのです。たとえばブリは、血合い筋に脂が多く、脂質酸化が進みやすいのですが、ユズの果皮を餌として与えることで、脂質酸化が進みにくい魚肉にすることが可能とされています[40]。

このように餌や飼育法を工夫することで養殖魚のおいしさを高めることができるのですから、料理人は生産者と協力し、養殖魚のレベルを高めていくことも可能だと思われます。今後、持続可能性を考えていくには、このような取り組みも必要ではないでしょうか。

Q 055

タラの臭み

# タラは味が落ちやすく、臭みも強いような気がします。なぜでしょうか？

タラはおいしさが長もちしないことがわかっています。一般に、魚は死後、エネルギー物質であるATP（アデノシン三リン酸）が酵素によって分解し、うま味成分であるイノシン酸に変わっていきますが、さらに反応が進むとイノシン酸は違う物質に変化し、なくなっていきます。魚によって、その変化速度は大きく異なり、マダラは、死後、脂肪酸に変化は少ないのですが、たとえ0℃で貯蔵しても、イノシン酸は短時間でなくなってしまい、うま味は弱くなっていきます[41]。さらに、タラ類は、魚肉中に浸透圧調節成分であるトリメチルアミン-N-オキサイド（TMAO）という物質を多量に含みます[42]。そのため、死後、温度が高い場合、この物質から臭み成分であるトリメチルアミンが多く生成されます。

このように、タラは味の面でも匂いの面でも、おいしさを失いやすい要素があり、取扱いに注意が必要なのです。

［各種魚種の死後氷蔵中のイノシン酸含量の変化］

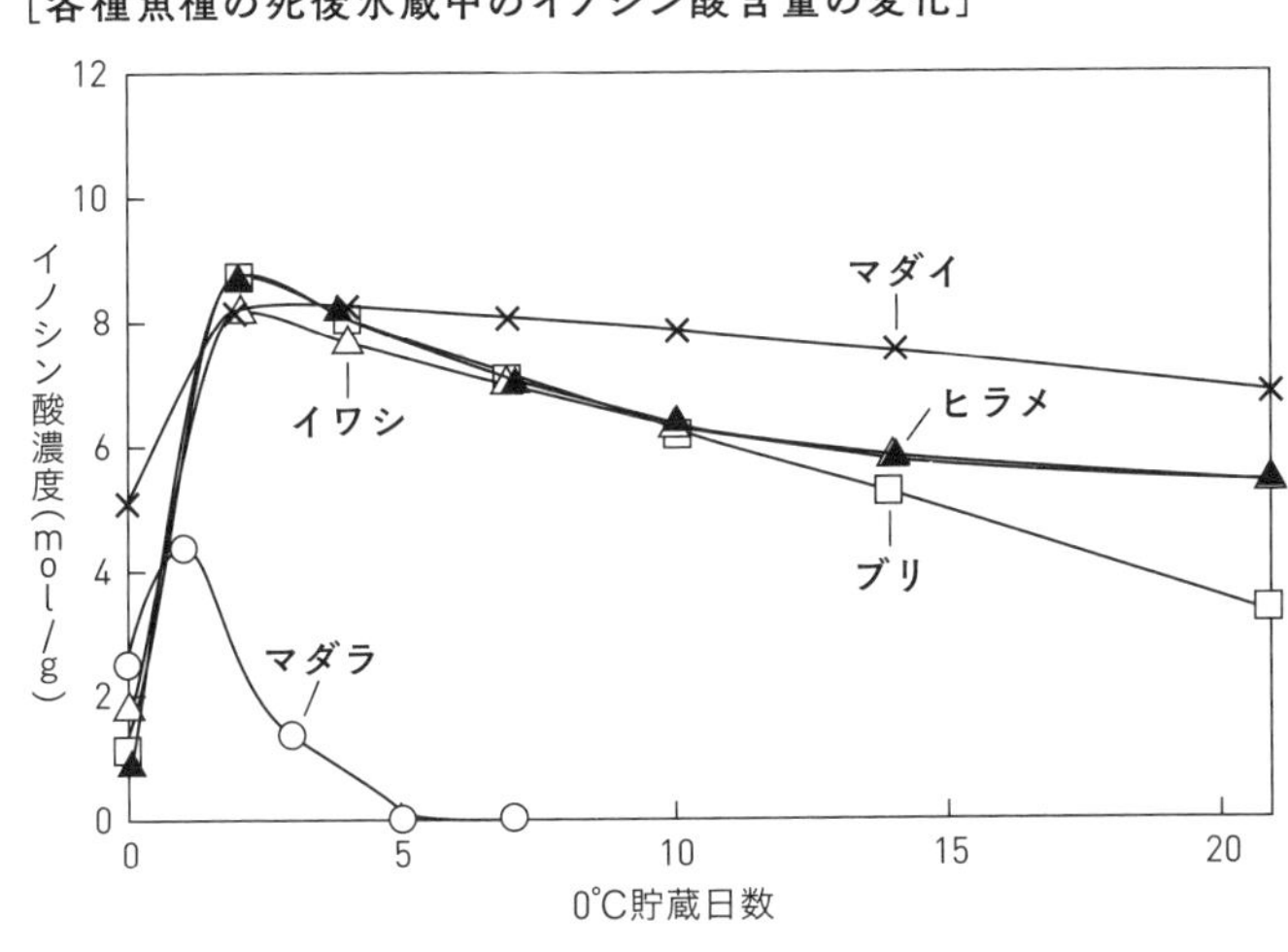


出典：谷本昌太,平田 孝,坂口守彦. 1999. “淡水魚筋肉の氷蔵中におけるATPとその関連物質の変化.” 日本水産学会誌 65(1): 97–102.より著者作成

Q 056

川魚の匂い

# 川魚の匂いには、どんな特徴がありますか？また、それを活かす料理とは？

川魚であれ海産魚であれ、新鮮なときはあまり匂いがありませんが、鮮度が落ちると特徴的な匂いが出てきます。海産魚の生ぐさ臭は、主としてトリメチルアミンやピペリジンという成分ですが、魚の脂肪（高度不飽和脂肪酸）は酸化しやすいので、その酸化臭も発生してきます。[43] 一方、川魚の匂いは、ピペリジンが主で、特徴的な物質となっています。また、ドジョウ、ウナギの土臭い匂いは、水底土中の微生物、コイの泥臭い匂いは泥の匂い成分だろうとされていますが、詳細な研究は行われていないようです。

興味深いことに、醤油、みりん、砂糖などで作ったたれで焼いた場合、ピペリジンが入っていないと、照り焼き臭ですが、ピペリジンが入っていると、蒲焼き臭と感じるという研究の結果が報告されています。[43] この点はとくにウナギの蒲焼きでは重要だと思われるので、ウナギ屋がたれを長年継ぎ足して使うというのも納得です。新しい店の場合は、ピペリジンの補強のために、事前にウナギの身をたれに入れて煮ておくとよいでしょう。

うな重。肝吸いを添えて

Q
057

# アユがキュウリのような香りがするのは？また、アユ料理に蓼（たで）酢が添えられることが多いのはなぜですか？

アユとキュウリとタデの関係

アユはキュウリウオの仲間で、キュウリのような匂いがするといわれています。実際、内臓と皮に強いキュウリ香を感じるということが、研究でも示されています。その理由は、実際にキュウリと同じ香り成分が含まれているからなのです。アユには、2,6－ノナジエナール（キュウリ香）、3－ヘキセノール（緑葉香）という物質が含まれ、これが重要な香気成分です。

一方キュウリに含まれる香気成分は、2,6－ノナジエナール（キュウリ香）、2,6－ノナジエノール（メロン香、新鮮な葉）で、とくに2,6－ノナジエナールは、量は少ないものの、強いキュウリ香を感じさせるとされています[44]。そしてそれが、アユのキュウリ香の成分と同じなのです[45]。また、アユの餌となるコケにも同様に2,6－ノノジエナールが含まれるので、アユのキュウリ香は、餌であるコケの影響であると考えられます。アユは捕れた川によって香りが異なるといわれますが、その理由は餌であるコケの違いによるのでしょう。

ところで、アユ料理にはよく蓼酢が添えられます。タデとは、ヤナギタデという植物のことで、タデオナールという辛味成分が含まれており、ピリッとします[46]。これが添えられるのは、アユの脂っぽさを抑制するためであると考えられます。現代では、脂っぽい料理も多いので、アユを脂っぽいとは思わないですが、京都の昔を知る料理人によると、昔はアユですら脂っぽいと感じられたようですから、夏の京都で脂っぽいアユの塩焼きを、さっぱりと食べるための工夫として、ピリッとしたタデと酢を混ぜて添えたのでしょう。

Q 058

魚の締め方と味

# 魚は締め方によって味が変わりますか？神経締めとはどういう方法でしょうか？

魚が死ぬと筋細胞のエネルギー物質であるATP（アデノシン三リン酸）がなくなっていくとともに、筋肉が硬直します。これを死後硬直といいます。死後硬直するまでの状態を「活かっている」といい、関西ではとくに活かっている状態の食感が重視され、鮮度がよいとされます。死後硬直の後はやわらかくなっていくため、死後硬直までの時間を長くすることで、鮮度がよい時間を長く保つことができます[47]。

一般に魚は、即殺死よりも苦悶死のほうが、死後硬直が早く起こるとされています。また、即殺（活け締め）するときに脱血（血抜き）が行われますが、この脱血によって鮮度が保たれ、カツオなど臭みが出やすい魚では、脂質酸化による臭みを抑制することもわかっています。

神経締めは、即死させて血抜きするのに加え、ワイヤー状の器具を使って魚の脊髄を破壊する締め方です。これにより、筋肉の死後の痙攣が抑制されるため、ATPの減少がおさえられ、死後硬直が遅れます。温度管理も同時に行わないと効果が弱く、ヒラメでは5〜10℃、マダイでも0℃より10℃で貯蔵するほうが死後硬直を遅くすることができるとされています[48]。

［活け締め手法別の魚の硬直度の推移］

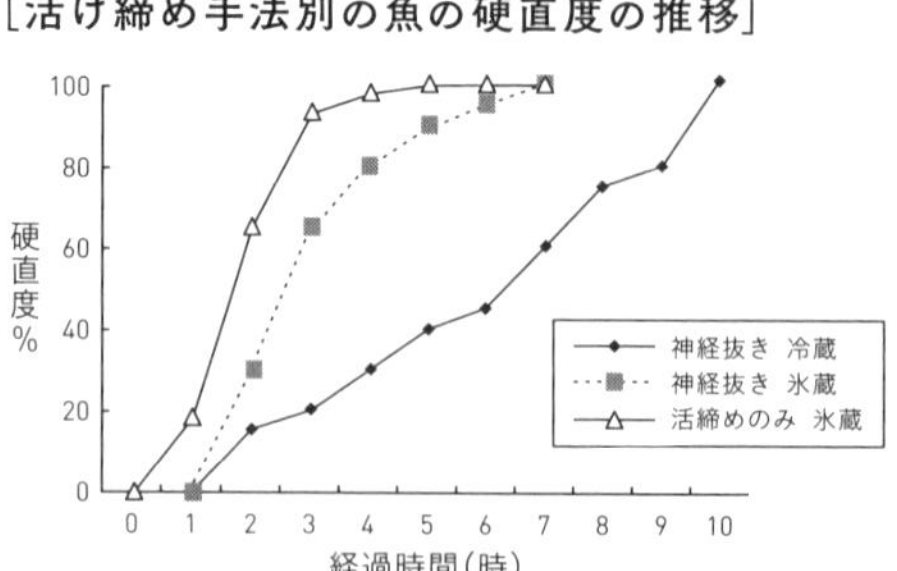


出典：的場達人,秋元聡,&篠原満寿美.(2003). 1 そうごち網で漁獲されたマダイにおける神経抜及び温度管理による鮮度保持効果について. 福岡県水産海洋技術センター研究報告, 13,41-45.より

Q 059

# 魚の皮を、うまく使えないかと思っています。どんな方法があるでしょう？

クリスピーにしてみましょう

未利用の水産資源を、食べられるようにするための調理・加工を検討することは、これからの食品加工業や料理人にとって重要なテーマです。欧米と異なり、日本を含むアジアでは、魚の皮を嫌うことはせずに、普通に食べてきました。わさびおろしに使うほど硬いサメ皮も、一部で利用が検討されています。ある研究によると、アルカリまたは酸処理した後、加圧加熱することで、食べられるようになったということです[49]。こうして新しい食品素材ができるのであれば、新たな料理に仕立てることができますし、新たな加工食品として売ることも可能です。欧米でも、魚の皮をはがして乾燥させた後、揚げることで「パフ化」し、クリスピーなスナックとして提供することなどが、されはじめています。

魚の皮が嫌われる理由は、皮下のコラーゲンの食感なのかもしれません。であれば、少なくともクリスピーにすることで、好まれるようになる可能性はあります。

Q 060

# アマエビは、どうして甘いのでしょうか？

甘味+とろみの効果

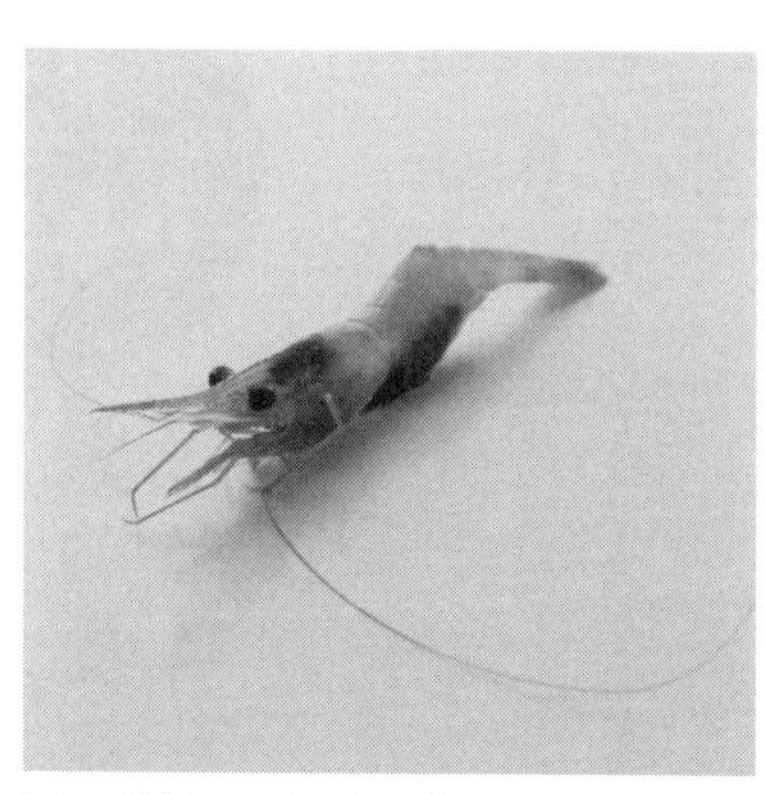
アマエビ（ホッコクアカエビ）

アマエビは、ホッコクアカエビが正式名称の、おもに生で食べられるエビです。甘味が強いためにアマエビと呼ばれます。アマエビのアミノ酸組成を調べた研究によると、その甘味は、グリシンによるものであることがわかりました。甘味というのは、ショ糖のように糖だけに感じるのではなく、アミノ酸の中にも甘味がするものがあります。アミノ酸にはさまざまな種類があり、グルタミン酸はうま味ですが、グリシンやアラニンというアミノ酸は甘味で、その他は苦味がするものが多いのです。

そしてアマエビの甘味は、このアミノ酸のグリシン由来のものです。ところが興味深いことに、アマエビが突出してグリシンが多いわけではなく、他のエビと大きな差はなかったのです[50]。

アマエビのもうひとつの特徴として、とろみが強いことが挙げられます。アマエビを水抽出した液は、イセエビ、クルマエビ、タイショウエビ、シバエビと比較してとろみがもっとも強く、それは水溶性たんぱく質によるものでした。つまり、アマエビの甘味のもとはグリシンですが、そのエキスにある水溶性たんぱく質による強いとろみが、口腔内の滞留時間を長くすることで、甘味を強く感じさせているのです。アマエビはゆでるとおいしくないのですが、これは、その水溶性たんぱく質が加熱変性し、役割を果たさないためだと考えられます。

Q 061

海が変われば味も変わります

# 同じ養殖の真牡蠣でも、産地によって味が違うのでしょうか？

牡蠣は養殖地域や季節によって成分が大きく変わるといわれています。私たちが食べるのは、牡蠣の内臓部分であり、牡蠣はプランクトンを餌にしているため、海水の影響を大きく受けるからでしょう。ある研究によると、海水の塩濃度を2・5%、2・8%、3・2%と変えて養殖した場合、イノシン酸の量は2・8%のときがもっとも多かったようですが、アミノ酸は、3・2%のときがもっとも多かったという結果になりました[51]。また、栄養成分に関しては、2012年から2014年までの調査によると、瀬戸内海沿岸の岡山県、広島県、兵庫県のいずれでも、たんぱく質含量に違いはなかったのですが、脂質含量は11月から4月にかけて減少傾向で、グリコーゲンは11月から2月にかけて増加傾向でした[52]。また、広島県産は、グリコーゲン含量が少ない傾向だったということです。風味に関しても、米国での調査では、太平洋牡蠣（マガキ）はメロンやキュウリの風味がするが、大西洋牡蠣（バージニアガキ）には、それがないという報告がされています。太平洋牡蠣は日本から種牡蠣が輸出されたものです。このように、真牡蠣は産地によって異なる海水や、餌となるプランクトンの状況によって、味や香り、栄養成分まで変化すると考えられます。海洋の環境は日々変化しているため、データは常にアップデートする必要があり、牡蠣に対する影響も把握しておく必要があるでしょう。

上）北海道厚岸産牡蠣「マルえもん」
中）三重県産「的矢牡蠣」
下）アメリカ・ワシントン州のピュージェット湾産牡蠣

Q 062

冷凍とうま味の変化

# アサリは冷凍するとうま味が増すというのは本当ですか？またそれはなぜですか？

アサリの、冷凍によるエキス成分の変化について調べた研究によると、アサリを-20℃で2週間冷凍した後、沸騰水中で加熱してだしをとると、うま味が強くなっていたという結果でした[53]。アミノ酸やコハク酸の量には変化はありませんでしたが、うま味成分のイノシン酸が多くなっていたのです。つまり、アサリを冷凍するとうま味が増し、その理由はうま味成分のイノシン酸が増えていたためと考えられました。イノシン酸が増えた理由についての詳細な研究はありませんが、イノシン酸は、イノシン酸を作る酵素によって死後に増え、さらにイノシン酸を分解する酵素によって減っていきますから、冷凍によってイノシン酸を分解する酵素が働かなくなったことで、イノシン酸が減らなかったためであろうと考えられます。

[冷凍処理による熱水抽出液中のイノシン酸とコハク酸濃度]

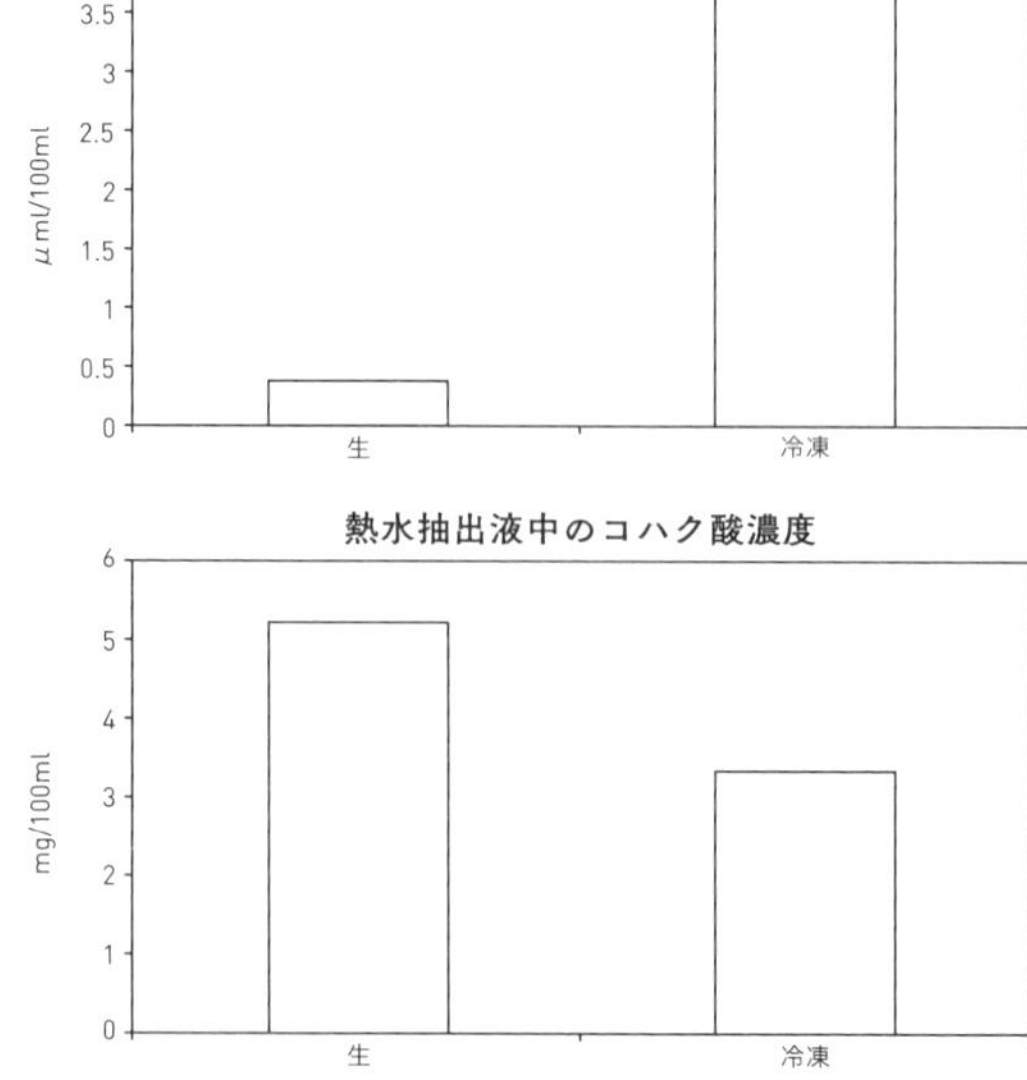


出典：Chie YONEDA, Extractive Components of Frozen Short-neck Clam and State of Shell-opening during Cooking, Journal of Home Economics of Japan, 2011, Volume 62, Issue 6, Pages 361-368より著者作成

Q
063

# アワビの適切な蒸し時間はどれくらいですか？

風味を残し、食感を活かす

私たちが食べるのは、おもにアワビの筋肉です。アワビの筋肉はとくにコラーゲンが多いため、生だとコリコリとした食感になりますが、長時間蒸すと、コラーゲンが水溶性のゼラチンに変わり、やわらかくなります。一方、アワビには独特の磯臭いような香りがありますが、長時間蒸すと、その香りはなくなります。つまり、蒸し時間は、食感をどの程度までやわらかくするのかと、アワビの風味をどの程度まで残すのか、という2つのことから決めるべきなのです。またアワビはアミノ酸も多いため、蒸し汁にはうま味のあるアミノ酸が流出しますから、それは、だしとして上手に使いましょう。

肉類と違って魚介類のコラーゲンのゼラチン化は温度が低くても起こります。現代ではスチームコンベクションオーブンなどで、温度を厳密にコントロールして、蒸し加熱をすることも可能となっています。蒸し缶に入れて100℃で蒸す方法だけでなく、低い温度でも試してみると、新たなアワビの風味や食感の表現が見つけられるかもしれません。

蒸し上がったアワビ

Q
064

味と香りを言語化する

# 好き嫌いもあるホヤを使って、フランス料理の前菜を作りたいのですが、独特の味を活かす方法はありますか？

食材の好き嫌いを考慮するのは重要で、とくに嫌いなものをおいしいと感じさせるのは至難の技です。ただ、アレルギーがある場合は別として、食べず嫌いなどを克服することは、その人にとっての「食の楽しみ」を広げることになりますから、その手助けができれば、料理人冥利に尽きるといえるのではないでしょうか。

ホヤは、独特の味と磯の香りが強いといわれますが、まずは「独特の味」という曖昧な表現ではなく、言語化してみることが重要です。できるだけ感覚を要素分解して、それぞれに対して対応策を考えるとよいでしょう。よい点も明確にして、それを強調することも重要です。

ホヤには5つの味（甘味、塩味、うま味、酸味、苦味）と磯の香りがあるとされます。新鮮なものには匂いはありませんが、鮮度が落ちやすいために、磯の香りとして感じられるようです。ホヤの香り成分を調べた研究はありませんでしたが、磯の香りが嫌であれば、まずはそれを取り除くことを考えて、磯の香りが活かされた他の料理を参考に、たとえばバターを合わせることも有効でしょう。酸味や苦味は、甘味やうま味、油脂で感じにくくなりますから、ハーブの香りを移したクールブイヨンで火入れしたり、パセリとニンニクバターでエスカルゴのように香ばしく焼いたりすることで、やわらげることができます。

新しい料理を考える際には、新奇性と親近性のバランスが重要です。新しい食材は仕立てをクラシックにし、なじみのある食材は、仕立てを新しくするという原則があります。食べ手にとって、食材が目新しくても、仕立てがなじみのあるものであれば、まずは食べてみようとなります。ホヤはなじみのある食材だが好きではない、という状況であれば、フランス料理のクラシックな前菜の形を踏襲しても、見慣れた和食とは異なる仕立てが新しさを感じさせ、驚きのある料理となるでしょう。

# Q 065

肉の部位による味の違い

## 鶏のモモ肉と胸肉。豚のロースとヒレ肉など、同じ肉でも部位によって味の違いがあるのはどうしてですか？

私たちが食用としている正肉は、動物のおもに筋肉（骨格筋）の部分です。筋肉の構造としては、筋繊維が束となって筋内膜に包まれ、それらがまた多数束ねられて筋周膜で包まれて筋束を作り、さらに多数の筋束が筋上膜で束ねられています（p・260参照）。これらの膜は結合組織と呼ばれ、おもにコラーゲン繊維からなります。筋肉の脂肪組織は、これらの膜の間に分布し、部位によって含まれる割合が異なります。結合組織は、動物が重力に耐えるために発達させてきました。したがって、大きな牛のほうが、鶏よりも結合組織が硬いのです。とくにスネ肉のように重力がかかる部位の結合組織は硬く、コラーゲン繊維が多いと考えられます。筋肉は、動物が体を支えたり動いたりするために存在しますから、それぞれの部位ごとに役割が異なると考えられ、それにより、構成要素も異なっているといえます。

筋肉にはさまざまなアミノ酸が含まれており屠殺後には酵素の働きでイノシン酸が増え、さらに時間が経つと減っていきます。豚肉では、モモ肉のうま味アミノ酸であるグルタミン酸は、ロースよりも1・5倍も多く、その他のアミノ酸も著しく多いため、この2つの部位は、うま味に大きな違いがあると考えられます[54]。また、うま味を感じさせる核酸であるイノシン酸は、豚肉の場合ロースとヒレ肉で違いはないようですが[55]、鶏肉では、モモ肉と胸肉をくらべると少し胸肉のほうが多く、イノシン酸が減る速度も、モモ肉のほうが早かったという研究結果が示されています[56]。これらの成分の違いは、ローストなどそのまま焼いて食べたりするときだけでなく、だしをとる際にも品質の違いとして表れます。

世界の肉食文化において、部位ごとの使い方は詳細に検証されてきましたが、肉食の歴史が長く発展しているところほど、部位の分け方は細かく、それぞれの特徴に合わせて使い方もよく考えられています。

Q 066

和牛の香り

# 和牛香とはなんですか？海外の牛肉にはない香りなのでしょうか？

和牛肉（黒毛和種牛の肉）を熟成させると、2種類の特徴的な、日本人にとって好ましい香りが生じるとされています。[57] 1つはミルクのような香りの「生牛肉熟成香」で、酸素存在下、赤味と脂身の共存する部分で、この香りを生成する細菌の作用によって生じます。この菌は、牛肉に常在する低温細菌で病原性はないとのことです。この生牛肉熟成香は、加熱するとわからなくなります。もう1つが甘い脂っぽい香りの「和牛香」で、高度に脂肪交雑した和牛肉を薄切りして数日間酸素存在下においた後、80℃で加熱することで生じる香りです。和牛肉をしゃぶしゃぶにしたときの香りを思い浮かべていただけるとよいでしょう。この和牛香にはラクトン類という、ココナッツや桃のような香りがする香り成分が関係していました。この2種類の香りは、輸入牛には少なく、和牛の特徴香であると考えられています。[58]

Q 067

# 豚肉の「豚臭さ」が苦手です。原因と対策を教えてください。

豚肉の匂いをおさえる方法

豚肉の独特の匂い成分としては、スカトールと、脂質の酸化によってできた過酸化脂質が挙げられます[59]。スカトールはごく微量でも不快に感じる成分で、豚肉の脂肪組織内に存在します[60]。豚の消化管で微生物によって生成されますが、飼料や飼育環境の影響も受けます。脂質酸化は、ある程度まではおいしさに寄与しますが、進みすぎると嫌な匂いとして感じます。

豚肉料理においては、これらの匂いのマスキングや脂質酸化を抑制するような工夫が重要で、これまでハーブやスパイスが使われてきました。また、豚肉の脂肪であるラードの水煮を使った研究では、スライスしたショウガについて、新ショウガと古ショウガの抗酸化力を比較した実験で、新ショウガのほうが抗酸化力が強いことがわかりました[59]。またニンニクについては、スライスやすりおろした後放置した生のニンニクには抗酸化力はほとんどありませんでしたが、電子レンジ加熱やゆで加熱、炒め加熱をしたニンニクをショウガと同時に使用すると、ショウガを単独で使った場合にくらべて、抗酸化力が高まったという結果が報告されています[61]。

［ショウガとニンニク併用が水煮ラードの抗酸化力に及ぼす影響］

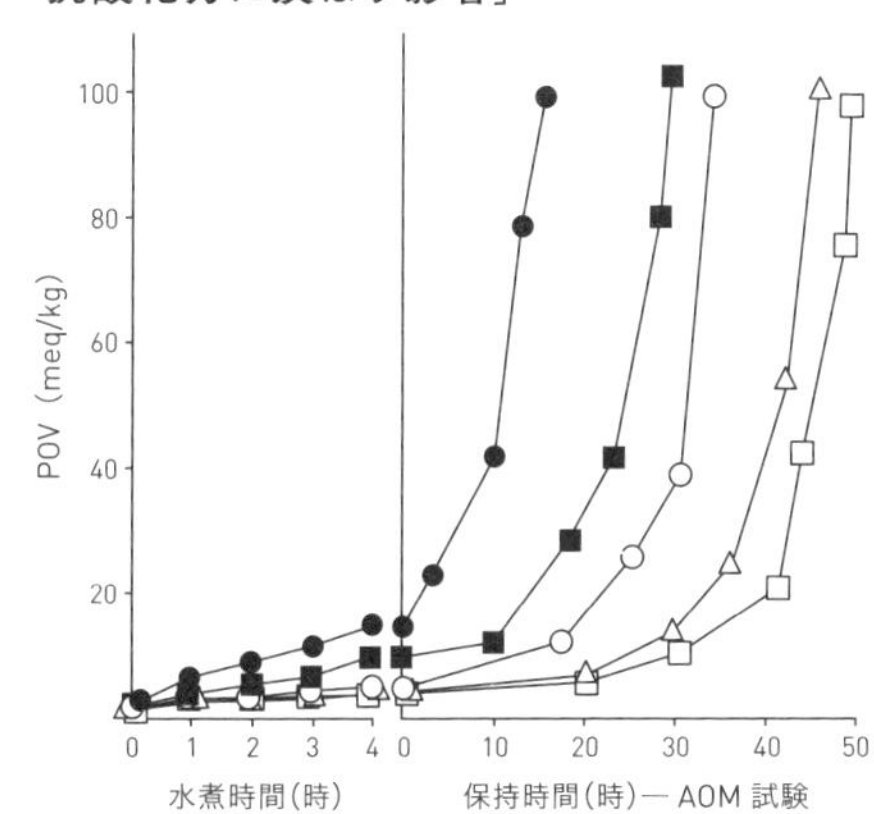


○：ショウガ添加ラード（対照）
●：3分間炒めたショウガ添加ラード（対照）
△：ショウガ+2分間電子レンジ加熱後ホモジナイズしたニンニク添加ラード
□：ショウガ+30分間ゆで加熱後ホモジナイズしたニンニク添加ラード
■：3分間炒めたショウガ+炒め後ホモジナイズしたニンニク

出典：中村 まゆみ,河村フジ子,ラードの水煮におけるショウガの抗酸化力について（第3報）ニンニク併用の効果,日本家政学会誌,1996,47巻,3号,p.237-242,より

Q 068

羊肉の特徴

# 羊肉は、牛肉と同じように使えますか？

羊肉には、成羊のマトンと仔羊のラムがありますが、独特の臭みがあるとされ、好き嫌いがあります。それをマスキングするために、フランス料理ではローズマリーやタイムなどの香草が使われたり、中国料理や中東などでは、クミンなどのスパイスもよく使われます。

羊肉独特の臭みは、4−エチルオクタン酸や4−メチルオクタン酸といった分岐鎖脂肪酸が原因です[62]。熟成によって、血の匂いが減り、新鮮な草の匂いや脂っぽい匂いが増えるとする研究もあります[63]。

また、羊の脂肪酸は融点が高いステアリン酸（融点：69・3℃）が牛よりも多く、脂質全体の融点は、羊の場合44〜55℃と、牛の40〜50℃よりも高いため、加熱温度が高いことが必要です。しかし、筋線維たんぱく質の変性温度は牛肉と同様、58℃程度なので、ねらうべき火入れの温度帯が牛肉よりも狭く、火入れが難しいとされます。このため、料理によっては、塩やオイルでマリネしておくことが有効です。加熱が進みすぎても硬くなりません。

骨付き背ロース肉にニンニク、ローズマリー、タイムをのせ、フライパンにたまった油脂をスプーンでかけながら、じっくり火を入れる

Q 069

ジビエとは

# 駆除されたシカやイノシシを使った料理をたのまれました。ジビエをおいしく使うこつは？

ジビエは、狩猟で得られた野生の鳥獣肉のことで、フランスでは高級食材として食べられてきました。日本でも、肉食が禁忌の時代であっても、イノシシを「やまくじら」と呼んで鍋にするなどして、楽しんできたといわれています。

ジビエの調理でもっとも重要なことは、必ず中心まで加熱調理をすることです[64]。野生であることから、寄生虫の感染や腸管出血性大腸菌、E型肝炎などの食中毒のリスクがありますから、生食は絶対にやめなくてはいけません。

日本では、11月15日から2月15日まで狩猟が解禁されています。近年は、さまざまな理由で野生の鳥獣が増えすぎ、生息域が人間と重なるところも出てきて、農作物が荒されたり、杉や檜などの樹皮が食べられるなど食害があることから、駆除として捕獲されることが増えています。農林水産省でも、加工処理施設の整備、商品開発、販売・流通経路の確立等の取り組みを支援したり、衛生管理・品質確保等のマニュアルの作成・配布や技術研修を実施しています[65]。

フランス料理では、シカ肉やイノシシ肉は熟成させることが多く、自己消化酵素によって筋線維たんぱく質を分解し、うま味を増してから使用します。日本の研究では、シカ肉を真空包装し3℃で11日間熟成させることで、グルタミン酸が著しく増加したという結果も示されています[66]。またジビエは野生であるため、餌の影響で風味が制御できません。独特の香りが魅力ではありますが、ハーブやスパイスを使うことで、さらに魅力を引き出すことができるでしょう。

Q
070

分解と再構築

# 卵アレルギーの子どもに、炒り卵や茶碗蒸しに似せた料理を作ってあげたいのですが、どうすればよいでしょう？

アレルギーは、重篤になると命にかかわるため、アレルゲンとなるものは完全に排除しなければいけません。アレルギー患者は近年増加しており、アレルゲンを含まない食品のニーズは高まっていて、多くのベンチャー企業が、卵を使わないマヨネーズや、ケーキを開発しています。ここで重要なのは、卵を単に全体としてとらえるのではなく、機能に分解して考え、再構築することだと思われます。科学的なものの考え方とは、要素に分解してそれぞれを最適にして、もとに戻す（再構築する）ということです。

卵には、以下のようなさまざまな機能があります。「乳化」「凝固」「ゲル化」「増粘」「つなぎ」「保湿」「泡」「結晶化制御」「抗菌」です。作ろうとしている食品において、どの機能を卵が果たしているかを考えて、それを再現することが重要です。

たとえば炒り卵であれば、加熱することでたんぱく質が凝固し、卵の風味が感じられて、フワフワした食感になっている料理、といえますから、加熱によって凝固するたんぱく質を使い、卵の風味を特定（硫黄を含む香り成分が白身に含まれている）し、その香り成分を補う、という戦略が考えられます。

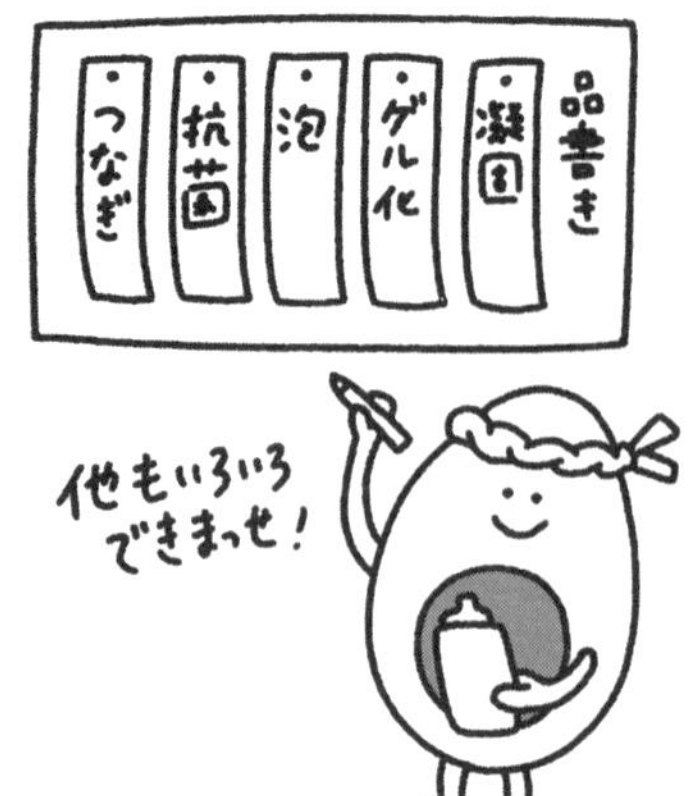

Column

4

# 「素材の味を活かす」とは？

どんな素材でも、なんらかのすばらしい特徴があります。それは味であったり、香り、食感であったりと、五感に訴えかけるものです。料理においてこれらの素材の特徴を感じさせることはもっとも重要です。なぜなら料理とは、素材を味わい、体験するものに他ならないからです。

興味深いことに「素材を活かす」方法論に、料理のジャンルによる違いが見られます。日本料理では、アクや苦味、悪い匂いなどを素材から取り除くことで、もともともっている素材の特徴を強調することが重要とされています。一方、フランス料理では、アクも特徴のうちととらえて、油脂やハーブなどを組み合わせることで素材をすべて味わおうとすることが多いようです。フランス料理には素材を分解して皿に戻すという概念があります。たとえば仔羊という素材の骨を焼いてだしをとり、だしからソースを作り、これを焼いた仔羊肉と合わせることで、仔羊の全体を食べる、という概念です。これも素材を活かしているととらえられるでしょう。

Q 071



# 水の違いが、料理の味に影響することはありますか？

日本料理は水の料理といわれますが、他のジャンルの料理でも、水は料理の仕上がりに影響する基本的な要因です。とくに硬度は国や地域によって異なり、料理もそれによって影響を受けています。

水の硬度は、マグネシウムとカルシウムの量によって決まりますが、調理科学的な影響と、水の味そのものの影響を考えるとよいでしょう。

日本料理のだしにおいては、とくに昆布だしで影響があります。カルシウムが昆布の表面のアルギン酸という多糖類と結合し、ゲルを生じるため、昆布の吸水が抑制されます[67]。ただし、昆布のうま味成分であるグルタミン酸の溶出には、あまり影響がないようです。しかしうま味の感じ方には影響があることから、マグネシウムの苦味が影響しているのではないかと考察されています[68]。

西洋料理の牛肉スープストックでは、浮いてきたアクを取り除くことで油脂の酸化臭を除き、クリアにすることが重要ですが、それには水の硬度だけでなく、カルシウムとマグネシウムの比率も影響しています[69]。硬度100程度までは、水の硬度よりもカルシウム濃度の影響のほうが大きく、カルシウムが多いほどアクが多く生成しています。ところが、マグネシウムの比率が増加すると、逆にアクの生成が抑制されるということです[70]。ミネラルウォーターを使う場合は、硬度だけでなく、カルシウムとマグネシウムの個別の濃度も確認しておくとよいでしょう。

野菜の煮物については、ジャガイモは水の硬度が高いほど煮くずれしにくいことが、研究によってわかっています[71]。これは、カルシウムが細胞壁の接着材であるペクチンを硬化させ、でんぷんの糊化を抑制させるためと考えられています。

[調整ミネラル水を用いた
牛肉スープストックの肉1g当たりのアク重量]

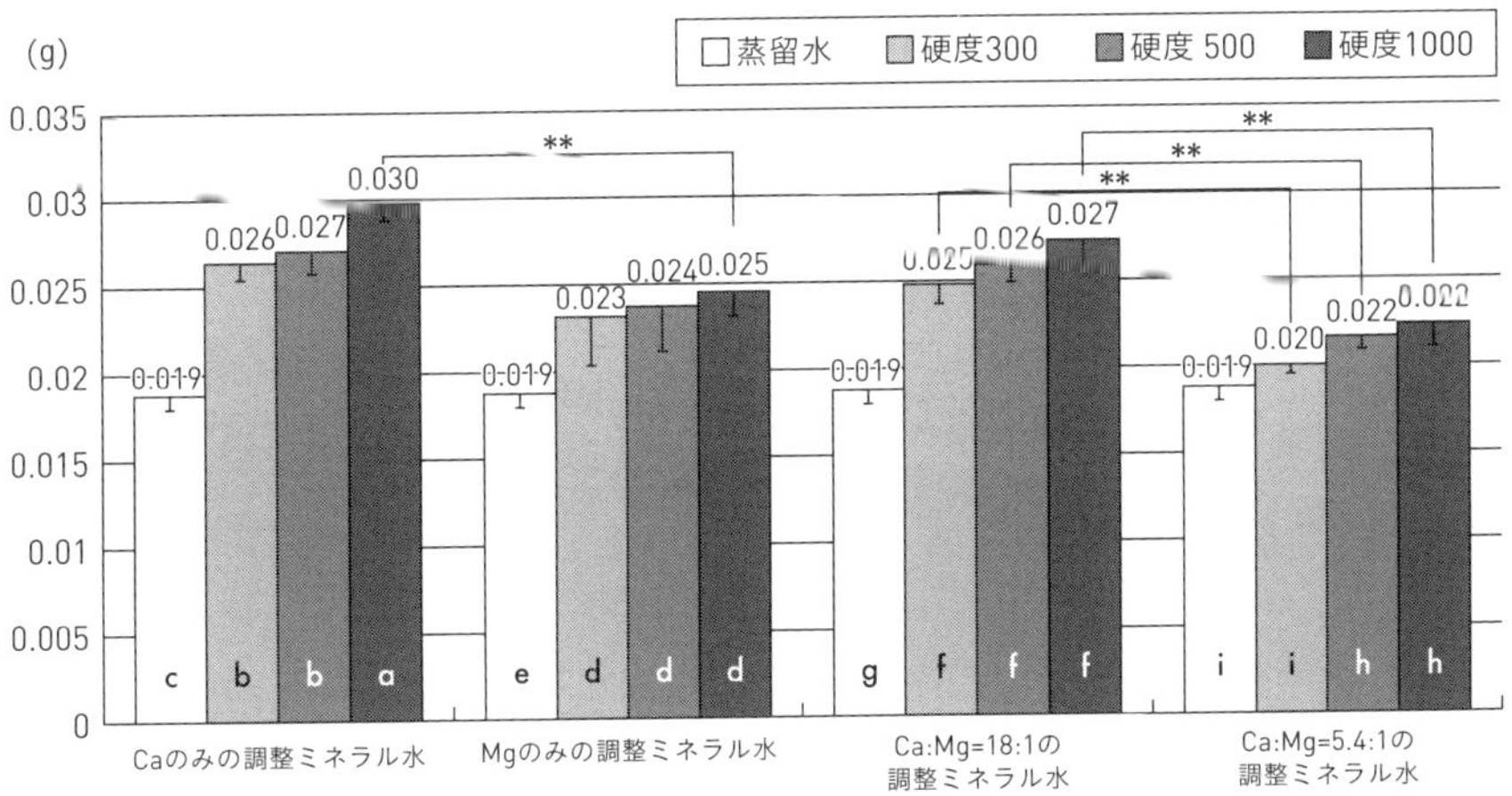


同一調整ミネラル水種の棒グラフ中の異なるアルファベット間で有意差あり　p< 0.05

**: p< 0.01 で有意差あり

出典：三橋富子,& 田島真理子.(2013).水の硬度がスープストック調整時のアク生成に及ぼす影響.日本調理科学会誌, 46(1), 39-44.より

Q 072

水の特性

# 水には、味も匂いもないのでしょうか？ また、他にはどんな特徴がありますか？

水に他の成分が溶けていない場合は、味も匂いも感じません。実験室では、科学的な装置を使って、純水や、さらに精製した超純水というものを作ります。超純水は、ごくわずかに苦味を感じるという研究の報告もありますが、その理由はわかっていません。[72] いわゆるミネラルウォーターは、マグネシウムやカルシウムなどの金属イオンが溶け込んだ水のことで、その濃度が高いと硬水、低いと軟水とされています。

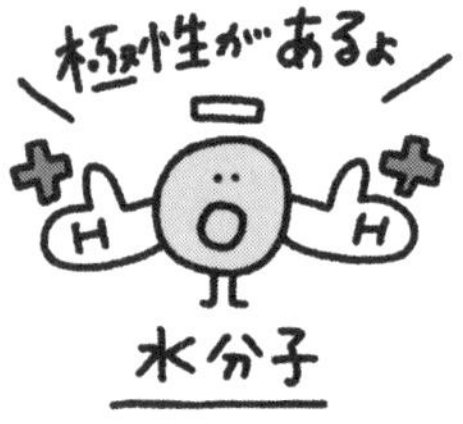

水には、味も匂いもありませんが、さまざまな物質を溶かすことができる、というのが重要な特徴です。なぜさまざまな物質を溶かせるかというと、水は、水素が2つ、酸素が1つからなる分子で、分子の中にプラスとマイナスの偏りがあるためです。これを「極性」といいます。味物質には極性があるため、味物質は水に溶けるのです。

一方、油には極性がありません。これが、水と油が混ざらない理由です。また、香り物質には、極性がないものが多いため、油に溶けるものが多く、極性がない香り物質は水に溶けないため、すぐに揮発します。たとえば、ハーブティーに使われるようなハーブの香りには、水に溶けない香り物質が多いため、すぐに揮発し、香りとして感じやすいと考えられます。逆に、メイラード反応の香りや燻製の香りには、水に溶ける香り成分もあるため、香り成分が溶け込んだ「だし」が成立するのでしょう。

# Q 073

炭酸の効果

## サイダーはおいしいのに、炭酸が抜けるとまずくて飲めません。どうしてでしょう？

日本におけるサイダーは、甘味と酸味、果物などの香りを加えた炭酸水です。炭酸が抜ける、つまり溶け込んでいる二酸化炭素がなくなると、甘くて飲みにくいという人が多いようです。炭酸は、弱い酸性であり、酸味があります。サイダーは、炭酸や酸味料による酸味がある状態で、ちょうどよい甘味の強さを決めていきます。酸味には、甘味を弱く感じさせる効果があるため[73]、炭酸が抜けて酸味が弱くなることでバランスがくずれ、甘味を強く感じてしまうのです。さらに、炭酸には、冷たく感じさせる効果もあるため、炭酸が抜けると、ぬるく感じてしまい、よけいにおいしくなくなってしまいます。

ちなみに、飲んだ水を感知する上喉頭神経という神経がのどにあるのですが、別名水神経とも呼ばれているこの神経は、水よりも炭酸水によって、強く刺激されます[74]。炭酸を含む飲み物が、水よりも早くのどの渇きを癒してくれるのはこのためです。

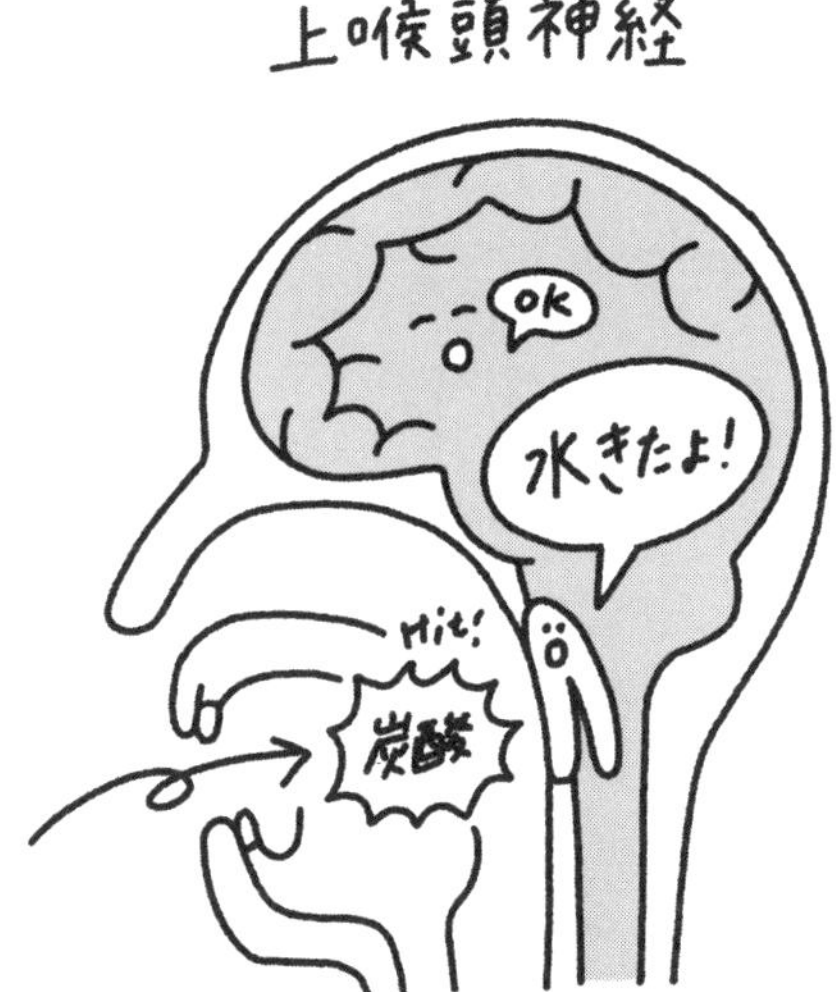

Q
074

脂溶性の香り、水溶性の香り

# 香りは脂溶性と聞きましたが、お茶は淹れたときも、その後沸騰させても香りがします。なぜでしょう？

食材に含まれる香り成分は、確かに脂溶性（油に溶けやすく水に溶けにくい）ものが多いのですが、香り成分がすべて脂溶性というわけではなく、水溶性のものもあります。多くの食品は両方の香気成分をもっているのです。

お茶の抽出とは、茶葉に含まれている味成分と香り成分が、水に移ることを指します。香りについては、水溶性の香り成分は水に溶けますが、脂溶性の香り成分は水に溶けないため、揮発しやすいのです。お茶を淹れた瞬間の香りは、その、水に溶けていな香り成分を感じ取っていると考えられます。たとえば、上級煎茶のよい香りの成分として、シス-3-ヘキセニルカプロエートがありますが、これは、水にほとんど溶けません。[75] 水に溶けた香り成分は、そのままでは揮発しにくいのですが、口に入れたときの衝撃で、口の中で揮発します。それを一度肺に入れた後、後鼻腔の香りとして感じていると考えられます。煮沸すると、もちろん水に溶けている香り成分も蒸発しますが、溶解性が高い香り成分はそのまま残ると考えられます。それぞれの香り成分は異なりますから、沸騰させたときの香りは最初の香りと違うはずです。

このように、香り成分に水溶性のものもあるからこそ、「だし」というものが存在すると考えられます。だしは、うま味成分を水に抽出したものですが、香り成分については、メイラード反応や燻製の香り成分で、これらには水溶性のものも多く、それによって香りがだしに保持されているのです。

# 調理と味・香り

非加熱調理／だし／
加熱調理／調味料／
油脂／スパイス

Q 075

切り方の影響

# 切り方によって、素材の状態はどう変わりますか？

包丁による切り方には、食材にあてた刃を、まな板に平行にしたまま前に軽く押すようにして切る「押し切り」、前に突くようにしながら切る「突き切り」、刃を手前に引いて切る「引き切り」があります。

押し切り(*)と突き切りを玉ネギで比較した研究から、押し切りは、突き切りよりも切断によって加わる力エネルギーが50％大きく、切断面の凹凸も大きいことがわかりました[1]。それによって、水分の流出も多くなり、組織が破壊されることで辛味を生成する酵素が働くために、辛味も強くなるようです。細胞への影響を考えると、引き切りについても突き切りと同様、細胞をつぶさない切り方であると考えられます。

これらの切り方はどれがよいということではなく、目的に応じて使い分けることが重要です。たとえば玉ネギのみじん切りでも、突き切りを意識して切るとシャキシャキして水分も保たれ、炒めても焦げにくくなりますが、それをさらに押し切りして細かくすると、細胞が壊れて水分が出やすくなるため、炒めると早く水分が飛び、色づきが早くなります。

＊この研究では、包丁の刃をまな板に平行になるようにして、下にまっすぐ落とす切り方を「押し切り」としている。

［押し切りと突き切りによるタマネギ切断面の違い］

押し切り

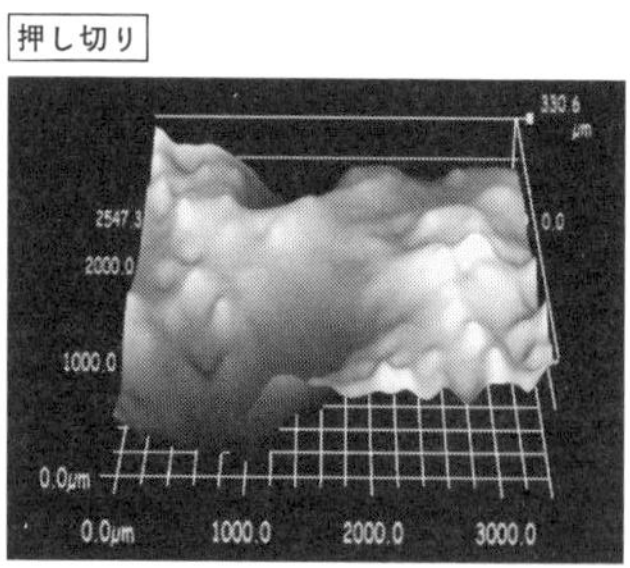


突き切り

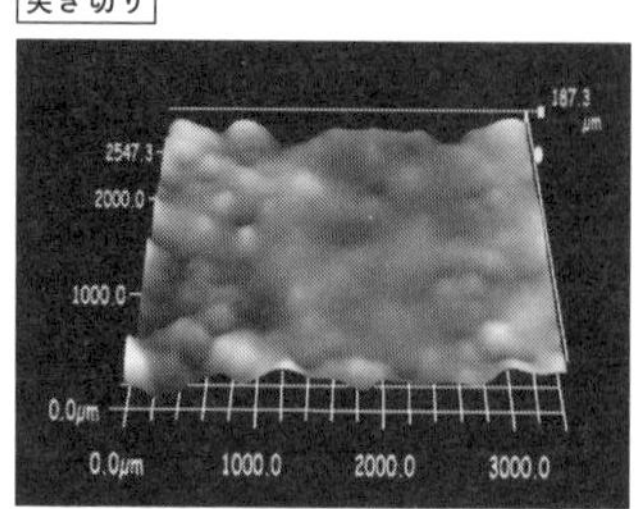


出典：関 佐知,清水 徹,福岡 美香,水島 弘史，酒井 昇,切断操作が及ぼす食材へのダメージ評価,日本食品科学工学会誌, 2014,61巻, 2号, p. 47-53より

Q
076



# 夏にさっぱりした後味の料理を作るにはどうすればよいですか？

暑い夏には、さっぱりした料理を食べたいものです。「さっぱりした」とは、いろいろな解釈がありますが、ここでは、しつこくないこと、つまり油っぽくなく、後味（飲み込んだ後に残る味や風味）が長く続かないこととします。油っぽい料理の油っぽさを感じにくくする方法については、経験的にいわれていることはありますが、科学的な証明までには至っていません。後味に関しては、酸味によってさっぱりさせることができるといわれていますが、実験的にも、酸味は塩味とうま味の後味を短く感じさせることがわかっています。[2] また、弱い酸味は塩味や苦味を強めますが、酸味を感じるほど強い酸味になると、甘味や塩味を弱く感じさせます。[3]

またハーブをうまく使うことも効果的でしょう。とくにフレッシュハーブは、細胞の中に精油として香り成分が入っているため、噛むことで口の中で香りが発散されます。それによって意識がその香りに集中し、他の味や香りから離れる可能性も考えられます。

Q 077

魚の熟成

# 自分で釣った魚を、ふるまいたいと思います。やはり捕れたてを刺身にするのが一番でしょうか？

自分で釣った魚を、新鮮なうちにさばいて刺身にする、という行為には、釣りの準備をしているときから続く「体験価値」があり、それ全体を楽しむものだと思います。また、新鮮なうちの刺身は、食感がブリブリして、それはそれでおいしいものです。ただ、内臓を取ってサク取りした後に、冷蔵庫などにおいておくと、食感もねっとりとまではいかないまでも、歯ごたえの残る程度にやわらかくなり、うま味成分のイノシン酸やグルタミン酸が出てきて、新鮮なときとはまた違ったおいしさになります。このような状態の変化を、熟成といいます。

魚の熟成時間は、魚種によって異なりますが、半日から1日程度で十分なものが多いようです。牛や豚と同じように、ATP（アデノシン三リン酸）が分解してイノシン酸ができ、たんぱく質が分解されアミノ酸になり、これらが増えることで、うま味が強くなります。イノシン酸に限ってみれば、マグロは死後20日間経ってもイノシン酸が保たれる一方、ヒラメは死後2～3日、タイは1日くらい経ったころが、もっともイノシン酸が多いといわれています。

京都で食べられるタイは、明石などで捕れたタイがすぐ締められて京都に運ばれ、その日の夜に提供されるというシステムになっています。提供されるときが、ちょうどうま味が強くなったタイミングになっているのです。ちなみに、カツオは死ぬとすぐにイノシン酸が減ってしまうため、カツオ節を作る場合は、釣り上げたカツオをすぐに煮て酵素活性を止め、イノシン酸をしっかり保持していくという方法がとられています。

Q
078

# 魚を酢で締めるときに、先に塩で締めるのはなぜですか？

酢締めの前の塩締め

生魚を酢で締める料理（酢漬け）は、西洋でもニシンなどでみられ、日本ではサバ、小ダイ、サワラ、ママカリ（サッパというニシンの仲間）、イワシ、ニシンなどが用いられています。関西では「きずし」といいます。きずしにすると魚の身の色は白くなり、硬くなって脆くなるため、噛み切りやすくなります。

魚を酢で締めるときは、その前に塩で締めておかないと魚肉が膨潤し、だれてしまいます[4]。これは、魚肉たんぱく質のミオシンの性質によると考えられています。ミオシンは、pH4以下のときに、塩が存在すると不溶性ですが、塩がないと溶けてしまう性質をもちます。塩で締めるのは、単に脱水させるためだけではないのです。塩だけで締めると塩味が強くなるということもあり、その前に砂糖で脱水させる場合もありますが、酢締めするためには、塩がないとだれてしまうので気をつけましょう。

［塩締めおよび酢締めによるさばの重量変化］

酢締めのみによる重量変化

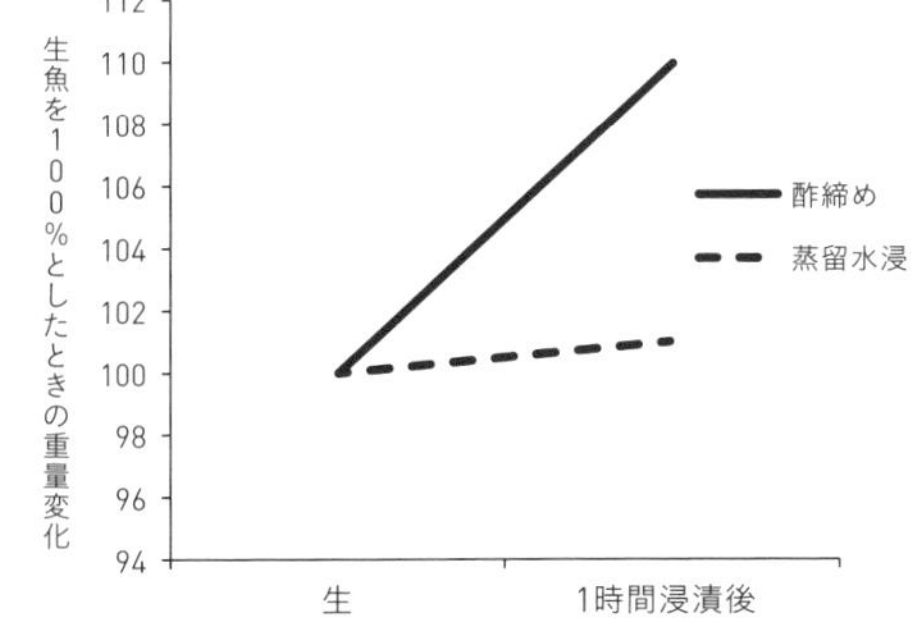


塩締めの塩分濃度の違いによる酢締め後の重量変化

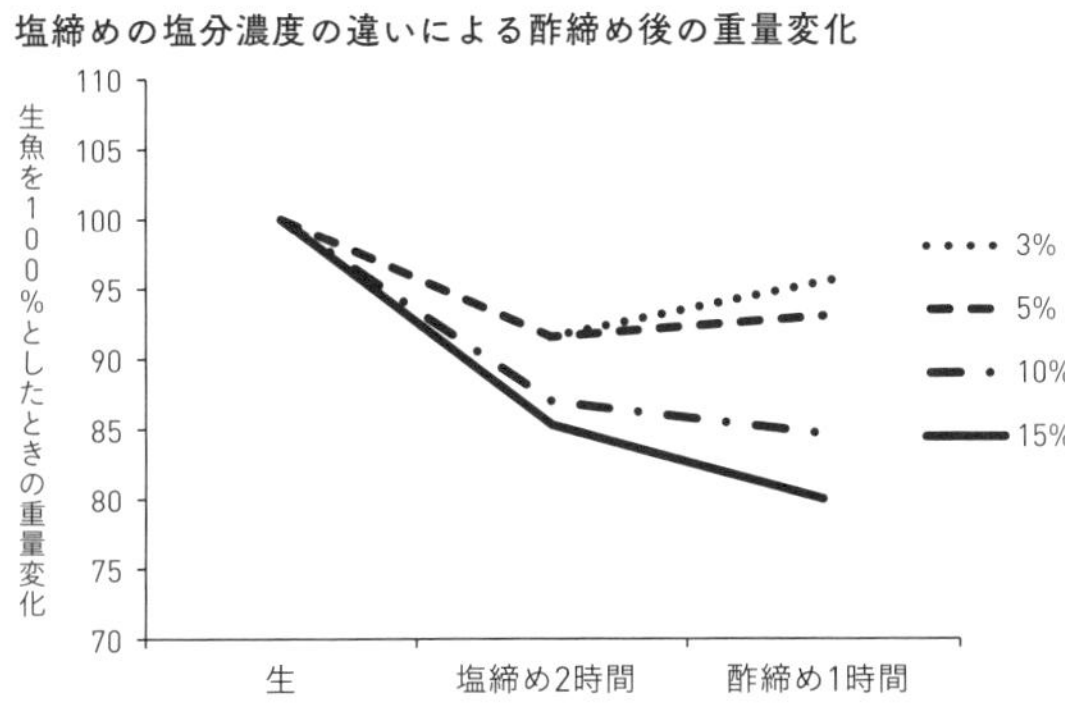


出典：下村 道子,酢漬け魚肉の調理,調理科学, 1986, 19巻, 4号, p. 276-280より著者作成

Q 079

しめさばの調理科学

# 上手にしめさばを作るには？

福井と京都を結ぶ若狭街道は、鯖街道とも呼ばれ、日本海で捕れた魚介類を京都に運ぶ道として有名です。運搬手段が徒歩しかなかった時代は、1日がかりでしたが、捕れたサバに強く塩をして京都に運び、塩を取って酢に浸けて保存性を高めました。これがしめさばです。現代では、新鮮なサバが京都でも手に入りますから、塩で締める時間は3～4時間程度が一般的です。

魚肉に3％以上の塩をふると、重量が減少します[5]。これは、魚肉の表面で高濃度の食塩水ができて、魚肉の浸透圧よりも高くなることにより、魚肉が脱水されるためです。その後は、塩も魚肉に入っていくために、表面から塩濃度が高くなっていきます。現代では塩分濃度が高すぎるのは好まれませんから、先に砂糖をまぶして脱水させることも行われています。砂糖にも脱水能力があるためですが、砂糖のほうが塩よりも同じ重量ではその能力が低く[6]、魚肉に入りにくいので、甘くならずに脱水することができるのです。

塩で締めるのは、脱水だけが目的ではありません。しっかりと塩締めせずに酢で締めてしまうと、たんぱく質の親水性が増し、水分が吸収されて膨張します。魚がだれてしまうのです。これは、筋肉中のミオシンというたんぱく質の性質によります（Q０７８参照）。

ある実験によると、塩の量をサバの重量の3、5、10、15％とし、塩締め時間を2、6、12、20時間と変えて比較したところ、3％の塩ではどの締め時間でもやわらかすぎ、10％の場合は、12時間以上締めると塩からくなりすぎ、15％ではさらに表面が締まりすぎたという結果でした[7]。

塩締めした後酢に浸けると、表面近くの塩は酢に溶け出してきますが、それ以外は内部にさらに浸透し、全体としては平均化します。
　また、しめさばには独特の食感があり、硬さだけではなく、脆さも感じられます[8]。これは、酸によって筋線維たんぱく質が硬く変性しただけではなく、酸性でたんぱく質を分解する酵素が働くために、筋線維が分解し、肉質が脆くなるためです。表面はこのような脆さがあり、中心部は生の食感が残っているという状態が、好ましいしめさばであるとされます。

[食塩量と時間によるさば肉層別食塩濃度]

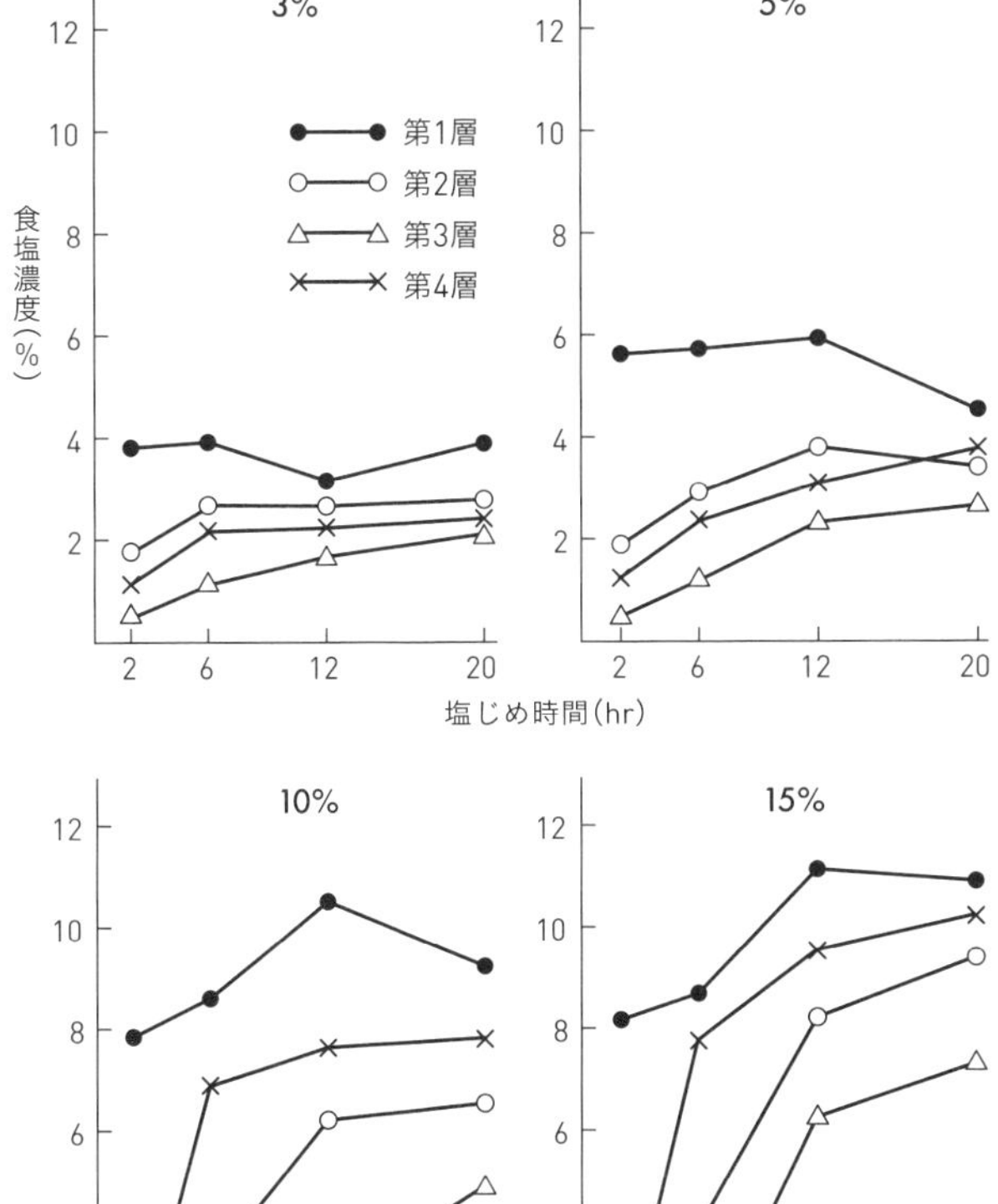


(試料1972.4〜5月)



出典：下村 道子,島田 邦子,鈴木 多香枝,板橋 文代,魚の調理に関する研究しめさばについて,家政学雑誌,1973,24巻,7号,p. 516-523.より

Q 080

昆布締めの仕組み

# 昆布締めにすると、素材にどんな変化が起こりますか？

昆布締めは、生の魚の切り身などを、乾燥した昆布に接触させることで、適度に脱水し、昆布のうま味成分であるグルタミン酸を食材に移す、日本料理の調理技術です。白身の魚など、淡白な味わいの魚に用いられてきました。

昆布は乾燥しているため、切り身にされて細胞が露出した状態の魚の身と接触すると、表面のわずかな水分に昆布の成分が溶けて、濃厚な液体ができます。その液体の浸透圧は魚の細胞内部の水分の浸透圧よりも高いため、魚から水分が引き出されて昆布に吸収されます。それが進むと魚の細胞膜が壊れ、今度は昆布からグルタミン酸などの成分が魚に移ります。また魚は水分が少なくなるため、筋線維がぎゅっと寄り、ねっとりとした独特の食感になります。

昆布の吸水力は高いので、細切りにした鯛などは、酒をまぶしておくとよいでしょう。脱水されすぎるのを防ぐことができます。

このような昆布締めの作用は、調理技術としてみると興味深く、その他の食材にも応用できます。豚肉などにも使えますが、フランス料理などで昆布の風味を避けたい場合は、昆布に白ワインなどをぬって、あらかじめオーブンなどで軽く焼き、メイラード反応を起こしておくとよいでしょう。

薄くそぎ切りにしたタイを昆布締めに

Q
081

お茶が使えます

# タコのぬめり取りが大変なのですが、簡単な方法はないでしょうか？

タコの表面にはぬめりがあり、下処理として塩でよくもむことが一般的に行われていますが、長時間かかるため、大量に行う際には洗濯機を使うところもあるそうです。料理店でも塩でもみますが、匂いが強く、大変な作業とされています。

このぬめり成分は、ムチンという糖たんぱく質で、動物が分泌する粘液に含まれています。そこで考えたのが、お茶のタンニンを利用する方法です。タンニンにはたんぱく質に結合する性質があり[9]、たとえば「タンニンなめし」は、柿に含まれるカキタンニンと革のたんぱく質が結合することを利用しています。実際に、多めの茶葉で濃いお茶を抽出し、これでタコをもんだところ、短時間でぬめりを取ることができました。

茶のタンニンには、エピカテキンやエピガロカテキンなどのカテキン類があります。これらのカテキン類が、タコのぬめり成分と結合したことで、簡単に除去できたと考えられます。烏龍茶や紅茶、プーアル茶などのように発酵させると、カテキンは酸化重合するため、カテキン類は少なくなりますから[10]、緑茶や番茶が適していますが、香りが料理のじゃまになる場合は、発酵熟成が進んでいない、手ごろなプーアル茶などを使うとよいでしょう。苦味や渋みが感じられるものがあれば、カテキンが比較的多いと考えられますから、よりむいているでしょう。

カテキン類のたんぱく質結合力は強いため、もむ時間が長くなりすぎると、タコの香りまで取り去ってしまいますから、時間は調整してください。

Column

5

# 発酵とは？腐敗とは？熟成とは？

そもそも「発酵」と「腐敗」の境界は、食文化によって曖昧であるといわれています。どちらも微生物が食材のたんぱく質や炭水化物などを分解することですが、人間が利用できるものが生成される場合を発酵とし、毒性などが出てきた場合を腐敗としています。

では、「発酵」と「熟成」の違いはなんでしょう？ カビ、酵母、細菌などによる熟成は定義が広く、大きくは「好ましい品質になるようにおいておくこと」といえます。熟成には、たんぱく質や炭水化物の分解酵素による熟成、紹興酒などに見られるメイラード反応などの化学反応による熟成、ウィスキーの水和などの物理反応による熟成があります。

発酵は、微生物の酵素によってたんぱく質や炭水化物などを分解することを指します。微生物は自分たちが生育しやすいように、環境としての食材を、自ら作り出す酵素によって分解します。たとえば、味噌や醤油、納豆は、大豆たんぱく質を微生物のたんぱく質分解酵素がアミノ酸などに分解した発酵食品です。これに対し熟成肉は、筋肉たんぱく質を自らのたんぱく質分解酵素で分解したものです。また赤味噌などは、微生物による発酵の後、長期にわたりメイラード反応を起こしますので、これは熟成といえます。

Q 082

調味に使える発酵食品

# 味噌や醤油の他に、料理の味つけに使える発酵食品にはどんなものがありますか？またその使い方は？

発酵食品のうち、塩を使ったものは、もともと保存のために塩が使われ、保存の過程で、微生物がたんぱく質分解酵素を使ってたんぱく質をアミノ酸にすることで、うま味成分であるグルタミン酸を多くもつようになりました。調味料として使われている味噌や醤油がそれにあたりますが、他にもたんぱく質を分解したものとしては、塩辛やチーズ、豆腐ようや中国料理の腐乳、へしこなど、地域に密着した食材が多くあり、興味深いと思います。これらには独特の風味もありますから、刻んで他の調味料と混ぜたりするだけで、新たな調味料として使えるでしょう。水で成分を抽出し、だしのように使ってもよいと思います。また、ぬか漬けや塩漬けなどの漬物も、同様に使えるはずです。

塩を使わない発酵食品では、ワインや日本酒、紹興酒などが、そのアルコール分と香り、味成分を活かして伝統的に使われていますし、ヨーグルトのような乳酸発酵食品は、味や風味だけでなく食感を活かして、ソースやドレッシングなどに使われています。発酵食品は、単独であれ、他の食材や調味料との組み合わせであれ、自分なりの使い方が追求できるものですから、先入観にとらわれず、いろいろと試してみるとよいでしょう。

Q 083

塩もみの理由

# 野菜の酢の物を作るときに、先に塩でもむのはなぜでしょう?

野菜の酢の物は、野菜を酸味で食べる料理ですが、単に合わせ酢を生野菜と和えただけではありません。薄切りなどにしたキュウリを合わせ酢で和えてしばらくおくと、キュウリから水分が出てきて、どんどん味が薄くなっていきます。これは、キュウリの細胞内の水分の浸透圧よりも、合わせ酢の浸透圧のほうが高いため、キュウリから水分が引き出されるためです。浸透圧は、細胞膜を境界として差がある場合、その差をなくすように働きます。浸透圧が低いほうから高いほうに、水分が引き出されるのです。

そこで、先にキュウリを塩もみすることで、水分を出してしまい、合わせ酢を加えてから味が薄まらないようにしているのです。さらに、塩もみによって細胞膜が壊れるため、合わせ酢も染み込みやすくなります。スライサーで薄切りにしたキュウリに重量の1%の食塩を加えてもみ、15分放置してから適度に絞った実験では、キュウリの重量は75%に減る程度でしたが、しっかり絞ると50%まで減少しました[1]。また、しっかり絞れば食塩は加えた量の10%まで減りますし、水にさらせば塩分はほぼなくなりますから、この塩は味つけのためではなく、調理のための塩といえるでしょう。

[塩もみの塩分濃度と絞り方によるきゅうりの重量変化]

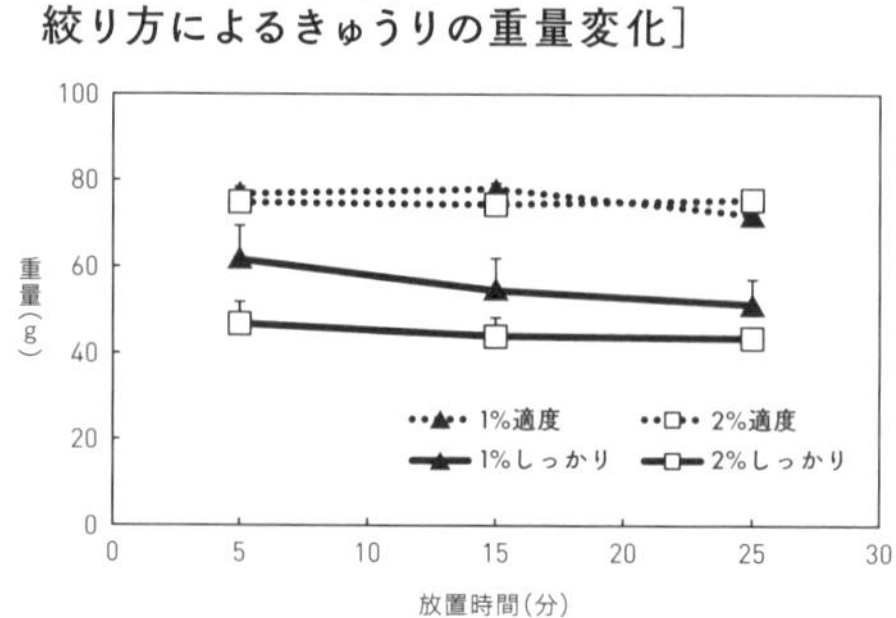


出典:古賀優子,&林眞知子.(2010).きゅうりの塩もみ後の食塩残存率について.西九州大学健康福祉学部紀要, 41, 73-76.より

Q 084

干すことで起こる変化

# 干し野菜や干しきのこを作ろうと思います。野菜やきのこの味は、干すことでどのように変化しますか？

干すという下処理は、世界の食文化で保存を目的として発展してきましたが、近年は保存だけでなく、さまざまな目的で行われるようになっています。

干し野菜については、単に水分が蒸発することで味成分や香り成分が濃縮するだけではありません。ダイコンやニンジン、カボチャの研究では、ダイコンでグルコース（ブドウ糖）の増加が見られました[12]。これは、ダイコンがもともともっているでんぷんやオリゴ糖が酵素で分解し、甘味成分のブドウ糖が増えたためと考えられます。

干しきのこについては、シイタケについて詳細な研究があります。生のシイタケのうま味成分は、グルタミン酸ですが、干してから戻すことで、グアニル酸という核酸系のうま味成分ができます。少し複雑なのですが、シイタケには、このグアニル酸を作る酵素と壊す酵素が両方含まれており、干すときの温度と戻すときの温度で、これらの影響の強弱が大きく異なるのです[13]。まず、干すときの条件を変えた実験では、80℃で送風乾燥させると、15℃や50℃で乾燥させるよりも、グアニル酸を作る酵素は残り、壊す酵素は失活するため、グアニル酸が多く含まれた干しシイタケができることがわかりました。

また調理では、水に浸けて膨潤させた後、さまざまな温度上昇速度で加熱したところ、1分間に2℃または4℃の上昇速度で加熱するよりも、7℃上昇する速度で温度を上げたほうが、シイタケにグアニル酸が蓄積していました。

［乾燥シイタケの戻し条件とグアニル酸生成量］

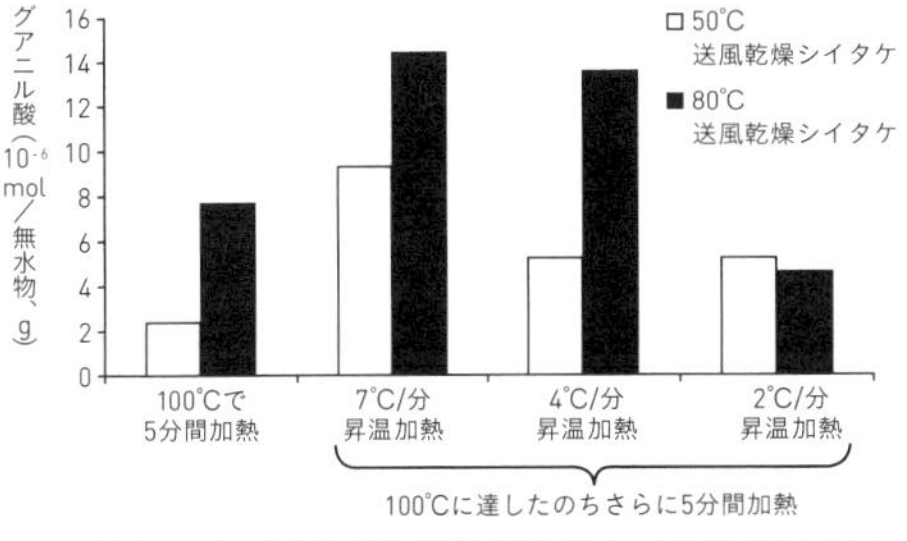

出典：池内ますみ,中島純子,河合弘康,遠藤金次(1985).しいたけ5'-ヌクレオチド含量に及ぼす乾燥条件および調理加熱条件の影響．家政学雑誌,36(12),943-947.より著者作成

Q
085

肉をやわらかくする方法

# 肉を加熱する前にやわらかくする下ごしらえには、どんなものがありますか?

肉が加熱されると硬くなる理由としては、筋線維たんぱく質を包む結合組織であるコラーゲン線維が、加熱によって収縮し、肉汁が絞り出されることで、ジューシー感がなくなることと、筋線維が縮まることが挙げられます。つまり、肉を硬くしないためには、この2つを防ぐようにすればよいのです。

まず、筋線維が縮まないようにするには、物理的に壊してしまうのがよいでしょう。つまり、肉叩きなどで、筋線維や結合組織を壊してしまうのです。

次に、保水性を高めるために、筋線維の塩溶性たんぱく質を塩で溶かし、加熱したときにゲル化させることも効果があります。日本料理では、魚に塩をふってしばらくおいたり、塩を含む醤油や味噌などに漬け込むことで、味をつけると同時に加熱しても硬くなりにくくしています。西洋料理でも、ハムやソーセージの技術に、塩によるマリネが用いられています。また、酸性になると筋線維の保水性が高まり、コラーゲンのゼラチン化が促進されるため、ワインなどの酸性の液体で漬け込むことで、加熱してもやわらかさが保たれます。加えて、酸性で働くたんぱく質分解酵素により筋線維も分解されます。

牛肉を並べて香味野菜とブーケガルニをのせ、赤ワインをひたひたに注いでマリネする

通常酸性の液体に浸けると肉は膨潤してしまいますが、ワインに含まれるアルコールは、筋肉から水分を引き出します。つまりワインは、酸性でありながら膨潤させず、アルコールでありながら脱水させないという液体になっているのです。特に、ワインに含まれる乳酸が、やわらかくする作用が強いようです[14]。ちなみに、白ワインも赤ワインと同じくらい、肉をやわらかくする効果が高いという研究の報告もあります[15]。フランス料理のコック・オー・ヴァンやブッフ・ブルギニョンは、肉を赤ワインでマリネしますが、これを白ワインで行うことで、違う風味の料理にすることもできるのではないでしょうか。

また、生のショウガにはたんぱく質分解酵素が含まれており、筋線維たんぱく質だけでなく結合組織のコラーゲンも分解するため、肉をやわらかくすることができま[16]す[17]。

［調理に使用される酒類を用いた剪断力価の比較］

| | 水 | みりん | 日本酒 | 白ワイン |
|---|---|---|---|---|
| 水 | — | | | |
| みりん | ns | — | | |
| 日本酒 | ns | ns | — | |
| 白ワイン | ＊ | ＊ | ＊ | — |
| 赤ワイン | ＊ | ＊ | ＊ | ns |

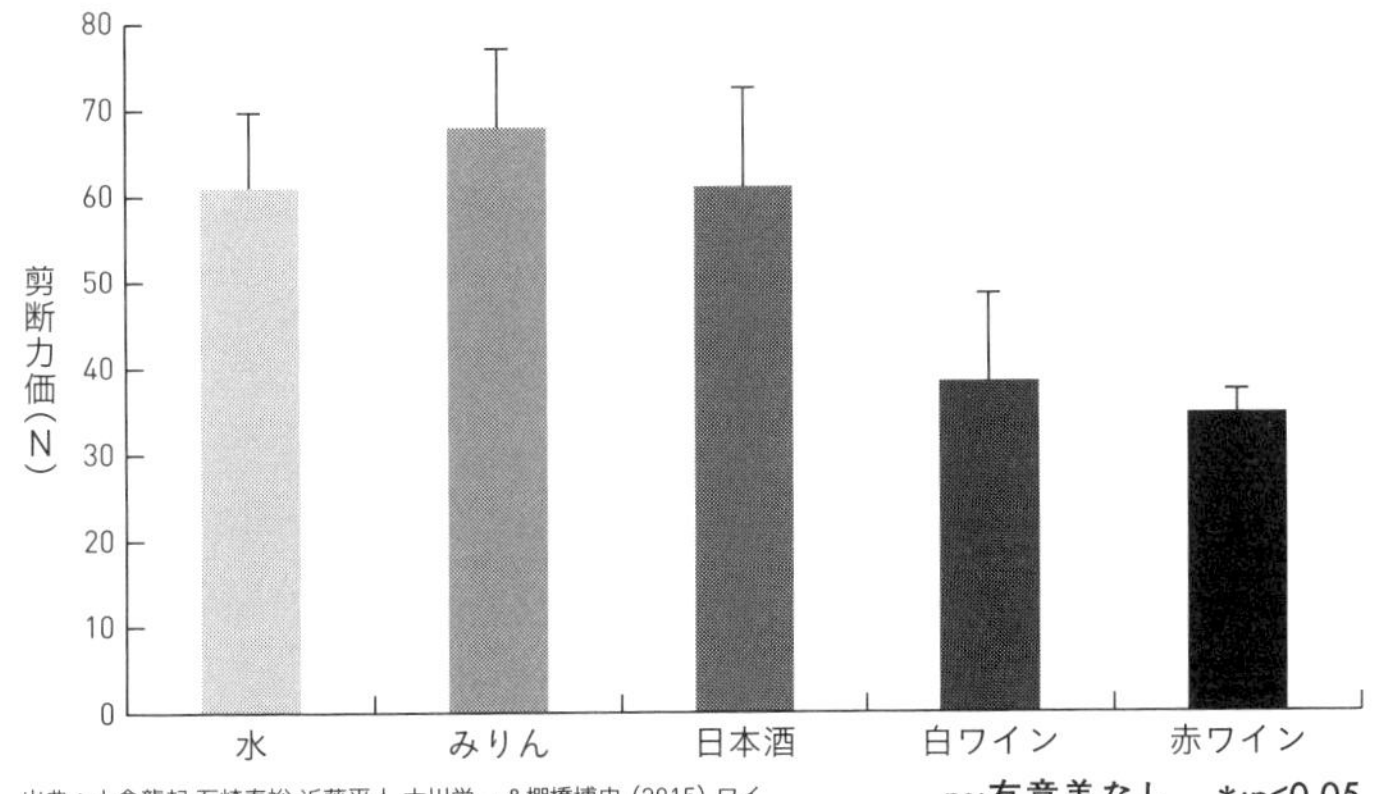


出典：大倉龍起,石崎泰裕,近藤平人,大川栄一,&棚橋博史.(2015).ワインに含まれる牛肉を柔らかくする成分とその評価方法.より

ns:有意差なし、＊:$p<0.05$

# Q 086

うま味の相乗効果

# だしには、どうして昆布とカツオ節の両方を使うのでしょうか？

日本料理で一番だしと呼ばれるだしには、昆布とカツオ節を使います。昆布は採れた地域によって利尻昆布、羅臼昆布、日高昆布、真昆布などと分類され、それぞれうま味成分であるグルタミン酸の含有量や香り成分も異なっています。カツオ節についても地域や加工法によって、うま味成分であるイノシン酸の含有量や香り成分が変わってきます。とくに加工法においては、燻製の程度やカビづけの有無によって、メイラード反応の香りや燻製成分の含有量が異なります。

一番だしは、作る料理に合わせて、それらの組み合わせを決めますが、昆布のグルタミン酸とカツオ節のイノシン酸を同時に味わうと、うま味を強く感じるという現象を利用しています。これを「うま味の相乗効果」といいます。昆布だけでうま味を強く感じさせるには、昆布の量がかなり必要となりますが、これにカツオ節を組み合わせることで、昆布の量は少なくてすみますし、うま味の後味のキレもよくなることがわかっています[18]。

以上のような理由で、一番だしには昆布とカツオ節の両方を使うことが、うま味と香りの点で重要なのです。

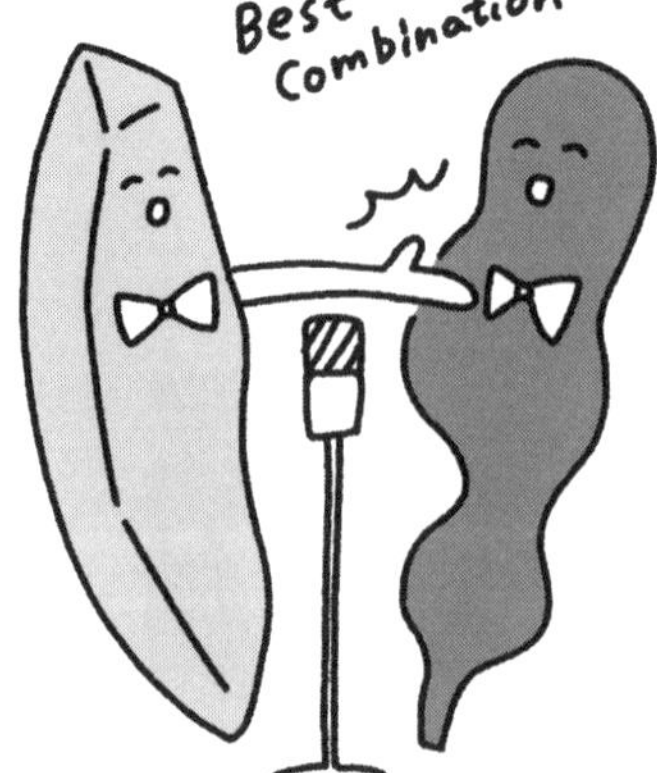

Column 6

## うま味とは

うま味は、塩味、甘味、酸味、苦味と同様に、味の質を示す単語です。これらを、五基本味といいます。塩味が強かったり、甘味が強かったりしても、おいしいとはかぎらないのと同様に、うま味が強いからといっておいしいとはかぎりません。適切な濃度があるのです。

うま味はよく「旨味」「旨み」「うまみ」と混同され、表記されることがあります。「旨味」などはいわゆる「おいしさ」を表しているのに対し、うま味は基本味の表現として確立しています。明治時代に東京帝国大学の池田菊苗博士が、昆布だしのおいしさとは何か、という研究的興味から、グルタミン酸というアミノ酸がその理由であるという点に行き着き、その味の感覚を、「うま味」と名付けました。

昆布だしから発見されたため、うま味の感覚は日本人しかわからないのではないか、という科学的疑問がありましたが、うま味を感じる受容体が、動物に普遍的に存在することが発見されたこともあり、人種とは関係がないこともわかってきました。それも2002年のことですから、最近の話です。

うま味成分は、うま味受容体を刺激する物質であるというだけです。その物質が、グルタミン酸ナトリウ

［グルタミン酸と池田菊苗博士］

左）昆布から抽出したグルタミン酸（写真提供：味の素、所有：東京大学大学院）
右）池田菊苗博士（写真提供：味の素）

ムという物質なだけであり、塩味は塩化ナトリウムの味である、というのと同じことです。また、現在は、うま味成分であるグルタミン酸ナトリウムは、発酵によって世界中で作られているため、「うま味調味料」として製造されています。

　また、うま味には、相乗効果があることがわかっています。これはグルタミン酸とイノシン酸またはグアニル酸を同時に味わうと、うま味を強く感じる現象のことです。グルタミン酸とイノシン酸を混ぜるとなにか別のものができる、ということではありません。感じ方の問題なのです。イノシン酸とグアニル酸そのものにうま味を感じるのではなく、イノシン酸とグアニル酸は、グルタミン酸がうま味受容体に結合する時間を長くすることで、うま味を強く感じさせます。また、イノシン酸とグアニル酸を単体で味わってもうま味を感じるのは、唾液中にグルタミン酸が含まれていることで、イノシン酸またはグアニル酸を味わうと、うま味の相乗効果によってうま味を感じると考えられています。

　うま味の相乗効果の利用についての研究で、同じうま味の強さにしたグルタミン酸のみの水溶液と、グルタミン酸とイノシン酸を混ぜた水溶液で比較したところ、混ぜたほうがうま味の後味が短いことがわかりました。[18] これを昆布とカツオ節のだしに応用すると、昆布だけでだしを引くよりも、昆布とカツオ節を使うほうが、うま味の相乗効果によって、後味のキレのよいだしになることが考えられます。

［うま味の相乗効果と感じる時間］

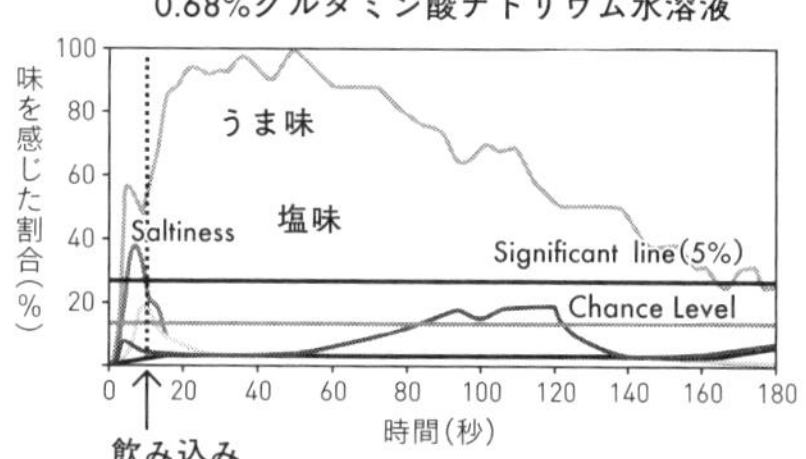


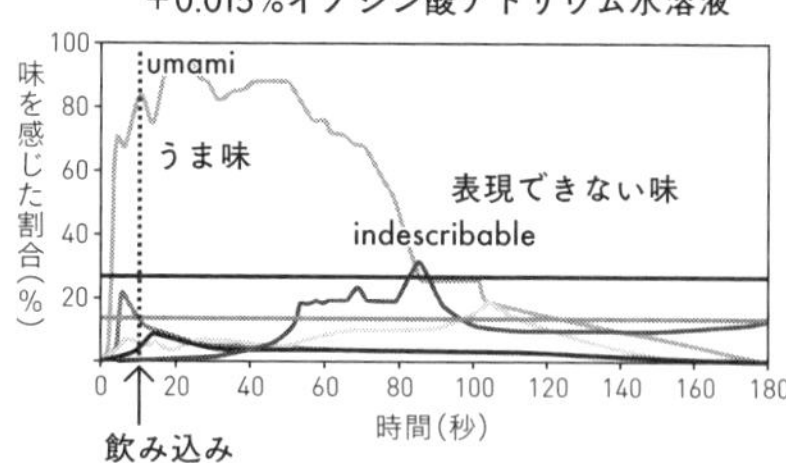


同じうま味強度で、グルタミン酸ナトリウムのみと、うま味の相乗効果を利用したグルタミン酸ナトリウムとイノシン酸ナトリウムの水溶液のうま味の感じ方を比較（TDS法）。同じうま味強度だと、うま味の後味が短くなった。

出典：Kawasaki, H., Sekizaki, Y., Hirota, M., Sekine-Hayakawa, Y., & Nonaka, M. (2016). Analysis of binary taste-taste interactions of MSG, lactic acid, and NaCl by temporal dominance of sensations. Food Quality and Preference, 52, 1-10.より

Q 087

作りたい料理に合わせて考える

# おいしいだしをとるための昆布やカツオ節の量、加熱する温度、時間などは決まっていますか？

「おいしいだし」を、単にうま味が強いだしとか香りが強いだしなどと定義することは困難です。それよりも、作りたい料理に合わせて、使う昆布やカツオ節などを選び、温度や時間をコントロールすることで、味や香りを決めていくという発想が重要だと思われます。

　昆布のうま味成分はグルタミン酸というアミノ酸ですが、昆布に含まれるアミノ酸は、それだけではありません。その他のアミノ酸にも固有の味があり、それらの合わさった味が、だしの味といえます。

　グルタミン酸などのアミノ酸は水溶性、つまり水に溶けるため、温度を上げなくても、時間をかければ溶け出します。乾燥食品である昆布を水で戻しながら、昆布の組織の中にあるグルタミン酸を効率よく取り出す温度と時間を探る必要があります。基本的に温度は高いほうが物質の運動は激しいので、グルタミン酸が溶け出すのは早いのですが、粘り成分や昆布の香り成分も溶け出しやすくなります。グルタミン酸は溶け出すが、粘り成分などはあまり溶け出さない温度と時間が検討課題となります。60℃で1時間ともいわれていますが、決定的なことがいえるほど報告数は多くないため、一概にはいい切れません。またカツオ節については、削る薄さによっても温度と時間は異

使う昆布や節類の種類、温度、時間、ひき方もひとそれぞれ

なります。

以上のように、加熱する温度や時間は決めてしまえるほど単純ではないので、昆布については、60℃で1時間を目安に、使用する昆布を使って温度と時間を変化させながら確認し、カツオ節については、抽出時間5分を基本として、削る厚さを変化させて検討するとよいでしょう。

家庭や一般の料理店で、グルタミン酸やイノシン酸の濃度を計測するのは困難です。しかし、昆布やカツオ節に含まれる濃度は計測されているので、目安として、それぞれの使用量と加熱条件をもとに、昆布に含まれるグルタミン酸とカツオ節に含まれるイノシン酸の量から、自分が引いている一番だしのグルタミン酸とイノシン酸の量を計算することはできます。あくまでも目安ですが、うま味の強さも計算できるので、理想とする一番だしの配合を決めるのに役立つのではないでしょうか。

Q 088

なぜ昆布なのか？

# 昆布からおいしいだしがとれるなら、乾燥させたワカメや他の海藻でもだしがとれませんか？

日本料理のだしにおいて、昆布については、含まれているグルタミン酸を水に移すことが、だしをとるという調理といえます。昆布は特異的にグルタミン酸を多く含む藻類です。たとえば真昆布や羅臼昆布には、100gあたり3gほど含まれていたり、利尻昆布には2g程度含まれているという計測結果があります。一方、乾燥ワカメには100gあたり0・005g程度しか含まれていません。他の海藻については、北欧の研究者がダルスという海藻について、グルタミン酸が含まれていることを報告していますが、昆布ほどは多くありませんでした。のりには1・4g程度含まれていますが、著者が試したところでは、煮出すとのりの色が強く出てしまい、香りもかなり強いだしになりました。昆布は、そこまで海藻臭さがなくうま味が強いという、理想的なだしが得られる、現時点では唯一の海藻なのです。

左）羅臼昆布　中）真昆布　右）利尻昆布

Q
089

硬水と昆布だし

# 海外で昆布だしがうまく出ないことがありました。どうすればよいでしょうか。

ヨーロッパなどの川は、流れがゆるやかなため水にカルシウムやマグネシウムなどが多く溶け込んでおり、硬水であることが多いのは周知のことでしょう。硬水で昆布だしが出にくいことも、よくいわれていますが、調理科学的な実験ではどうでしょうか。ある研究では、昆布を硬水に入れて加熱すると、昆布にカルシウムが吸着していることが確認され、昆布のアルギン酸にカルシウムが結合することで、アルギン酸ナトリウムが昆布表面に生じていることが報告されています[19]。一方で、硬水と軟水でグルタミン酸の抽出には大きな影響はないという結果も示されています。つまり、昆布表面に生じたアルギン酸ナトリウムによって、グルタミン酸の抽出が阻害されているわけではないようです。ところが、官能評価では感じ方に違いがあることがわかっています。硬水はそれ自体に苦味や独特の味を感じ、それがうま味の感じ方に影響を及ぼしている可能性もあります。

いずれにせよ、硬水は昆布だしにむいていないことは確かなので、軟水と混ぜるなどしてカルシウム濃度を下げるとよいでしょう。

Q
090

目的の違い

# 日本料理店のだしに使う削り節と、うどん・そば店の削り節の厚さは、どうしてあんなに違うのでしょう？

薄削りのカツオ節は、JAS（日本農林規格）では0・2㎜以下の厚さとされていて、日本料理店のだしには、0・02㎜程度のものがよく使われます。このような厚みのカツオ節を数分以内の抽出時間で抽出して作られるのが、日本料理店のカツオだしです。

一方厚削りは、JASでは0・2㎜以上の厚さとされており、うどん・そば店のだしには、1㎜以上の厚さのものも多く使われます。抽出時間は、店によりますが、数十分以上加熱して抽出されるのが一般的です。

日本料理店では、カツオ節は一番だしに使われ、まず昆布だしを引いてから、そこに薄削りのカツオ節を入れます。これは、昆布だしのグルタミン酸とカツオ節のイノシン酸によるうま味の相乗効果を期待してのことです。カツオ節には、味成分として、核酸系のうま味成分であるイノシン酸だけでなく、多くのアミノ酸も含まれていますが、うま味成分であるグルタミン酸は少なく、ほとんどが酸味や苦味のするアミノ酸です。

日本料理店では、カツオ節からはイノシン酸のみを抽出したいため、考え出されたのが、薄削りにして短時間で抽出するという方法です。60℃で1分もあれば、10 0％のイノシン酸が抽出されますが、アミノ酸などの抽出には、さらに時間がかかるといわれているため[20]、この方法は理にかなったものであるといえます。さらに、カツオ節には燻製による香り成分とメイラード反応の香り成分があるため、これらの香り成分を抽出することも大きな目的です。カツオ節の香りについては、薄削りは燻臭、厚削りは肉質香が特徴的だったという研究の報告もあります[21]。カツオ節の香り成分は揮発しやすいため、料理人によっては、提供の直前にだしを引いて抽出することで、香りを強調することも行われています。

うどん・そば店では、できるだけ濃厚なだしが必要とされます。これは「かえし」と呼ばれる、醤油やみりんなどを合わせて熟成させたものと混ぜることでつゆに仕立てるためです。濃厚なだしをとるには、大量にカツオ節を入れればよいと思われますが、入れた量に比例して、イノシン酸抽出量が増加するわけではありません。[22] 水の重量に対して5%のカツオ節を入れたときの抽出量が上限で、あとはそれを濃縮するという方法がとられています。[23] ある研究によると、1・2㎜の厚さに削ったカツオ節を、水に対して5・5%使用してとった場合、抽出される全エキス成分は60分間でほぼすべて抽出されており、その後は加熱しながら濃縮することで、濃厚なだしとなっていることがわかりました。[24] イノシン酸は、加熱しても分解はしないため、[24] 濃縮すればするだけ、うま味は強くなると考えられます。

［そばつゆ用煮だし汁のエキス分の変化］

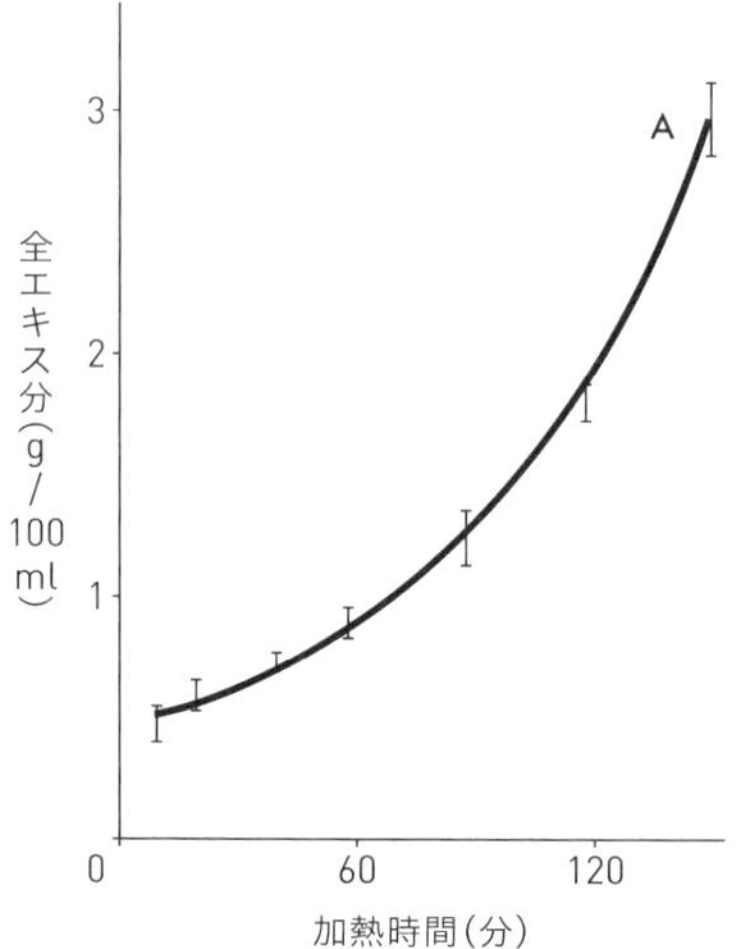


厚削り本枯節の煮だし汁の全エキス分濃度変化

出典：脇田美佳,畑江敬子,早川光江,吉松藤子.(1986)鰹節煮だし汁に関する研究-そばつゆ用煮だし汁の長時間加熱について-調理科学,19(2),138-143.より

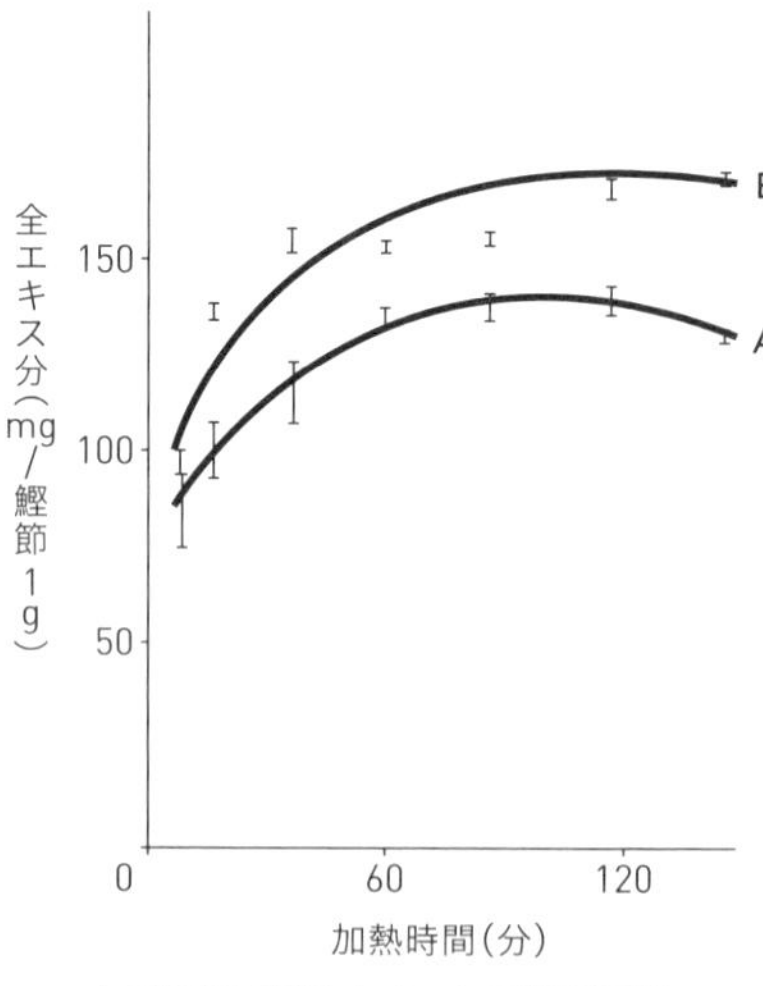


水の蒸発を考慮した全エキス分濃度変化

A;鰹節1g当りに換算した全エキス分
B;水分の蒸発を防いで調理した鰹節1g当りの全エキス分

Q 091

干しシイタケだしのこつ

# 干しシイタケでおいしいだしをとりたいのですが、どうすればよいですか?

干しシイタケのうま味成分は、グアニル酸という核酸成分です。イノシン酸と同様、アミノ酸であるグルタミン酸と同時に感じさせることで、うま味を強く感じる相乗効果を起こすことができます。

グアニル酸は、干しシイタケに含まれているグアニル酸を作る酵素によって作られます。この酵素は、シイタケの傘の裏側にあるひだの表面の層にあり、中性付近では60℃前後まで働きを失ないません[25]。ところがシイタケには、グアニル酸を分解する酵素も、傘の上のほうの表層に存在しているので、気をつける必要があります。グアニル酸を分解する酵素は中性~微アルカリ性では、40℃でも壊れてしまうので、40℃以上に加熱してしまえば、この酵素を壊すことができます。

傘を下にして水に浸け、十分に給水させる

したがって、だしをとる際にはひだを下にして水に浸け、十分に吸水させることで、酵素を働きやすくした後、40℃以上に加熱すると、グアニル酸を作る酵素が十分に働き、グアニル酸をたっぷり含んだ干しシイタケだしをとることができます。

また、調理条件については、1分間に4℃とゆっくり温度が上昇するような加熱が望ましく、電子レンジのような早い加熱ではグアニル酸はあまりできないことや、pHを6.5付近に調節すること、ショ糖や食塩の添加は、水戻し中ではなく加熱をしているときが望ましいことが示されています[25]。

Q
092

おいしい貝のだしをとる方法

# 貝のだしをとろうと思いますが、何か他の素材のうま味との相乗効果が使えますか？

貝のだしのうま味成分は、コハク酸という物質ではないかといわれてきました。コハク酸はアミノ酸ではなく、有機酸の一種です。けれどもこれまで、コハク酸がうま味を感じさせるという、決定的な証拠は得られていませんでした。採取直後のアサリには、コハク酸はごくわずかしか含まれておらず、味成分としてコハク酸が寄与しているのかどうかについては、再検討が必要であるという研究者もいます。しかし、近年、コハク酸もうま味を感じさせるという研究の報告もされてきています[26]。

コハク酸は、グルタミン酸やイノシン酸との相乗効果がなかったことが、研究によって明らかになっているため[27]、相乗効果は期待できませんが、貝だけでうま味が弱いと感じた場合は、煮詰めて濃くしたり、昆布を同時に使ったりするとよいでしょう。ハマグリのだしの研究では、タウリンという、明確な味はないが他の味を増強するとされているアミノ酸や、アラニンという甘味アミノ酸が、全アミノ酸の7割を占めており、続いてグルタミン酸などが含まれていたという結果が報告されています[28]。また、コハク酸は10分以上加熱を続けた場合に著しく増加したことから、だしをとる際には、10分以上加熱するとよいと思われます[28]。またアサリの場合、採取後空中に貝を放置すると、コハク酸は増加し、とくに夏期に増加するという研究の報告もあります[29]。

重要なことは、実際にとった貝のだしが、だしとして機能するかを、味わいで判断することだと思われます。

[はまぐり潮汁の加熱時間とコハク酸濃度]

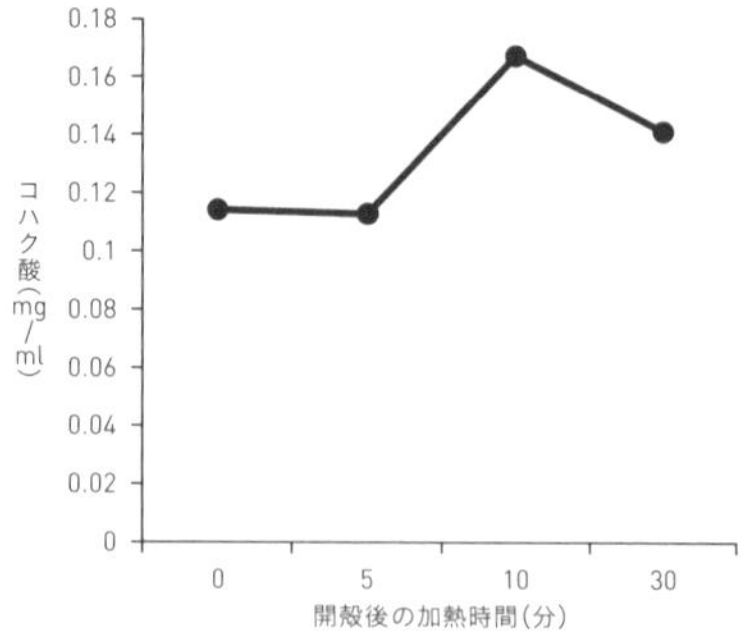

コハク酸(mg/ml)
0.18
0.16
0.14
0.12
0.1
0.08
0.06
0.04
0.02
0
0 5 10 30
開殻後の加熱時間(分)

出典：山本由喜子,&北尾典子.(1993).はまぐり潮汁の遊離アミノ酸濃度と味覚に及ぼす加熱時間の影響調理科学,26(3),214-217.より著者作成

## Q 093

### 香りを活かし、うま味を補う

# カニやエビの殻、魚の骨などを煮出しても、あまりおいしいだしがとれないのですが、どうすればいいですか？

「おいしいだし」の条件は、うま味と香りがあることだと思われます。動物性のだしのうま味成分は、基本的には筋肉細胞に含まれるアミノ酸や、死後にATP（アデノシン三リン酸）というエネルギー物質から、酵素反応でできるイノシン酸です。カニやエビの殻、魚の骨からとるだしは、単に煮出すだけでは、そこに含まれるわずかな筋肉細胞から得られるうま味成分に期待するだけになりますから、それほど強いうま味は得られません。

　骨についていえば、骨髄の主成分は脂質で、造血幹細胞という血液のもとを作る細胞が含まれますが、脂質を酸化する力が強いので、味というよりは独特の香りを作り出します。また、カニやエビの殻には、それぞれの種類に応じて、魚介類全般に共通するアミン類やアルデヒド類が含まれますので、オーブンで焼いたりフライパンで乾煎りすることで、加熱された独特の香りを出すことができます。

クルマエビの頭の殻に、昆布を加えてだしをとる

　以上により、カニやエビの殻や魚の骨を使ってだしをとる場合は、香りは活かしつつ、少ないうま味成分としてのアミノ酸などを、身の部分や昆布を使って補うとよいでしょう。

Q 094

だしに必要な条件

# 新しいだしを作りたいと思うのですが、どのように考えて作ればよいでしょう？

日本料理で使われる一番だしは、昆布とカツオ節から作られます。だしとなる素材は他にも煮干しやトビウオ（アゴ）、干しシイタケなど、昔から工夫されてきました。おそらく、それぞれの土地で多くとれた食材を、当時の技術で乾燥加工することで、発達してきたと思われます。その中でも効率よく抽出ができ、風味にすぐれたものが残ってきているはずですが、あまり固定的に考えずに、時代に応じてだし素材として使えそうなものを選び、現代の技術で加工することを検討してもよいのではないでしょうか。

日本料理的な乾燥物としてのだし素材を考える場合、そもそもだし素材に必要な条件とはなにか？を考えてみましょう。だしの役割を考えると、水になんらかの味成分、できればうま味成分や甘味成分と香り成分を溶け込ませることができるとよいでしょう。甘味成分については、たとえば野菜だしの場合には、ニンジンなど糖が多い食材ばかりだと甘いだけになるので、うま味を補強するために昆布や大根など、グルタミン酸が多いものを追加することも必要です。

他のジャンルのだしにもヒントはあります。フランス料理では、仔羊料理に仔羊のだしを用いる（ベースはフォン・ド・ヴォーなどの中立的な風味のものが多い）、というような考え方がありますが、日本料理でそれを行ってもよいでしょう。たとえば昆布をベースに伊勢エビの殻でだしをとり、これを伊勢エビの料理に合わせる、などが考えられます。

[うま味成分が多く含まれる食材]

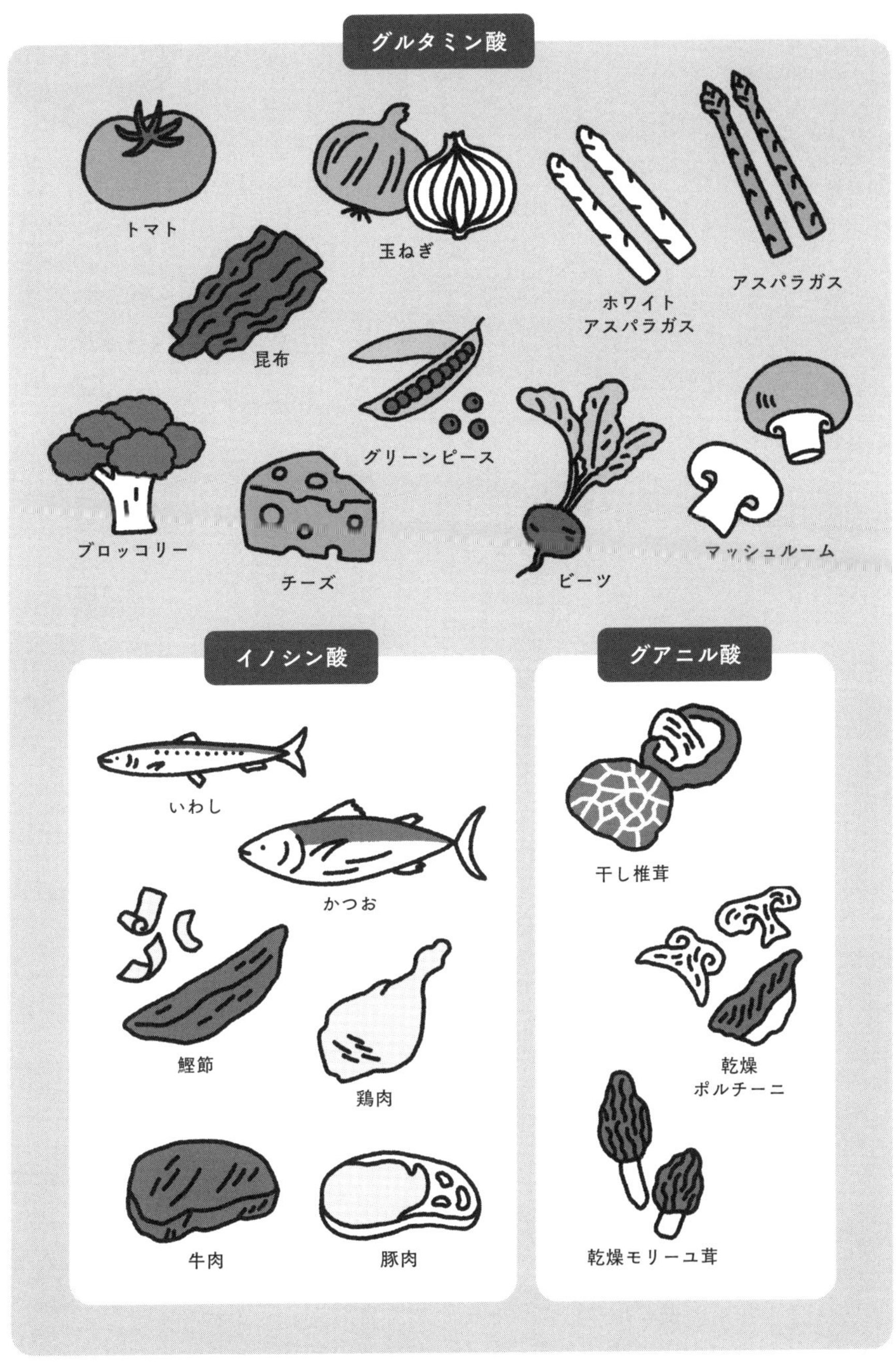


うま味インフォメーションセンターホームページの図をもとに作成

## Q 095

共通点と相違点

# フランス料理や中国料理のだしと、日本料理のだしには、どんな違いがありますか？

フランス料理では、生または焼いた肉と野菜を水に入れて加熱することで、ブイヨンやフォンと呼ばれるものを作ります。使用する肉や野菜の種類により、使い分けがされています。たとえば仔牛の骨を焼いて作るフォン・ド・ヴォーは、ある程度汎用的にソースの材料などに使われますが、興味深いのは、このフォン・ド・ヴォーをベースに、他の肉のソースも作られることです。たとえば、焼いた鴨（カナール）の骨を加えて作るものはフォン・ド・カナール（鴨のフォン）というように、変化していくのです。フランス料理では素材を分解して「皿に戻す」という概念があるため、鴨の料理のソースにはフォン・ド・カナールを使うことが多くあり、ワインと煮詰めるなどして濃厚にしていきます。

中国料理でも、生の肉と野菜を水に入れて加熱することで湯（タン）を作り、地域やレベルにより、材料や作り方が変わります。上等な料理に使う湯は、多くの鶏や豚の肉に加えて金華ハムなども使い、濃厚な湯（上湯：シャンタン／ショーントン）としています。

そして、日本料理のだしは、基本的には乾物であるカツオ節や煮干し、昆布などから抽出して作ります。フランス料理や中国料理のだしと比較すると、共通点としては、グルタミン酸やイノシン酸などのうま味成分を水に溶かしたものであるということ、香ばしい香りを加熱によるメイラード反応で生成することが挙げられます。

相違点としては、まずうま味については、日本料理のだしは、昆布のグルタミン酸を主として、カツオ節などのイノシン酸を合わせて相乗効果をねらいますが、フランス料理や中国料理のだしでは、動物の肉から抽出される多種類のアミノ酸とイノシン酸がうま味を感じさせます。また、香りについても、日本料理のだしは、カツオ節が作られる過程で生成したメイラード反応の香り成分と、燻製の成分が主ですが、フランス料理のだしでは、肉のアミノ酸と野菜の糖が反応したメイラード反応の香りや、玉ネギなどから得られる硫黄化合物の香りに加えて、肉の脂の酸化した香り成分などが特徴的です。中国料理のだしでは、肉のアミノ酸とネギのわずかな糖が反応したメイラード反応の香りや、ネギの硫黄化合物やショウガの香りなどが特徴的です。

調理工程については、フランス料理や中国料理は、生の材料を厨房で加熱し、濃縮してうま味と香りの成分を作っていきますが、日本料理では生産者に昆布やカツオ節を作ってもらうことで、うま味成分の濃縮と加熱反応（メイラード反応）の外部化が行われており、厨房では抽出する工程だけを行います。つまり、日本料理のだしは簡単にとれるように思われますが、必要な成分の生成には、実は長い時間がかかっているのです。

［西洋料理と日本料理のだし調理工程の違い］

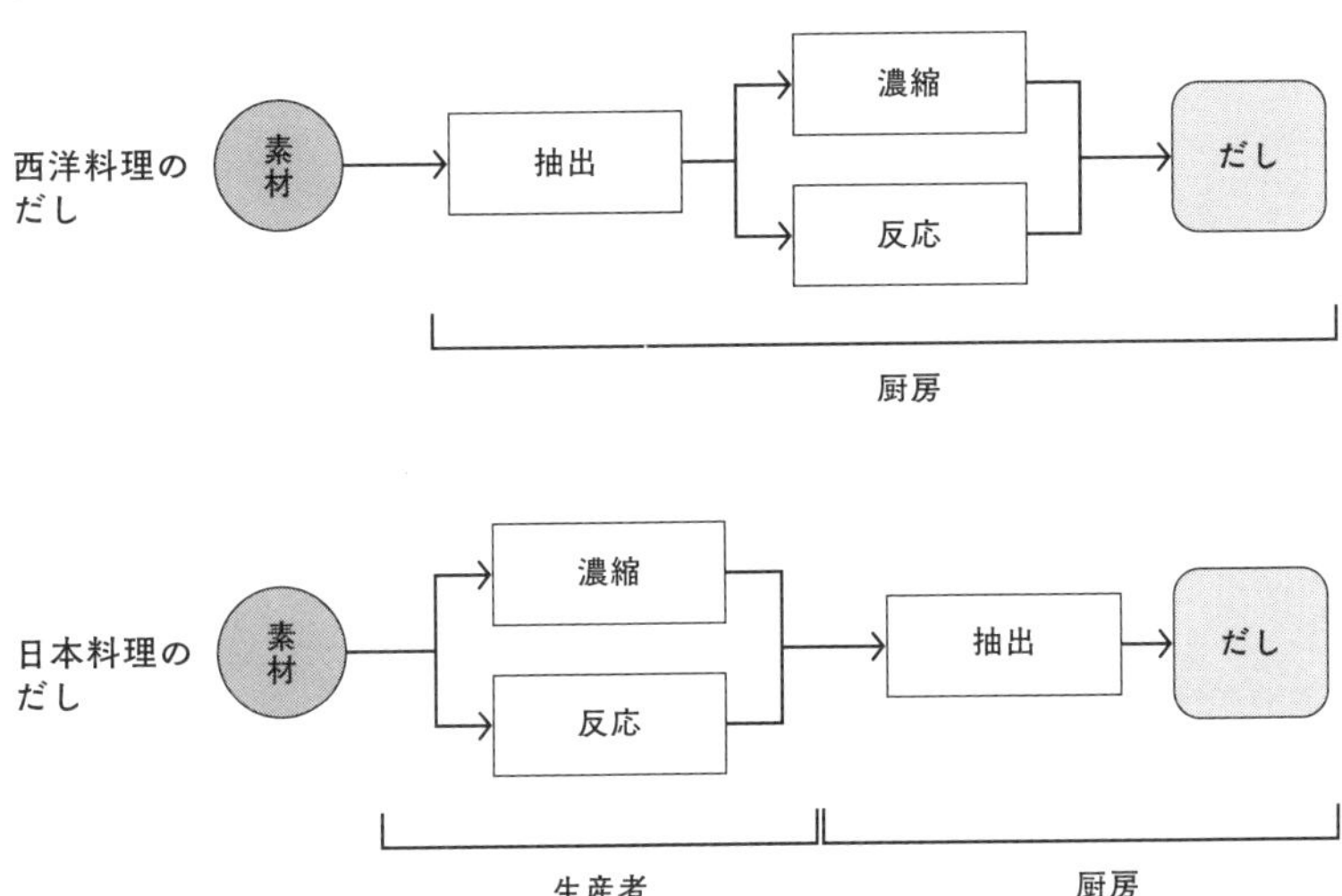

Q
096

最後までおいしく

# 椀物は、椀種とだしのバランスを、どのように考えればよいでしょうか？

日本料理における椀物は、献立の中でもっとも重要とされています。椀物の基本要素は、椀種、吸い地、青み、吸口です。吸口は季節を感じさせる香りを提供しますが、同時に魚などの臭みをマスキングする働きがあります。木の芽やユズ皮などで、椀種の魚の匂いや吸い地に使われるカツオ節などのわずかな魚の匂いがマスキングされ、椀種や吸い地の風味やうま味が強調されるのです。椀種はハモやしんじょなど動物性のものが多いため、食べ進めるうちに、椀種から吸い地にうま味や塩味、香り成分が流出し、風味が強くなっていきます。最初に口に含む吸い地は一口目からある程度おいしい必要はありますが、濃すぎると最後はくどく感じてしまいます。椀種からの影響も考慮し、吸い地の濃さを決めるとよいでしょう。

鱧と冬瓜と万願寺唐辛子のお椀。青ユズと梅肉をのせて

Q
097

浸透圧は期待できません

# ブイヨンをとるときに、塩を入れるとだしが出やすいといわれるのはなぜですか？

鶏や野菜からブイヨンをとる際に粗塩を入れると、浸透圧でだしが出やすいといわれることがあります。しかし、浸透圧を活用するには、食材に塩をして、アミノ酸などを含む水分を食材の外に出すようにしなければなりません。つまり、食材内部の水分よりも濃い濃度の食塩水でなければ、だしとしてのアミノ酸などが食材から出てくることはないと考えられます。また、加熱して60℃を超えれば、肉類のたんぱく質は変性し肉汁を絞り出すため、真水でもだしは十分に出ます。ではなぜ塩を入れることが推奨されてきたのでしょうか？　それは、でき上がったブイヨンの味見をしたときに、塩分があることでうま味を強く感じるためだと考えられます。つまり、ブイヨンをとるときに最初から塩を入れても、後から（味見前に）入れても、塩の効果としては、変わりはないということです。

鶏ガラに香味野菜を加えて煮込み、ブイヨンをとる

Q
098

だしの風味をデザインする

# 自分でラーメンのスープを作ってみようと思います。どんな素材を組み合わせればいいでしょう？

ラーメンのスープは、塩や塩分を含む調味料である醤油や味噌を使った「たれ（かえし）」と、食材を水で煮てとった「だし」からなります。たとえば、「醤油だれ」と「鶏ガラだし」を合わせると、醤油味のスープになりますが、「醤油だれ」に「豚骨だし」を合わせると、醤油とんこつ味のスープになります。たれとだしの掛け算で、無尽蔵ともいえるさまざまなスープが作成できることが、ラーメンの多様性を支えています。

たれについては、塩または塩分を含む発酵調味料として醤油や味噌がおもに使われていますが、風味としては、どんなだしでも合わないことはありません。

だしについては、うま味成分が抽出されるような食材を使うことで、たれに不足しているうま味を補います。たれに醤油や味噌などグルタミン酸が多い場合には、だしにイノシン酸が含まれる動物性の食材であるカツオ節や煮干し、鶏がらや豚骨などを使うと、うま味の相乗効果によってうま味を強く感じさせることができます。重要なことは、どのようなコンセプトのだしにするか、であり、それに合わせてだしの風味をデザインするという発想です。だしの素材を複数用いると、それぞれの風味は混ざり合って、特徴としてはなくなっていきます。これを混合抑制といいますが、あえてそれを目指すのも可能でしょう。逆に、鶏や豚、魚介の特徴を明確にするなら、それらを単独で用いるとともに、香味野菜を合わせることで臭みをおさえる工夫をするとよいでしょう。

ラーメンは世界中に広がり、多様性もさらに求められています。宗教上の理由で豚骨が使えないなど、野菜のみで作るスープのニーズもあります。野菜には一般に甘味成分であるショ糖やブドウ糖が多く、うま味成分であるグルタミン酸が少ないため、グルタミン酸が多いトマトや大根などが、だし素材として期待されます。野菜については、今後さらに重要になってくるでしょう。

Q 099

ステーキについての考察

# ステーキを上手に焼くこつは？

ステーキは、簡単に見えて難しい料理かもしれません。しかし、料理の基本として学ぶべきことが多く入っていると思います。まずでき上がりの状態から考えると、表面に適切な塩味とうま味があり、メイラード反応がしっかりと起こっていることが重要です。うま味は、表面に出てきた肉汁が蒸発によって濃縮することで強くなり、メイラード反応によってできる香り成分は、香ばしい香りのもとになります。

中心部の火の通り方（焼き加減）は好みによります。フランス料理では「ブルー」といってほぼ生のような状態もありますが、レアくらいからは、少なくとも中心部が40℃を超えている必要があります。なぜなら、うま味のもととなるアミノ酸は、筋細胞中の水分がゲル状になっている中に含まれているからで、加熱によってたんぱく質が変性することで、絞り出されてはじめて、うま味を含んだ肉汁が生まれるからです。そもそも、生の肉を

左）片面にしっかり焼き色がついたら裏返す。右）中心部がレアに焼き上がった、きれいな断面

口に入れて咀嚼しても、肉汁は出てきませんし、うま味もしないのです。このように、ごく薄い表面は、メイラード反応を起こすほど高温にする必要があるにもかかわらず、中心はレアの状態にする（ウェルダン以外）という点が、難しい調理であるとされる理由でしょう。これらの状態が実現するのであれば、焼き方はさまざまな方法がありますから、各々のキッチンの事情で考えるとよいでしょう。

では、基本的なフライパン焼きについて考えてみましょう。どんな焼き方をする場合でも、まず、肉を焼く前に「常温に戻す」といいますが、牛肉が室温あたりにおかれたことはないはずですから、この「戻す」という言葉自体にはあまり深い意味はなく、常温程度まで加熱しているにすぎません。ただ、常温まで温度を上げておくことで、表面だけ火が通って中は生、という失敗はしにくくなります。

薄めの肉は強火で加熱し、短時間で焼き上げる

焼き方については、厚さ1cm程度の肉の場合は強火ですばやく表面を焼く（フランス料理でいうセジール）と、もしくは片面を強火で焼いてメイラード反応を起こし、もう片面は色が変わる程度に軽く焼くと、あとは余熱で火が通ります。

2cm以上の厚みがある肉の場合は、厚みのある鋳物の鉄のフライパンを高温に熱し、油をたっぷり入れてから、肉を入れて焼くと、フライパンの温度が下がらずに肉の表面にしっかりメイラード反応が起きます。温度が下がりにくいので、肉とフライパンの間に出てきた水分が蒸発するのです。表面の焼き色、つまりメイラード反応は、焼くときのフライパンの温度に強く影響を受けます。[30] 両面を焼いたら、アルミホイルで巻いて保温します。レアの場合は、中心温度が50℃くらいになるまでを、時間の目安とするといいでしょう。この作業は「焼いた肉をやすませる」と表現され、フランス料理ではルポゼといいます。最後に、表面を温める程度に焼くと香ばしく仕上がります。

肉の焼き方については、鶏のローストなどを、オーブンに何度も出し入れして作る方法もありますが、肉の内部の加熱に関われるのは、表面からの伝導熱しかありません。しかしずっと加熱し続けると、肉の表面に近い部分は過加熱になります。これを避けて、肉の内部まで熱を入れるのがルポゼの目的の1つです。また、この原理から、ステーキでも肉をフライパンの上で何度もひっくり返すことで、ゆっくり中心温度を上げながら焼いて仕上げてもかまいません。その場合も最後に強火で焼いて、表面のメイラード反応をしっかり起こすことで、香ばしくなります。

ところで、肉を焼く際の塩のふりどきについてですが、まず、肉が生の状態で塩をふり、そのまま放置すると、表面の塩が溶けて濃厚な食塩水となり、浸透圧の作用で筋細胞から水分が出てきます。その後、塩が筋細胞に浸透すると、塩溶性たんぱく質が溶解して、火を入れても保水性が保たれます。ただし、フランス料理では、これはシャルキュトリー（ハムやソーセージ）に行う処理であるとされ、いわゆるステーキやローストには使われないことが多いようです。考え方にもよりますが、表面の火入れを終えた後や、焼き上がってから、味つけとして塩をふるとよいのではないでしょうか。

Q 100

香ばしさとは？

# 香ばしさは、味ですか？ また香ばしさと焦げの違いはなんですか？

生の肉を熱い鉄板で焼くステーキでは、鉄板に触れた部分は茶色く変化して、香ばしいよい香りがします。しかし焼きすぎると、黒くなっていき、苦い味がするようになり、焦げた、といわれます。この一連の反応を、メイラード反応といいます。

これは科学的にいうとブドウ糖や果糖、乳糖などの還元糖という種類の糖と、さまざまなアミノ酸やたんぱく質が、高い温度で加熱反応しているのです。香ばしさは、メイラード反応の際にできるメイラード反応生成物という、さまざまな香り成分の香りによって感じられます。

メイラード反応は、高温になればなるほど早く進み、温度が10℃上がると反応速度は3～5倍になるといわれています。メイラード反応が進みすぎると、メラノイジンと総称される物質ができてしまい、これが焦げと呼ばれるものになります。焦げは苦い味がするため、どこで加熱をやめるかの判断が重要になります。

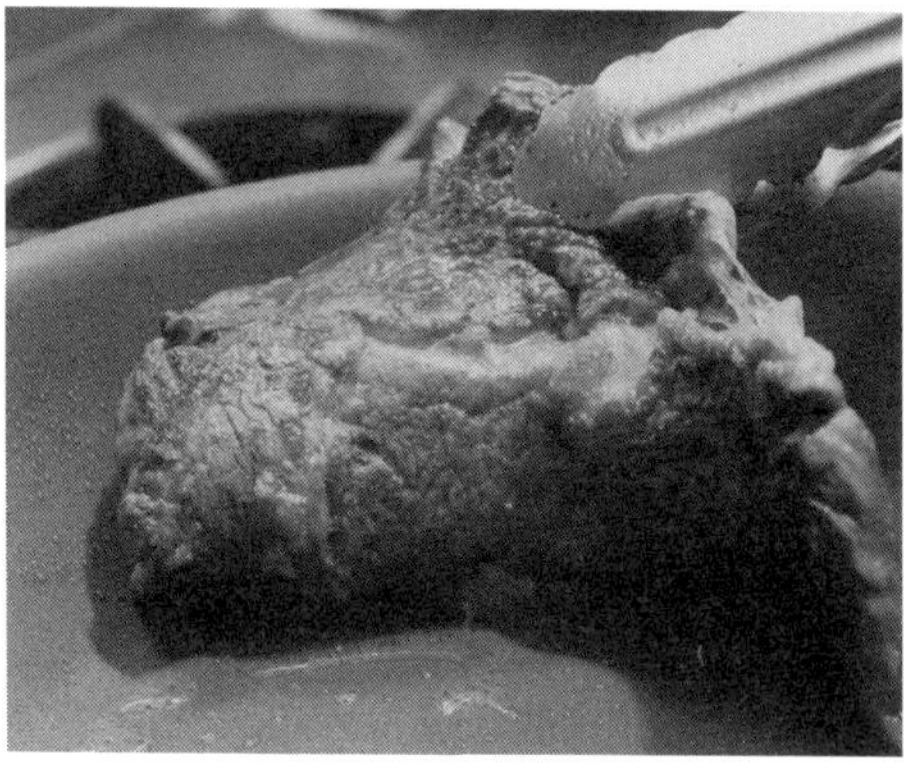

香ばしく焼かれた肉

Column 7

# メイラード反応とは

食品が茶色く変色する褐変反応には、酵素的褐変と非酵素的褐変があります。酵素的褐変とは、酵素によって褐変するもので、たとえば、リンゴを切ると表面が茶色く変色しますが、これも、リンゴの細胞に含まれる酵素の働きによるものです。

酵素とは関係のない非酵素的褐変には、カラメル化反応とメイラード反応（アミノ・カルボニル反応ともいう）があります。カラメル化反応とは、糖が加熱によって分解し、褐色化する反応のことです。砂糖を加熱すると、はじめは匂いがしませんが、しだいに強い香りが出て色が褐色に変わってきます。これがカラメル化反応です。本来カラメル化反応を表す調理用語に、「キャラメリゼ」がありますが、パティシエも料理人も使うので誤解が生じています。料理人の使うキャラメリゼは、メイラード反応のことを指していることが多いのです。

メイラード反応とは、ブドウ糖や果糖、乳糖などの還元糖という種類の糖と、さまざまなアミノ酸やたんぱく質が、加熱などによって結びつく反応のことです。温度が低くてもゆっくり進むため、赤味噌などは2年かけて醸造される間にメイラード反応が進みますし、フォンなどをとるしきに褐変するのも、メイラード反応のためです。

メイラード反応でできた成分を総称して、メイラード反応生成物といいます。メイラード反応生成物の特徴は、褐色であることと、香りがあって少し苦味があることです。メイラード反応を起こしやすい食材として、ブドウ糖を含むみりん、果糖を含むハチミツ、果汁・麦芽糖を含む麦芽、乳糖を含む牛乳などが挙げられます。砂糖（ショ糖）はメイラード反応を起こしません。

メイラード反応とカラメル化反応とでは、匂いの成分と質が異なります。また、ブドウ糖とさまざまなアミノ酸が反応することで発生する匂いの実験結果から、アミノ酸の種類や加熱温度の違いで、匂いの質が大きく異なることがわかっています。ですから「同じ温度や時間で加熱しても、素材の成分が違うと同じ香りにはならない」と理解しておくことが大事だと思われます。

　メイラード反応が促進される条件としては、温度、pH（p・212参照）、水分量が挙げられます。加熱温度が高いほど起こりやすくなり、10℃以下ではほとんど起こりません。温度が10℃高くなると反応速度は3〜5倍速くなり、表面温度が150〜200℃で焼き色がつきます。pHは3・0以上が条件で、中性やアルカリ性で起こりやすいとされています。また保存食品の場合、水分が10〜15%（水分活性0・65〜0・85）の中間水分食品といわれる干物で起こりやすくなります。

　メイラード反応はひじょうに複雑な反応で、全容が解明されていませんが、メイラード反応生成物には、水溶性の茶色い物質や、加熱香を感じさせる物質、苦味を呈する物質など、さまざまな物質があります。ほとんどの食品や調味料には、糖とアミノ酸が含まれていますから、食品を加熱して茶色くなれば、ほとんどメイラード反応が起こっていると考えてよいでしょうし、それがおいしさに重要な役割を果たしていると考えられます。

　メイラード反応生成物の香り成分には、水に溶けるものが多いようです。「だし」が香り豊かなのは、そのおかげでしょう。肉や野菜を鍋で焼くと、鍋にメイラード反応生成物がこびりつきます。それを水や白ワインで溶かし、煮詰める手法をフランス料理で「デグラッセ（déglacer）」といいます。このように、メイラード反応は世界の食文化で活用されています。

Q 101

特徴を活かして焼く

# 牛ヒレ肉を、おいしく焼くには？

ヒレ肉は、ロース部位にくらべると、水分が多く、脂肪や結合組織が少ないため、ひじょうにやわらかいという特徴があります[31]。また、筋肉（骨格筋）には、速筋タイプ（白筋）と遅筋タイプ（赤筋）があり、早く動く筋肉には速筋タイプの筋線維が多く、持久力が必要な筋肉には遅筋タイプの筋線維が多いのですが、筋肉自体のおいしさに、この速筋か遅筋かということが影響していることがわかってきました。遅筋にはミオグロビンという、酸素をヘモグロビンから受け取るたんぱく質が多いため赤いのですが、ヒレ肉の部位はこの遅筋で、アミノ酸も多いことが研究によってわかっています[37]。つまりヒレ肉は、焼くとやわらかく、脂肪が少ないけれどもうま味が強い、という特徴があるといえます。

2㎝厚さのヒレ肉を、冷蔵庫から出してすぐの4℃の状態から、鉄板で、温度と時間をさまざまに変えて焼いた実験と計算シミュレーションを行い、理想の加熱温度と時間を算出した研究があります[30]。それによると、中心温度を55℃（レア）にしたい場合は、鉄板の温度を180～200℃にして2分焼いてからひっくり返し、3分10秒焼くとよいと算出されました。ただしこの実験は、通常行われるような、焼く前に肉の温度を常温くらいまで上げておいたり、焼いた後に温かいところにおいておくルポゼをすることを前提としていないため、これらを行う場合には条件は異なります。また、前述したようにヒレ肉は脂肪が少なく、結合組織も少ないため、バターをたっぷり入れて、泡状になったバターをかけながら焼くアロゼを行うと、表面が過加熱にならずに、中心温度を上げやすいと考えられます。

Q 102

肉が硬くなるのをおさえる効果

# 骨付きで焼いた肉はとてもおいしいと感じます。焼くときに骨があることが、関係しているのでしょうか？

肉を焼くというのは、シンプルなように見えて、科学的な現象としてはさまざまなことが起こっています。筋肉は、筋線維と結合組織からなります。筋線維は筋細胞ともいわれる長い線維で、束になっています。それを覆っているのが結合組織で、コラーゲンたんぱく質からなります。結合組織は、接着材のように、筋線維どうしや筋線維と骨をつないでいます。これらのさまざまな部分が、温度が上がったときに別々に変化するために、肉を焼くのは難しいのです。

肉を焼いたときに、一番嫌がられる失敗は「硬くなる」ことではないでしょうか。日本では、牛肉を調理して食べる歴史が欧米にくらべると浅いため、薄く切っておくことで、加熱しすぎても食べられるようにしたり、霜降りといって脂肪が筋肉に入り込むように牛を育てることで、やわらかい印象の肉にする肥育方法が発達しました。

欧米では、赤身肉が多く使われますが、赤身肉は焼きすぎると硬くなってしまいます。焼いた肉が硬くなるのには2つの段階があります。まず、60℃程度を超えたところで、筋線維を覆っている結合組織コラーゲンが縮んで筋細胞が圧迫され、筋たんぱく質の細胞に結合していた水が、細胞外に流出し、肉汁として流れ出てしまいます。このときに、筋肉は全体として縮んで密度が高くなるため、硬く感じられるのです。その際、骨があると、結合組織によって筋線維が骨についた状態になっているので、縮みが抑制され、ある程度硬くなるのをおさえる効果があると考えられます。

しかしさらに、温度が上がると、筋線維たんぱく質が変性・凝固して、筋細胞が密になり、骨についた筋肉もある程度硬くなります。ここまでくると、結合組織のコラーゲンたんぱく質が水溶化してゼラチンとなるために、骨から筋肉ははがれるのです。

Q 103

# 熟成肉のステーキを上手に焼くには、どんなことに気をつければよいでしょう？

熟成肉の焼き方のこつ

肉の熟成には、低温の熟成庫で風を当てて乾燥させながら熟成させるドライエイジングと、真空包装して熟成させるウェットエイジングがあります。共通のメカニズムとしては、屠殺後に、長期間低温におかれることで、体を動かすエネルギーであるATP（アデノシン三リン酸）が酵素によって、うま味成分の一種であるイノシン酸に変化する。筋肉に含まれるたんぱく質分解酵素が働いて、筋線維のたんぱく質を分解してアミノ酸にすることでうま味を増す。筋肉を覆っているコラーゲンたんぱく質も分解してやわらかくなることなどがあります。違いとしては、ドライエイジングでは、脂質が酸化して独特のナッツ香が発生することです。どちらの熟成肉でも、アミノ酸が多くなっており、ドライエイジングでは水分も少なくなっているため、メイラード反応が進みやすい特徴があります。したがって、ステーキを焼く場合には、表面の火入れ（フランス料理でいうセジール）時に焦げやすいので、温度は通常よりも低めで、焼き時間も短くするようにしましょう。

ドライエンジジエイジングを行っている熟成庫の中
温度と湿度が管理され、常時扇風機で空気を対流させている

Q 104

仕上がりをイメージして方法を考える

# チキンソテーの焼き方の正解は？

キッチンによって最適な調理技術は異なります。正解を探すより、求める品質を明確にして、その山に登るためにはさまざまな方法があることを理解し、キッチンの状況に応じて使い分けられるようになることが重要です。「海背川腹（海の魚は背から、川魚は腹から焼くとよい）」や「魚身鶏皮（魚は身から鶏は皮から）」という焼く順序を示す言葉がありますが、これらは加熱が一方向からという前提での技術ですから、現代の低温調理などについては、この原理を理解して新たに考える必要があるのです。

チキンソテーのおいしさは、モモ肉でも胸肉でも、皮のパリッとしたクリスピーな食感とメイラード反応の香ばしい風味、肉の部分のジューシーさであろうと思います。まず、皮の好ましい状態について考えてみると、パリッとしたクリスピーな皮とは、ある程度の硬さの構造が、皮の結合組織によって形成され、気泡がある状態だと考えられます。気泡がないと、均一な板のような状態になり、硬くて食べられません。皮の主成分であるコラーゲンたんぱく質からなる結合組織は、水分とともに加熱されると水溶化してゼラチンとなります。コラーゲンがゼラチン化する前に水分を蒸発させると、クリスピーになるのです。中国料理の北京ダックでは、水飴をぬって乾燥させることで、よりクリスピーにしています。皮と筋肉の間に空気を入れて皮を筋肉からはがすことで、筋肉からの水分が移行しにくいようにまでしているのです。チキンソテーにおいては、鉄など熱容量の大きい金属を使った厚いフライパンを使うと、鶏肉をおいても温度が下がらず、皮の水分を蒸発し続けてくれるでしょう。均一に加熱するために、ヘラなどで押しつけることも重要です。そうすると、均一に皮がクリスピーになり、メイラード反応によって香ばしい香りがつくでしょう。

筋肉側は、筋線維を収縮させない程度までの加熱にとどめるため、温度を上げすぎないようにしましょう。中心まで温度を高めようとして強火で加熱してしまうと、表面は加熱しすぎることになります。とくに胸肉はパサつきやすいので、時間をかけて温度を上げていける火加減がよいでしょう。筋たんぱく質は、到達温度が同じでも、時間をかけて加熱したほうが、短時間で加熱したときより筋線維の収縮がおさえられます。

これらの条件を満たせるのであれば、皮側からでも身側からでも、蓋をしてもしなくても、あるいは低温調理器を使っても、どの方法でもベストなやり方は存在します。とはいえ、皮をフライパンに押しつけるためには、身のほうに火が入っているとやりにくいでしょうから、フライパンで焼く場合は、皮を先に焼くほうがよいでしょう。

皮側を下にしてフライパンに入れ、フライ返しを押しつけて、皮目にしっかりとした焼き目をつけて、裏返す

Q
105

低温調理のこつ

# 低温調理を行うと、なぜ肉がやわらかく仕上がるのでしょうか？

低温調理は、真空調理ともいわれる加熱調理の1つです。真空調理は、1979年にフランスのジョルジュ・プラリュにより開発されました。厳密な温度制御ができる湯煎器やスチームコンベクションオーブンを使うことで、筋線維たんぱく質が凝固しはじめる58℃以下までの加熱ができるため、誰でも肉をやわらかい仕上がり（ロゼの火入れ）にできます。両面を強火で焼いた（フランス料理でいうセジール）後に、加熱用のプラスチックバッグに入れて空気を抜いてから低温調理器で加熱します。空気は断熱効果が高いため、真空包装機でできるだけ空気を抜くことで、プラスチックバッグと肉の隙間をなくし、熱伝達の効率を高めるのです。

ところが、伝統的な肉の焼き方では、表面からグラデーションをもって中心がロゼになるように焼き上がるため、それとは違う真空調理の肉はおいしくないという意見も出てきました。そもそも焼いた肉のうま味を感じるのは、筋細胞に含まれるアミノ酸が、加熱による筋線維たんぱく質の熱変性によって肉汁として絞り出され、蒸発によってある程度濃縮されることが必要です。全体が均一なロゼの火入れだと、アミノ酸を含む肉汁がにじみ出てこないため、うま味を弱く感じるのでしょう。その場合は、プラスチックバッグから出した後、フライパンなどで肉の表面をしっかり焼きつけ、表面からグラデーションをもたせて火入れすることで解決できます。

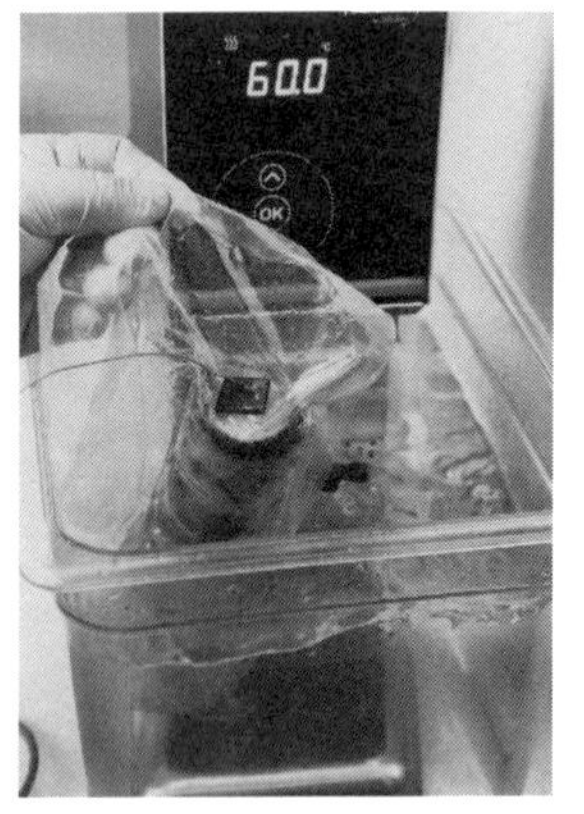

たっぷりのバターで焼いて香りをまとわせた豚ロースを、専用の袋に入れて真空にかけ、ウォーターバスでゆるやかに加熱。この後、表面に焼き色をつける

Q
106

# 炭火焼きがおいしいのはなぜでしょうか？

炭火加熱の特徴

肉や魚を直火で加熱する調理方法は、世界の食文化に見られます。日本料理では、それを洗練させた調理技術として発展させてきました。とくに、熱源が炭火である点が、他の食文化と比較して特徴的だといえます。炭自体も、高温を長時間保てるように進化させており、表面温度は600℃を超え、遠赤外線を放射します。遠赤外線が食材に当たると、表面から1～2㎜の深さで熱に変わるため、表面の水分がすばやく蒸発し、高温になります。そのため、肉や魚を加熱した場合は、

串を打ち、塩をふったアユを炭火焼きに

表面のアミノ酸などの味成分が濃縮されます。同時に、メイラード反応が強く起こることで香ばしい香り成分が生成されますが、さらに、炭火は一酸化炭素が発生するので、食材の表面の脂質酸化がおさえられます。そのため脂質酸化物の生成が少なく、脂っぽい匂いがしないため、メイラード反応の香りが強調されることで、より香ばしい加熱香となって感じられるのです。

炭火は扱いが難しいとされますが、それを上回るおいしさを実現できる熱源といえるでしょう。

Q 107

ハンバーグをおいしく焼くこつ

# ハンバーグを焼くときに、肉汁が流れ出て硬くなってしまいます。なにがいけないのでしょう？

ハンバーグは挽き肉を使い、また、牛肉だけでなく豚肉も使うことがあるので、食品衛生上安全とされる、75℃を1分間以上維持して調理する必要があります。[33]

牛肉のステーキでは、レアなど、中心温度が55℃程度の低い温度でも提供可能ですが、その場合、肉汁はぎりぎり肉の中に保たれており、口に入れて咀嚼してはじめてそれが出てくることで、ジューシーさを感じます。一方ハンバーグでは、調理の際に肉の離水温度を超えているため、ナイフを入れた瞬間に肉汁があふれる、という状態が理想であり、筋線維が収縮して、そのまわりに肉汁がある程度保持されている、という状態を目指します。

そのためには、まず挽き肉に1％以上の塩を入れてしっかり練ることで、塩溶性たんぱく質を溶かし、加熱しても保水されるタネにしましょう。その際には、氷などでボウルを冷やしながら練り、脂を溶かさないようにします。よく練ったら、卵やパン粉などのつなぎを入れて合わせ、空気を抜きながら成形しますが、最終的には油をぬった手で表面をなめらかにならしておくことで、焼いたときに割れにくくなります。

ハンバーグ調理で、蓋の有無、火加減、フライパン予熱の有無の影響を調べた研究から、予熱をしなかったり終始弱火で焼くなどすると、肉汁が流出してしまうことがわかっています。[34][35] つまり、フライパンを予熱して、表面を先に焦げない程度の火力で焼き固めることで、肉汁の流出がある程度防げるということになります。

また、フライパンの温度は、表面の焼き色には影響がありましたが、ハンバーグとしての硬さには影響はしませんでした。[36] つまり、最初にしっかり強めの火加減で焼いても、硬くなりやすいわけではないので、メイラード反応を起こして香ばしくするためにも、焦げないように注意しながらできるだけしっかりと焼くとよいでしょう。

## [ハンバーグの焼き色と硬さに及ぼす温度の影響]

**焼き色**　G値は画像処理装置で計測した色調RGBのG値のヒストグラムの平均値。予備実験から45〜55をほどよい焼き色と設定。

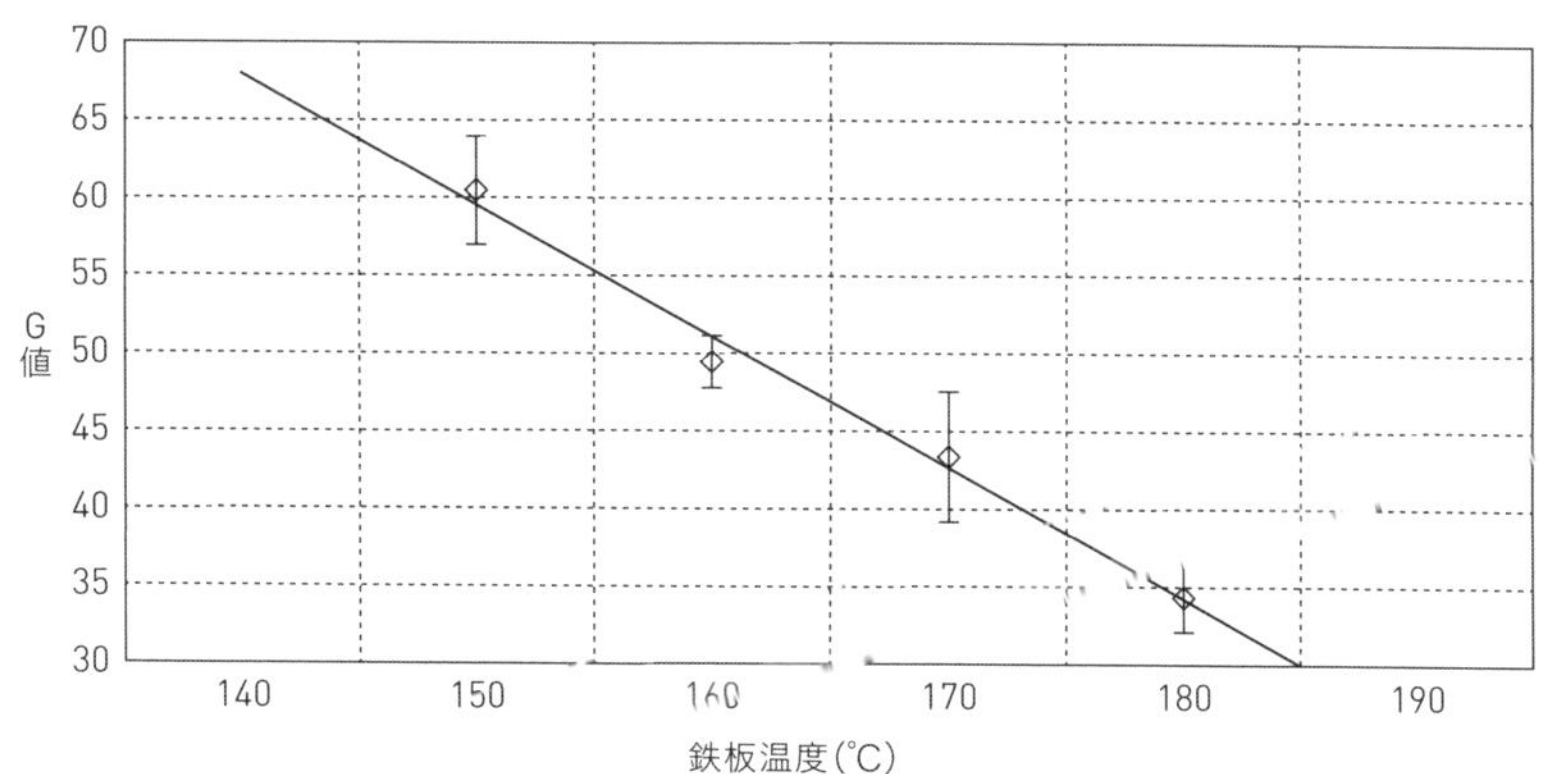


**硬さ**　40%変形したときの剪断力と貫入力をクリープメータで測定。

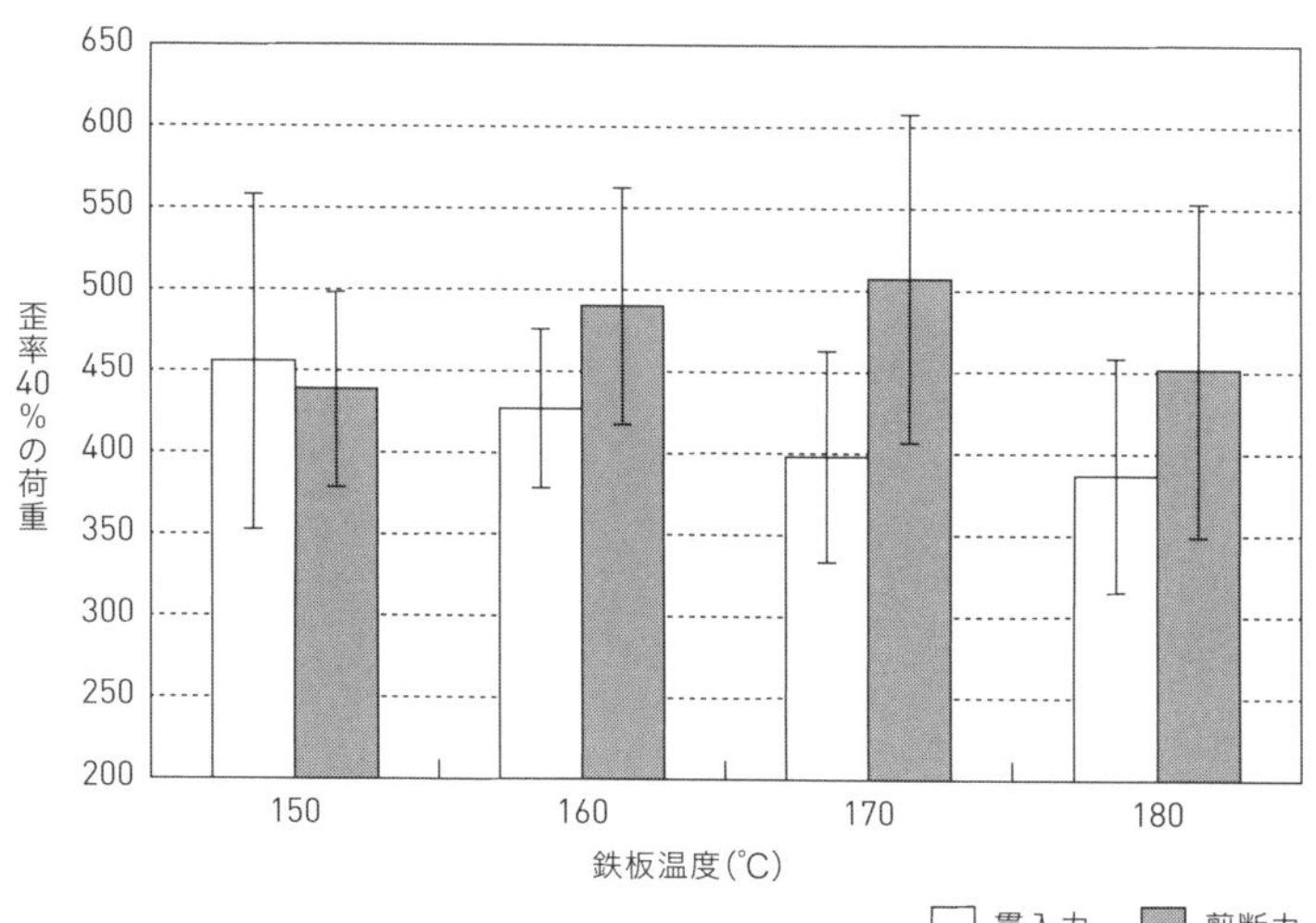


出典：嶋田さおり,渋川祥子.(2013).焼き調理における加熱条件と推定方法の検討.日本家政学会誌, 64(7), 343-352より日本語訳

Q
108

# ハンバーガーのパテは、手切りのほうがおいしいと思うのですが、なぜでしょう？

肉汁の流出と食感の違い

ハンバーガーのパテは、基本的には牛肉の赤身のみを使い、つなぎなしで作られることが多いようです。挽き肉機で挽き肉にするのと、包丁でみじん切りにするのとでは、どちらがおいしいというより、好みの問題ではあります。

フランス料理にも同様に、包丁でみじん切りにした肉を焼く料理があり、ステークアッシェと呼ばれます。ステークはステーキ、アッシェはみじん切りという意味です。肉をみじん切りにした後に塩をまわしておけば、焼いても肉汁が保たれます。みじん切りにしたからといって肉汁が保たれるわけではありませんが、筋線維がつぶれていないため、焼いたときの肉汁の流出は、挽き肉にくらべて少ないと考えられます。また食感としても、挽き肉とは違ったものになります。

ただ、挽き肉の場合も、生の挽き肉の時点で肉汁が流出しているわけではありません。挽き肉をいくらすりつぶしても肉汁は出てこず、加熱してはじめて肉汁が出てくるのです。肉汁は細胞の中のたんぱく質に結合しているため、加熱によってたんぱく質が変性することではじめて、抱えきれなくなった水分が流出するためです。中心温度を80℃にまで加熱するには、挽き肉機の目皿の直径が大きい（挽き方が粗い）ほうが時間がかかり、そのためにドリップの量も多くなるようです。[37][38]

肉質に合わせて切り方を変える、専門店のパテ

肉の内部は無菌ですが、挽き肉にせよ手切りにせよ、菌が存在する可能性のある肉の表面が、内部と同じように処理されるため、衛生面では十分な注意が必要であることはいうまでもありません。

［目皿の直径の大きさの違いによる ハンバーグのドリップ量の違い］

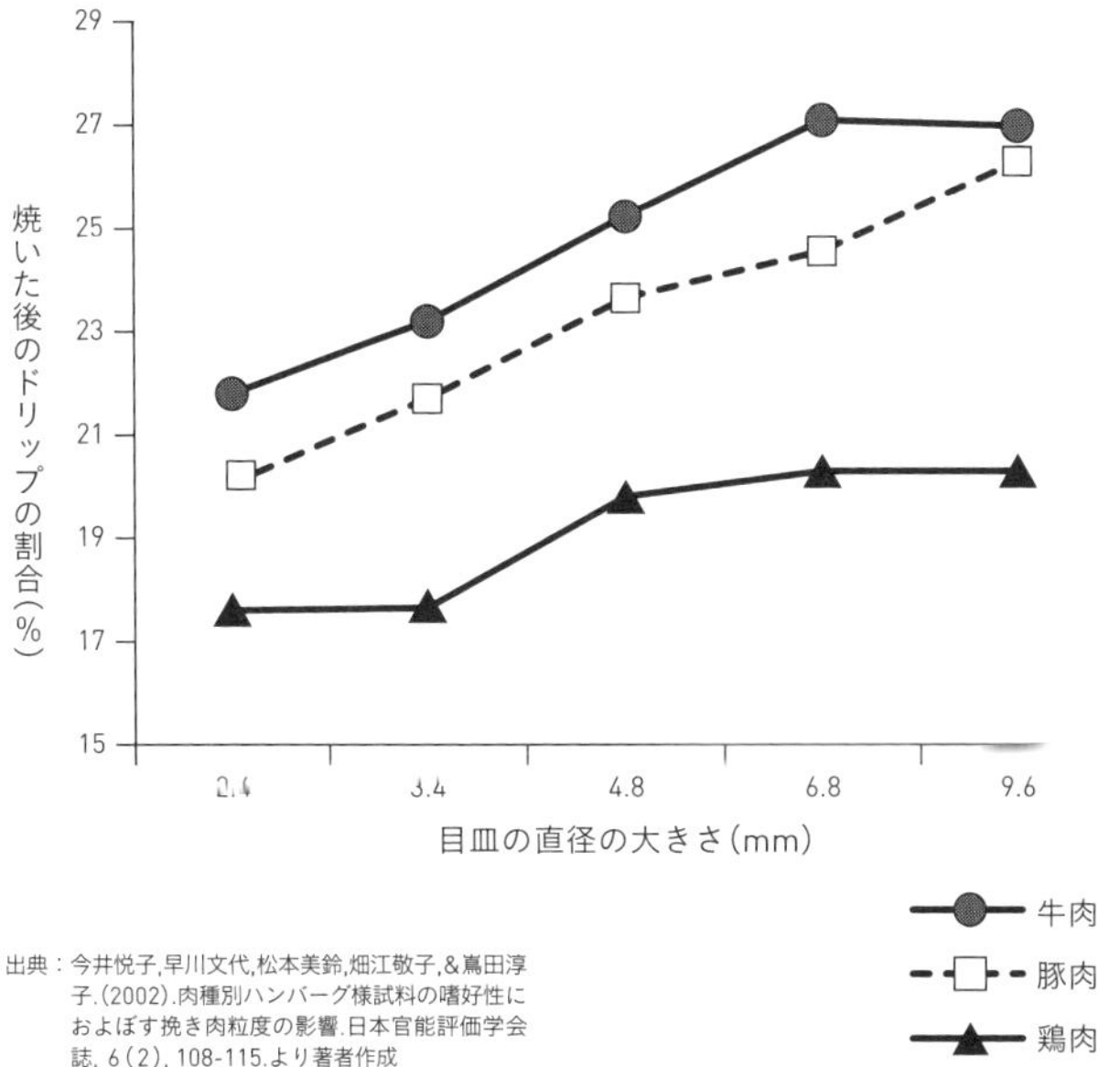


出典：今井悦子,早川文代,松本美鈴,畑江敬子,＆蔦田淳子.(2002).肉種別ハンバーグ様試料の嗜好性におよぼす挽き肉粒度の影響.日本官能評価学会誌, 6(2), 108-115.より著者作成

# Q 109

# 卵焼きがふっくら焼けません。やはり、プロが使う銅の卵焼き器でなければ難しいのでしょうか？

## 鮮度と撹拌と予熱が大事

卵焼きについては、詳細な研究があります[39]。これをもとに考えてみましょう。

まず、卵の鮮度です。鮮度が低下すると、卵白のたんぱく質の構造が変化し、だし汁などの水分が含まれにくくなり、弾力がなくなります。新鮮な卵は濃厚卵白(*)が多く、たんぱく質の構造が保たれているので、加熱しても弾力があってふっくらするのです。

撹拌条件については、箸で2回または40回、泡立て器で300回、ミキサーで3秒それぞれ撹拌したものを比較した結果、箸で2回のものがもっともふっくらしており、その他のものは硬くなっていたとのことです。撹拌によって、たんぱく質の構造が変わってしまったためと考えられています。

加熱条件については、卵焼き器の温度が130℃程度で調理を開始すると、時間がかかって、弾力がなくなります。卵焼き器が150℃以上になるように最初にしっかり加熱することで、凝固温度に到達するまでの時間を短くする必要があります。

銅の特徴は、熱伝導のよさです。銅の卵焼き器は熱伝導がよいため、均一に早く、全体に火を入れることができ、加熱条件を満たせる可能性は高くなります。卵焼き器の熱伝導が悪いと、足りないところに火を入れようとして、加熱時間が長くなったりすることで、過加熱に

あまりかき混ぜすぎないように

なってしまうこともあるでしょう。しかし、銅製の卵焼き器でなければ不可能というわけではありません。前述の条件を満たすようにすれば、テフロン加工の卵焼き器でも、ふっくらとした卵焼きが焼けると考えられます。

つまり、新鮮な卵を使い、あまり撹拌せずに、卵焼き器はしっかり予熱をしてから焼きはじめると、失敗しにくいでしょう。

＊濃厚卵白：卵黄を包む弾力のある卵白。

［加熱条件が異なる方法で調整した厚焼き卵の物性］

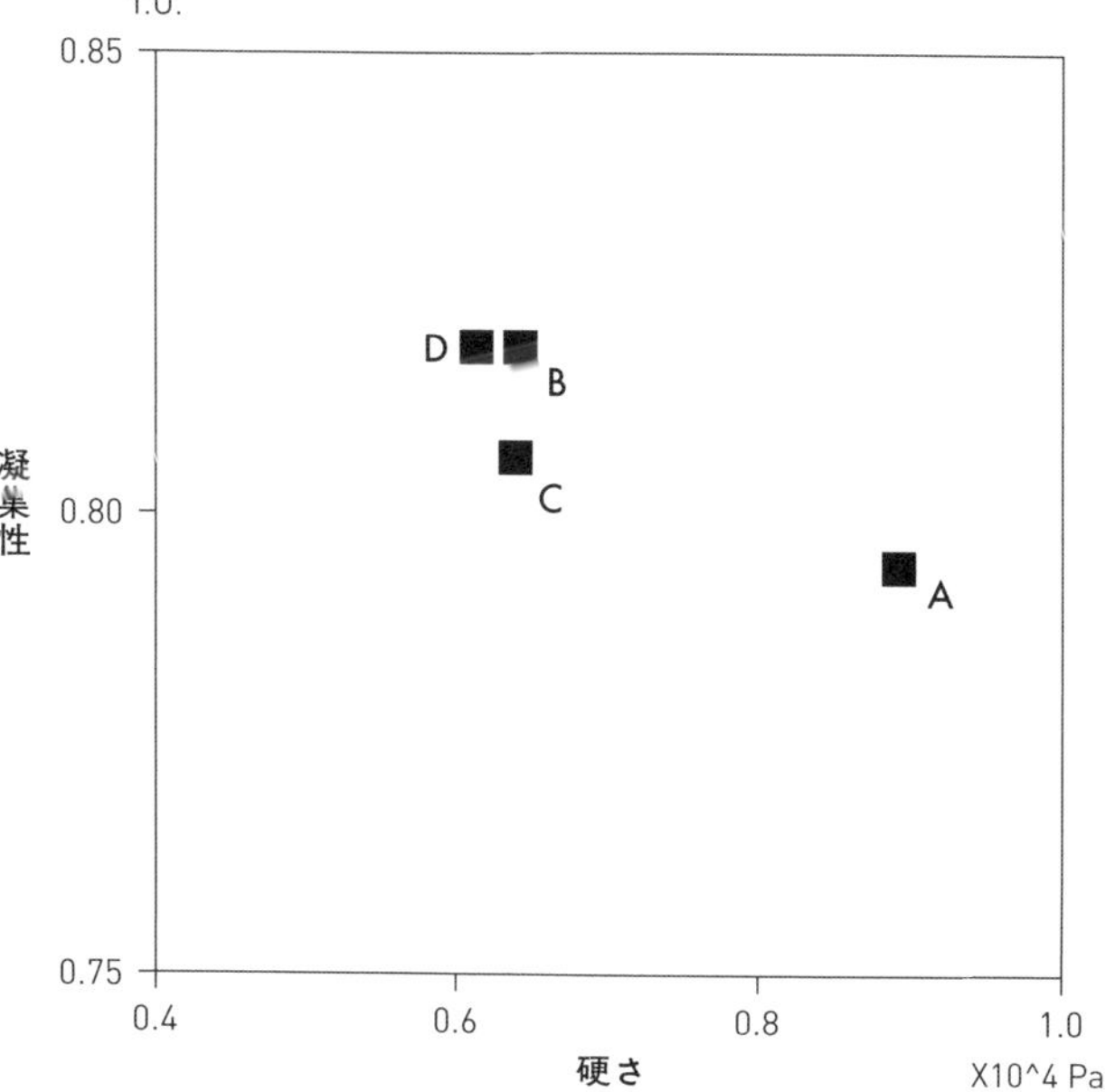


［加熱条件］

A：150℃-130℃-130℃　C：180℃-180℃-180℃
B：150℃-180℃-180℃　D：180℃-180℃-130℃

出典：小川宣子,卵を調理する―厚焼き卵,日本調理科学会誌,1997,30巻, 1号,p. 94-99 より

Q 110

# 魚を塩焼きにするときにふる塩は、いつふるのがよいのでしょうか？

焼く前に魚にふる塩の効果

アユなど小さい魚を塩焼きにするときは、焼く直前に塩をふっても、筋肉がやわらかいため問題ありません。しかし、タイやスズキなど、焼きすぎると硬くなりやすい魚の場合は、塩をふってしばらくおいておきましょう。生の魚の身に塩をふると、しだいに塩が溶解し、高濃度の塩水が魚の身と接触します。魚の身の筋線維（筋細胞）の浸透圧は、高濃度の塩水よりも低いため、浸透圧の作用により、魚の身の筋細胞が脱水されます。さらにおいておくと、筋細胞は壊れてしまうため、筋細胞の中にあるアミノ酸などの成分が表面に出てきます。その後、塩は魚の身の中に拡散していきます。身に塩をして最初の5分の浸透速度がもっとも早く、30分以降はゆっくりにはなるものの、60分経過すると、ふられた塩の25％程度が身の中心まで拡散します。[40] 拡散した塩によって、筋細胞の塩溶性たんぱく質が溶解すると、魚の身は保水性が高まるため、加熱しても脱水が抑制されるのです。幽庵焼きなど塩を含んだ調味液で漬け込む場合も同様で、糖分も含まれるため、より保水性が高まります。日本料理の魚の焼物では、魚の身の内部のたんぱく質がしっかり変性するまで加熱します。このとき魚の中心温度は70℃以上になっています。しかし、事前に塩をして塩溶性たんぱく質を溶解させているために保水性が保たれ、しっとりした食感になるのです。

串を打ったアユに、塩をふる

［アジの身にふり塩をした場合の吸塩量経時変化］

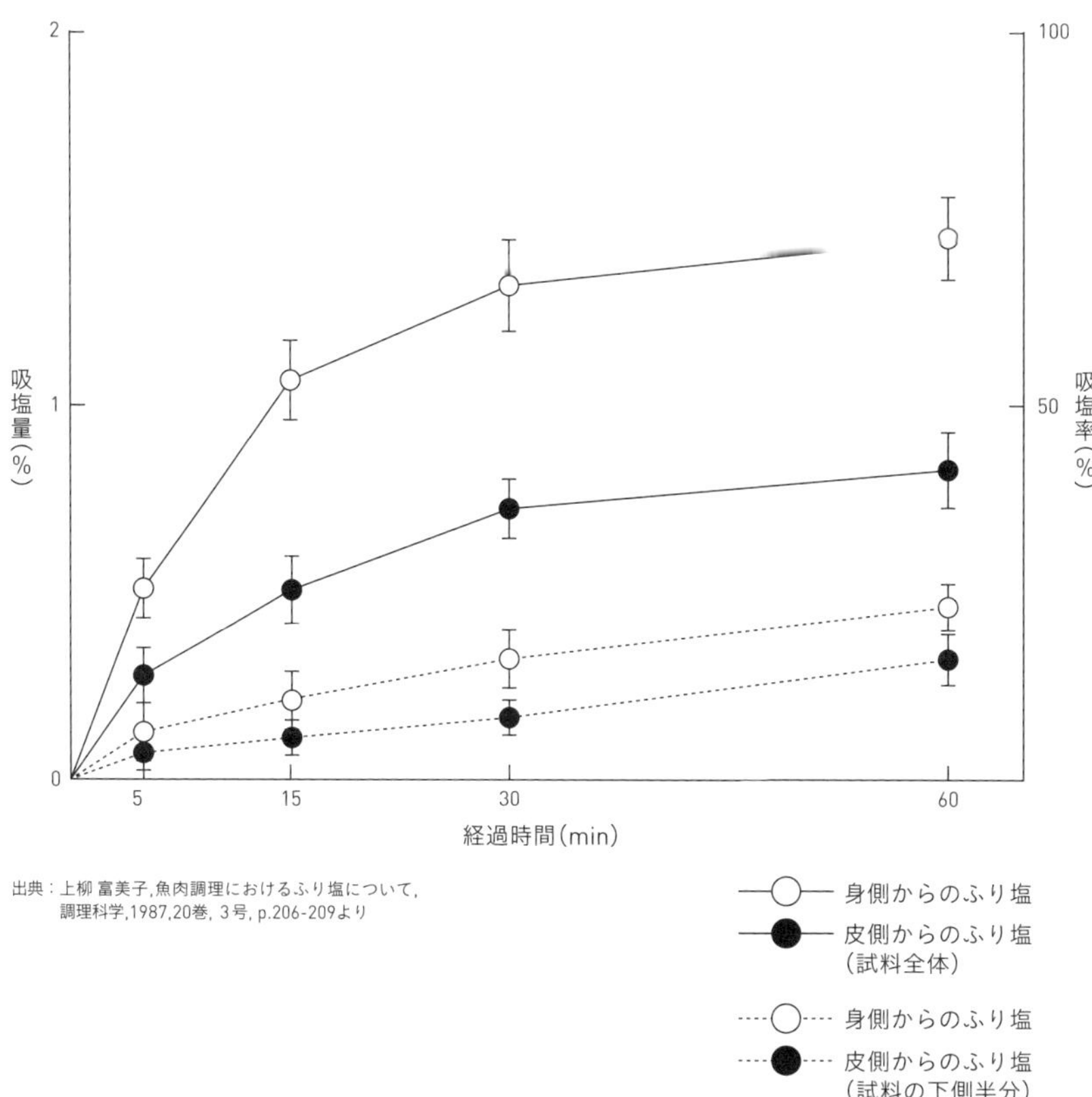


出典：上柳 富美子,魚肉調理におけるふり塩について,
調理科学,1987,20巻，3号，p.206-209より

Q 111

塩の浸透

# 脂ののりのいい魚は、強めに塩をあてるといいます。なぜでしょう？

魚を焼いたときに、たれてくる液体を味わってみると、水分ではなく溶けた脂であることがわかります。また、塩味も感じます。焼くことで組織が壊れるために、筋繊維の塩分も流れてしまっているのです。

魚に塩をする目的は、塩溶性たんぱく質に作用させてゲル化させ、加熱しても離水がおさえられるようにするためです。塩溶性たんぱく質は、筋線維を構成するたんぱく質です。一方、筋肉と脂肪とは組織が異なり、脂肪組織は脂肪細胞とそのまわりの結合組織からなります。結合組織はコラーゲンたんぱく質で構成されています。そして、脂が多いということは、脂肪組織が多いということなので、筋線維たんぱく質の割合は相対的に少なくなるため、塩が作用する割合が下がるのです。つまり、脂肪組織が多い場合は、塩を多くしておかないと、筋線維たんぱく質まで塩が浸透しないのです。

また、塩をすることで水分は保持されますが、脂肪組織にある脂肪には塩が浸透しません。塩は水には溶けますが、油脂には溶けないためです。実際、塩をまわした

# Q 112

家庭でできる方法

# 家庭で、お店のようにふっくらとした焼き魚を作るのは難しいでしょうか？

プロの料理人が作る焼き魚がおいしいのは、高温で加熱するために表面温度が高温になり、メイラード反応を起こすことで香ばしい香りをしっかりつけられること、そして、中心温度が高温になりすぎないように、焼き上がりの判断が適切にできることが理由です。このポイントを頭に入れたうえで、家庭でもできる方法を考えてみましょう。簡単なのは、塩や塩分を含んだ醤油などの調味料に浸けてから焼く方法です。塩をふって30分以上おくか、醤油、みりん、ユズなどで作った幽庵地と呼ばれる浸け地などに浸けると、魚肉の塩溶性たんぱく質が溶解します。その状態になった魚を焼くと、表面はアミノ酸が溶け出ているので、メイラード反応が低温でも起こりやすく、中心温度が上がりすぎたとしても保水性が高まっているため、しっとりとしやすいのです。魚焼きグリルや餅焼き器で、焦がさないように焼くとよいでしょう。

グリルを汚したくないのであれば、フライパンでバターをたっぷり使ってムニエルにしたり、オリーブオイルでカリッと焼くのもいいでしょう。ムニエルは、薄く小麦粉をはたいた魚を、泡が出ている状態のバターで加熱する調理法です。熱がバターの水分の蒸発に使われるため、魚に当たる熱が弱くなり、火の通りすぎを防ぐのです。オリーブオイルで焼く場合は、皮を下にしてカリッとなるまで焼き、ほぼ火を通してしまいます。その際、油には魚の臭みが出ているため、ペーパーで取ってしまいます。ひっくり返してからは温める程度にして、皿に盛り、しばらくおいて予熱で火を通すと、ふっくらした焼き魚になります。

Q 113

# 野菜炒めがびちゃびちゃになってしまいます。家庭ではお店のような仕上がりは難しいのでしょうか。

## 家庭の野菜炒めをおいしくする方法

家庭の野菜炒めで、野菜から水分が出てしまうのは、加熱時間が長いためです。野菜の細胞は、細胞壁に囲まれており、細胞壁どうしをつなげる、接着材の役目をしているのがペクチンです。90℃以上の加熱によって、このペクチンが溶け、細胞壁が壊れることで、野菜の細胞内にある水分が流出してしまうのです。

中華鍋を使った野菜炒め調理において、プロの調理と家庭の調理を比較した実験があります。それによると、プロ調理では強い火力で中華鍋をあおって炒めますが、火力の弱い家庭調理では、最終的な加熱終了時の具材の温度をプロ調理と同じにするまで加熱すると、時間がかかっていました。[41]その理由は、家庭の弱い火力で鍋をあおってしまうと、そのたびに具材や鍋の温度が下がってしまうためでした。中華鍋の炒めは、まず鍋が加熱されたことによって温度が上がり、その鍋に接触した具材は、鍋からの伝導熱によって接触した面のみの温度が上がります。プロ調理では、鍋温度が高いために、具材の温度は鍋をあおるたびに上がりますが、火力の弱い家庭調理では上がりにくいのです。

プロ調理でも、青菜などを一瞬で炒めたい場合には、水やスープ（湯）を入れて炒めることがあります。これは、水分が蒸発することで水蒸気が発生し、水蒸気の対流熱によって具材が効率よく加熱されることを期待しているのです。家庭でも、油を熱して軽く炒めたタイミングで、塩などの調味料を溶かした熱い湯やスープを少量入れて炒め上げることで、短時間で炒められると考えられます。汁が出ているように見えますが、これは野菜から出たものではなく、加えた水分なので、野菜自体はシャキシャキしているはずです。ただし、入れる湯やスープは熱くしておかないと鍋の温度が下がってしまいますから、注意が必要です。

郵便はがき

料金受取人払郵便

本郷局承認

4750

差出有効期間
2023年5月
31日まで
(切手不要)

113-8790

(受取人)
東京都文京区湯島3-26-9
イヤサカビル3F
株式会社 柴田書店
書籍編集部 愛読者係行

| フリガナ<br>芳　名 | 男<br>女 | 年齢<br>歳 |
|---|---|---|

自宅住所 〒 ☎

勤務先名 ☎

勤務先住所 〒

● 該当事項を○で囲んでください。

【A】業界 1.飲食業 2.菓子店 3.パン店 4.ホテル 5.旅館 6.ペンション 7.民宿 8.その他の宿泊業 9.食品メーカー 10.食品卸業 11.食品小売業 12.厨房製造・販売業 13.建築・設計 14.店舗内装業 15.その他(　　　)

【B】Aで15. その他とお答えの方 1.自由業 2.公務員 3.学生 4.主婦 5.その他の製造販売・サービス業 6.その他

【C】Aで1. 飲食業とお答えの方、業種は? 1.総合食堂 2.給食 3.ファストフード 4.日本料理 5.フランス料理 6.イタリア料理 7.中国料理 8.その他の各国料理 9.居酒屋 10.すし 11.そば・うどん 12.うなぎ 13.喫茶店・カフェ 14.バー 15.ラーメン 16.カレー 17.デリ・惣菜 18.ファミリーレストラン 19.その他

【D】職務 1.管理・運営 2.企画・開発 3.営業・販売 4.宣伝・広報 5.調理 6.設計・デザイン 7.商品管理・流通 8.接客サービス 9.オーナーシェフ 10.その他

【E】役職 1.社長 2.役員 3.管理職 4.専門職 5.社員職員 6.パートアルバイト 7.その他

ご愛読ありがとうございます。今後の参考といたしますので、アンケートにご協力お願いいたします。

◆お買い求めいただいた【本の題名＝タイトル】を教えて下さい

◆何でこの本をお知りになりましたか？

1．新聞広告（新聞名　　　　　　）2．雑誌広告（雑誌名　　　　　　）

3．書店店頭実物　　　　　　　　4．ダイレクトメール

5．その他＿＿＿＿＿＿＿＿

◆お買い求めいただいた方法は？

1．書店　地区＿＿＿＿＿県・書店名＿＿＿＿＿

2．柴田書店直接　　3．その他＿＿＿＿＿

◆お買い求めいただいた本についてのご意見をお聞かせ下さい

◆柴田書店の本で、すでにご購入いただいているものは？

◆定期購読をしている新聞や雑誌はなんですか？

今後、どんな内容または著者の本をご希望ですか？

柴田書店の図書目録を希望しますか？　1．希望する　2．希望しない

ホームページをご覧ください。URL=https://www.shibatashoten.co.jp
新刊をご案内するメールマガジンの会員登録（無料）ができます。

記入された個人情報は、顧客分析と御希望者への図書目録発送のみに使用させていただきます。

［プロ調理と家庭調理の炒めにおける材料温度変化と時間の違い］

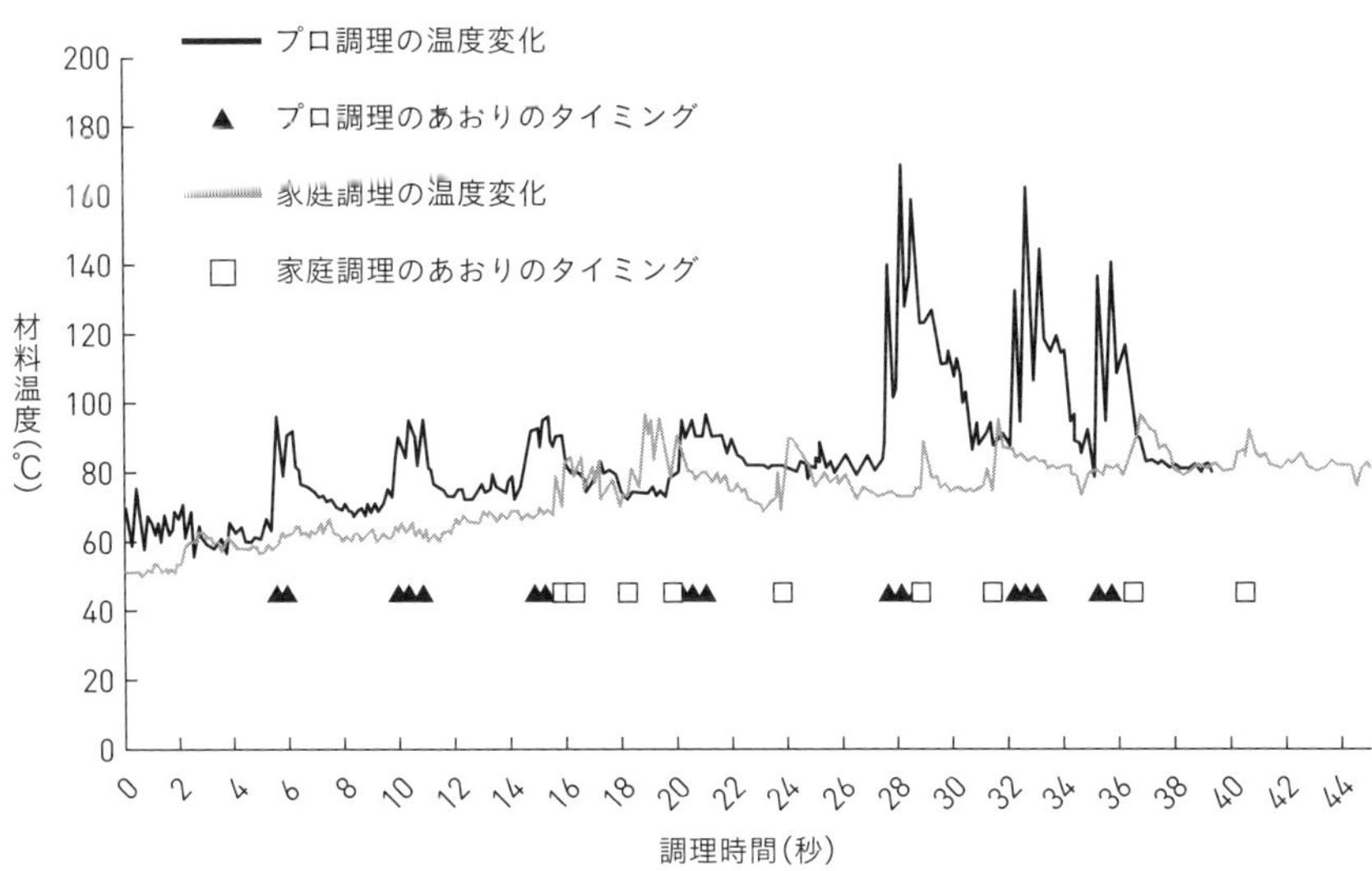


出典：川崎寛也,赤木陽子,笠松千夏,&青木義満.(2009).中華炒め調理におけるシェフの「鍋のあおり」が具材と鍋温度変化に及ぼす影響.日本調理科学会誌, 42(5),334-341.より

Q
114

おいしいきのこソテーのこつ

# 水っぽくなく、香りのいいきのこソテーを作るには、どうすればいいでしょう？

きのこは、菌糸が撚り集まった子実体の部分で、80％から90％程度までが水分です[42]。きのこのソテーが水っぽくなってしまうのは、野菜炒め同様その水分が出てきてしまうからです。

きのこには、たんぱく質も2～5％、脂質も0・2～0・8％程度と少し含まれていますが、炭水化物が2～10％と多く、食物繊維も1％前後含まれています。食物繊維には、細胞壁の構造物質としてセルロース、ヘミセルロース、リグニン、キチンがあります。細胞壁どうしをつなげる接着材の役目をしているペクチンは、90℃以上の温度で加熱すると分解するため細胞壁が壊れ、組織としてはやわらかくなり、外にも水分が流れ出てしまいます。きのこによってペクチンの量が異なるため、加熱したときに出ていく水分の程度が異なるのでしょう。マツタケやキクラゲはペクチンが多いのですが、シイタケやエノキはその半分以下しか含まれていません[42][43]。したがって、シイタケやエノキなどのソテーについては、ペクチンが分解しすぎないように、温度が80℃を超えないようにして加熱するとよいでしょう。

また、きのこ類の香り成分としては、1－オクテン－3－オールがもっとも多く含まれています[44]。この香り成分は水に溶けないため、加熱によって水を出してしまうと、蒸発しやすくなってしまいます。これを避けるには乾

たっぷりのオイルで焼きつけ、香ばしい香りをたたせる

燥した状態で加熱するか、油を多めにして短時間で加熱して水分を蒸発させることです。こうして香り成分が蒸発する前に油に移行させることができれば、香りが残りやすくなると考えられます。

[各種キノコのペクチン含量]

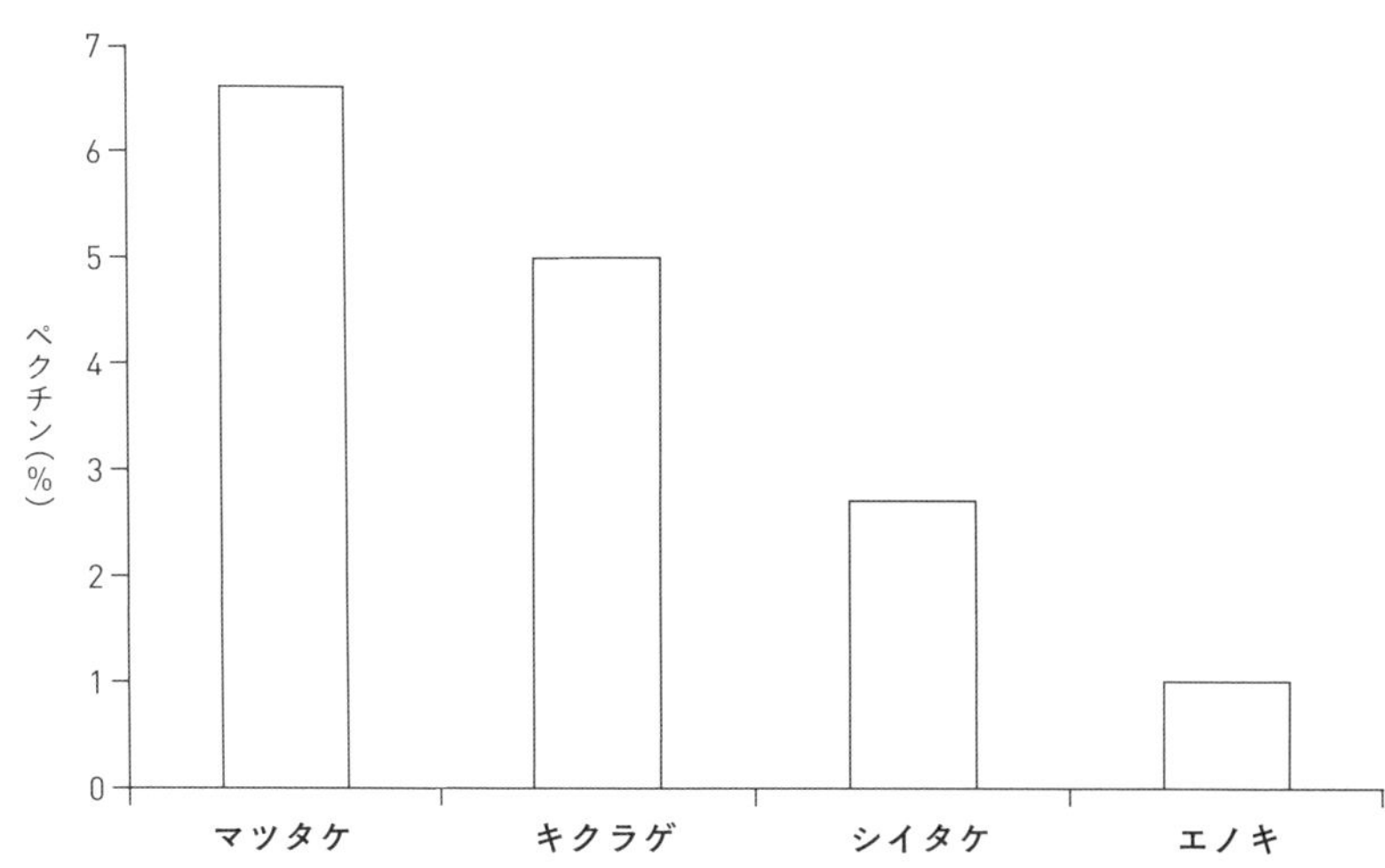


出典：倉沢 新一,菅原 龍幸,林 淳三,キノコ類中の一般成分および食物繊維の分析,日本食品工業学会誌,1982,29巻,7号,p. 400-406よりデータ抜粋し著者作成

Q
115

パラパラかしっとりか

# 強い火力とプロのテクニックがなければ、パラパラチャーハンを作るのは難しいでしょうか？

中国料理店で食べるチャーハンは、ご飯がしっとりしていながらも、1粒1粒がくっついておらず、パラパラとしています。しかし、そんなパラパラチャーハンに必要な調理科学的条件は明らかになっていません。

調理の温度については、ある有名中国料理店で、チャーハンを作る過程の中華鍋の温度を計測した結果、250℃を超える高温で、卵とご飯が一緒にあおられていることがわかりました。卵については、卵白よりも卵黄のほうが、仕上がりへの影響が大きいようなので、卵黄のレシチンという物質の効果が考えられます。レシチンは水にも油にもなじむリン脂質で、乳化剤の働きをします[45]。炊かれたご飯は水分を多く含み、ご飯粒どうしはくっつきやすいのですが、レシチンの水になじむ部分が、このご飯粒に結合すると仮定すると、油になじむ部分がご飯粒の外側に突き出ることになり、これがご飯粒どうしがくっつくのを防いでいる可能性はあります。また、パラパラにするにはご飯の水分をある程度蒸発させる必要があり、強い火力はそのためでもありそうです。ゆっくり炒めて水分が蒸発しすぎると硬いご飯になってしまいますから、短時間でご飯の表面の水分を蒸発させるためにも、火力は強いほうがよい可能性があります。

牛肉とレタスのオイスター風味チャーハン

　しかし、家庭で作るやわらかいしっとりしたチャーハンもおいしいものです。日本人を対象とした、チャーハンに必要な要素を調べた研究がありますが、それによると重要視されるのは盛り付け、硬さ、ふっくら感、ツヤでした。このことは、単にパラパラして硬いだけのチャーハンは好まれないということを示しています[46]。

中国の揚州炒飯（ヤンヂョウチャオファン）は、五目チャーハンの元祖といわれていますが、作る過程で、スープを入れて炒めるため、しっとり感もあるチャーハンになっています[47]。ご家庭のコンロの火力が弱い場合は、鍋をあおらずに加熱することで、コンロの火力を鍋にしっかり伝えることができますから、ご飯を1粒ずつ離すようにかき混ぜて、スープを少量入れて炒めることで、パラッとしながらもしっとりした、また別のおいしさのあるチャーハンができるでしょう。

Q 116

野菜の加熱方法と味

# 同じ野菜でも、ゆでたもの、蒸したもの、電子レンジで加熱したものでは味が変わりますか？

野菜の加熱の目的は、細胞壁どうしの接着材であるペクチンを、90℃以上に加熱して溶かすことで、やわらかくすることです。加熱によってさまざまな分解酵素なども失活し、細胞にある空気や水分も出ていくので、なめらかになりツヤが出て、色が鮮やかになります。どの加熱方法であっても、目的に変わりはありませんが、加熱方法によって、味に影響する要素に違いがあります。

野菜を加熱すると細胞が壊れ、肉でいう肉汁のように、野菜の滲出液（しんしゅつえき）が出てきます。蒸しや電子レンジ加熱では、それが細胞のまわりに保たれているため、生のときよりも甘く感じるという研究の報告があります[48][49]。野菜にもよりますが、野菜の滲出液には糖が多く含まれているためです。

ゆで加熱では、ゆで汁に滲出液が流出してしまうので、甘味を弱く感じます。ただし、野菜にはポリフェノールなどの苦味成分も含まれているため、それを取り除きたい場合には、ゆで加熱が適しています。

フランス料理には、少量の水で素材を蒸すように加熱する、ブレゼという加熱方法があります。この方法だと、滲出液が出ていっても、最終的に煮詰めるように加熱することで、野菜のまわりにまとわせることができるため、野菜の甘味や風味をすべて味わえる加熱方法といえるでしょう。

［30分間蒸し加熱したニンジンから得たエキス中の糖濃度］

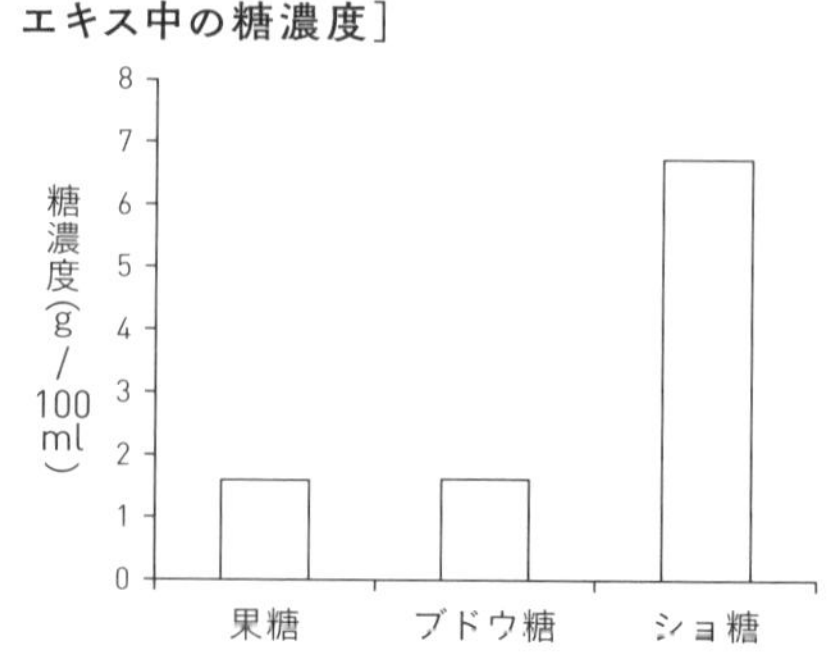


出典：堀江秀樹,&平本理恵.(2009).ニンジンの蒸し加熱による甘味強化.日本調理科学会誌,42(3),194-197.より著者作成

## Q 117

煮物に味が染み込む仕組み

# 野菜の煮物を作るとき、味がうまく染みません。どうすればよいでしょう？

根菜などの野菜の煮物は、「冷めるときに味が染み込む」といわれています。日本料理の技術でも、炊き合わせなどを作る場合に、下ゆでした後、調味液に浸けたり（地浸け）、調味料で直炊きするにしても、ある程度加熱したら、冷ましていくことが「こつ」であるとされます。煮物に味が染みるとは、調理科学的にはどういうことなのでしょうか？

野菜の細胞は、細胞膜と細胞壁に覆われています。味が染みるとは、その細胞壁と細胞膜を調味料が通り抜けて、細胞に入っていくということですが、野菜の組織の軟化と調味料成分の拡散という、2つのことを考える必要があります。

野菜の細胞壁と細胞間隙（かんげき）（細胞間のすきま）にはペクチンという多糖類があります。ペクチンは中性またはアルカリ性で80℃以上の加熱で分解しはじめ（β脱離という構造変化）、野菜全体としては少なくとも90℃以上の加熱によりやわらかくなると考えられています[50]。またこれは、90℃以上の加熱を続けると、組織はやわらかくくずれていくことも意味しています。

細胞膜の機能が加熱によって壊れて、調味料成分が拡散することで、いわゆる「味が染みる」という現象になりますが、味成分の拡散は、温度が高いほど進むことがわかっています。実験によると、塩分は温度が20℃の場合、2時間で中心まで拡散しました[51]。一方、醤油の色素成分は24時間経っても中心まで入らなかったのです[52]。

野菜は、90℃以上の加熱をしないとやわらかくならないのですが、調味料の拡散は細胞膜が壊れていれば進むので、温度を下げても進むのです。つまり、煮くずれを防ぐためには、冷ました状態で味を含ませるのがよい、ということになります。「冷めるときに味が染み込む」ということを、「温度を下げるという操作自体が味を染み込ませる」と誤解しがちなので、注意しましょう。

Q
118

加熱時間と煮汁の濃度

# 煮込み料理はたくさん作ったほうがおいしいのでしょうか。水と具材の比率が同じであれば、同じでは？

煮込み料理でおいしさに影響があるのは、煮汁の成分の濃度と加熱時間のバランスです。たくさん作ったほうがおいしい、というのは、加熱時間が長くなると、それだけ加熱反応であるメイラード反応と脂質酸化反応が進むため、風味が豊かになっている可能性があります。メイラード反応は、アミノ酸と糖の加熱によって香ばしい香り成分を作り出します。脂質は、種類によって酸化されやすさが異なりますが、たとえば魚介類に多い不飽和脂肪酸は、空気中の酸素によって酸化されやすく、酸化を受けるとさまざまな物質に分解し、香り成分が生じます。

水と具材の最初の比率が同じであっても、少量で作ると蒸発が早いために、濃縮が早く起こりやすく、加熱時間は短くなっているでしょう。加熱時間が変われば加熱中の反応物が違ってくるため、最終的な味わいが異なってくると考えられます。少量でもたくさん作ったときと同様の味わいにしたい場合は、蒸発分の水を少しずつ継ぎ足すことで、たくさん作ったときと同じような反応をさせることができると思われます。

Q 119

絶妙な温度帯

# コンフィは、なぜ80℃で加熱するのですか？

コンフィは、ヨーロッパの伝統的な調理法で、保存を目的としていますが、同時に筋の多い部位の肉をやわらかく食べるためにも用いられています。鴨などのモモ肉を塩でマリネしてから、80℃程度の動物性の脂（ガチョウの脂など）で2～3時間煮て、そのまま脂に漬け込んで保存します。提供時には、皮をパリッと焼いて温めます。

80℃という加熱温度は、温度計がない時代には一定に保つのが難しかったはずですが、なぜこの温度なのでしょうか。これには加熱殺菌温度と筋線維たんぱく質の凝固温度、そして結合組織のコラーゲンのゼラチン化（水溶化）温度が関係しています。加熱殺菌のために80℃という温度は十分です。筋肉がもっているたんぱく質分解酵素なども失活するので、加熱後の変化も止められます。

筋肉は、筋線維どうしがコラーゲンで巻かれたような構造になっています。筋線維は、80℃では完全に変性・凝固し、肉汁が流れ出ますが、塩でマリネしてあることで、筋線維たんぱく質には保水性が保たれるため、しっとり感が残ります。そして、コラーゲンは70℃を超えると水溶化が始まりますが、90℃を超えると急速にゼラチン化するため、筋線維どうしが離れやすくなってしまい、物理的な刺激でほぐれていってしまいます。つまり、80℃という温度は、加熱殺菌と筋線維たんぱく質を凝固させる温度であると同時に、コラーゲンを水溶化させすぎない温度という、絶妙な温度帯なのです。

Q 120

# 醤油を入れすぎて、大根の煮物がしょっぱくなってしまいました。もとに戻せないでしょうか？

だしを使ってみましょう

煮物は加熱とともに煮汁が濃縮されて、味が濃くなり、煮汁の味見をしたとしても、具材に染み込むとちょうどよいかどうかはわからないものです。味見を何度も繰り返すと薄く感じがちなため（Q022参照）、醤油などを入れすぎてしょっぱくしてしまった経験をした人は多いでしょう。

日本の調味料は、塩分を含んだ発酵調味料が多く、入れすぎると、しょっぱくなってしまいます。水で薄めたとしても、他に入れている砂糖などの調味料との兼ね合いもあり、まったく同じようには戻りません。酸味や油は、しょっぱさを弱く感じさせることはできますが、それでは塩分を過剰に摂ってしまうことになります。かといって水で薄めると、全体としてのおいしさが下がってしまうでしょう。そこで、だしで薄めることで、京都のおばんざいにある「炊いたん」や煮浸しのような料理にしてみましょう。単に塩味を薄くするのではなく、だしの風味とうま味が加わり、また違った料理にすることができます。

Q 121

ゆでるとおいしくなるわけは

# カニは生より、塩ゆでが断然おいしいと思います。ゆでただけで味が変化するのでしょうか？

カニ肉は、水分を除くとほとんどがたんぱく質です。アミノ酸がたくさんつながったものがたんぱく質ですが、たんぱく質が分解するためには、たんぱく質分解酵素が必要です。では、たんぱく質分解酵素が働かない状態で、生のカニに味を感じるのはなぜでしょう？　これは、細胞の表面ににじみ出てきているアミノ酸の味を感じていると考えられます。このように、たんぱく質を構成しないアミノ酸は、「遊離アミノ酸」といって、細胞内にアミノ酸単体で存在しています。

カニを塩ゆでするると、筋線維たんぱく質が変性し、細胞が壊れることで、細胞内に含まれるアミノ酸が、エキス成分として流出してきます。カニの脚をゆでて出てきたエキスを分析すると、グリシンとアルギニンというアミノ酸が全体の50%を占めており、プロリンとタウリンが低い濃度で含まれていました。[53] グリシンは甘味が主体ですが、弱いうま味もあり、アルギニンは弱い苦味がしますが、魚介類らしいコクに重要とされています。

ゆでガニにはこれらのアミノ酸の味を強く感じることで、おいしいと感じられると考えられます。さらにゆでるよりも蒸したほうが、エキス成分がゆで汁に流出することがなく、ある程度身にとどまるため、より味を強く感じます。

上)香箱ガニを塩ゆでする
下)ゆで上がった香箱ガニ

Q
122

魚の臭みをおさえるもの

# サバの味噌煮に、ショウガを入れるのはなぜでしょう？また、ショウガの代わりに使えるものはありますか？

サバやイワシなど生臭みが気になりやすい煮魚は、ショウガを入れて作ることが多いです[54]。サバやイワシは酸化しやすい脂質を多く含み、また、魚に共通するトリメチルアミンという生臭み成分もあるため、臭みとして感じられやすいのですが、ショウガにはマスキング効果があるとされ、よく使われます[55][56]。魚の生ぐさ臭の抑制については、表にまとめられています[57]（下記参照）。ショウガに関しては強い匂いによってマスキングする（覆いかくす）という効果と、脂質酸化をおさえる効果があるとされています。

ショウガの辛味成分は6-ジンゲロールという物質で、新ショウガとひねショウガで違いはありませんが、香りに大きな違いがあります。新ショウガの華やかな香りは、ゲラニルアセテートという香り物質で、バラなどにも含まれます。ひねショウガのさわやかな香りは、ゲラニールという物質です。ショウガ以外には、魚の生臭みをマスキングするものとして梅干しや玉ネギ、ニンニク、ローリエなどが挙げられますし、燻煙成分も生臭みを感じさせにくくします。ちなみに、ゲラニアールは葉にもっとも多く含まれていますから、ショウガの葉も活用する価値はあるでしょう。

［魚の生ぐさ臭の抑制］

| 原理 | 方法 |
|---|---|
| におい成分あるいはその原物質を除去あるいは減少させる | よく洗う<br>焼く、蒸すなど加熱して蒸発させる |
| におい成分を変化させる | アルデヒドをアルコールにかえる<br>アミンを微生物に消費させる |
| におい成分を不揮発性にする | 塩基と酸の反応を利用する<br>包接化合物を作らせる<br>コロイドに吸着させる |
| におい成分をマスクする | 有香魚と混合する<br>くん煙成分を利用する<br>香辛料を利用する<br>ねぎ、玉ねぎ、パセリなどを利用する<br>酒、みりん、発酵調味料などを利用する<br>アミノ・カルボニル反応（メイラード反応）を利用する<br>茶煎汁を利用する |

出典：太田 静行,マスキングmasking,日本食品工業学会誌,1988,35巻,3号,p.219-220.より

Q 123

肉汁を閉じ込める？

# カレーやシチューなどを作るとき、最初に肉や野菜を油で炒めますが、あの作業にはどんな意味がありますか？

肉の表面を強火で焼きつけることを、フランス料理の技術では「リソレ」といい、重要視されます。また、香味野菜も茶色くなるまで炒めることが、おいしさのポイントだといわれます。肉をリソレする理由としては、「肉汁を閉じ込める」ためだといわれますが、はたしてそうでしょうか？　もしリソレしたことによって肉汁が閉じ込められてしまうとしたら、煮物のソース部分に肉汁が出ていかないことになり、おいしくなりません。

実はリソレしても、肉汁が肉の内部に保たれることはありません。もし肉汁が保たれるなら、焼きつけているときに、ジュージューという水分が蒸発する音はしないはずです。肉や野菜を炒める理由は、加熱によってメイラード反応を起こすためです。肉にはアミノ酸が多く、ニンジンや玉ネギなどのミルポワから出てくる汁には糖、しかもメイラード反応を起こしやすい還元糖であるブドウ糖や果糖が多いため、肉とミルポワ野菜を炒めることで、メイラード反応がひじょうに起こりやすくなるのです。鍋にこびりついたメイラード反応生成物を、水やワインでこそぎ落として煮汁に溶かし込むことで、メイラード反応生成物の色と香りが溶け込んで、香ばしいおいしい煮物を作ることができます。

上）煮込む前に、肉をフライパンで焼き付ける
下）フライパンに残った、メイラード反応生成物

Q 124

ビールが肉をやわらかくする？

# ビールを使う肉の煮込み料理がありますが、ビールの炭酸やアルコールが肉をやわらかくするのでしょうか？

ドイツやベルギー、フランスのフランドル地方には、ビールで牛肉や豚肉、鶏肉を煮た料理があります。日本で一般的に売られているビールで調べたところ、日本酒やワイン、焼酎などより、肉をやわらかくする効果が高いという結果が報告されています。肉の加熱時に酸性にすることでやわらかくなることはわかっていますが、実験では、ビールの炭酸程度の酸性では、影響はほぼなかったようです[58]。

一方、ビールのアルコールについては、ある程度影響があることがわかりました。しかし、ビールに含まれる濃度と同じになるように作った純アルコール（エタノール）水溶液には、ビールほどのやわらかくする効果はありませんでした。つまり、アルコール単独の効果ではないと考えられます。

ビールはおもに、水と麦芽、ホップを原料として醸造されます。麦芽に含まれる麦芽糖は、ブドウ糖が2つつながった状態のもので、このブドウ糖にはわずかに肉をやわらかくする効果が認められています。ホップの効果については、調べられていません。

日本酒、ビール、赤ワイン、白ワイン、ウィスキー、焼酎のすべてに、肉をやわらかくする効果があり、ある程度の濃度のアルコールそのものにも効果があることがわかっています。アルコールが関係していることは間違いないでしょうが、それだけでは説明できないところが興味深いところです。

ちなみに、アルコール飲料のアルコール濃度が3・6〜7・5％付近で、肉がもっともやわらかくなることがわかっています。ワインや日本酒を使う場合は、半分程度に薄めたほうが、やわらかくする効果は高いようです。

[アルコール飲料及び炭酸水、ブドウ果汁、ブドウ糖が、肉の硬さに及ぼす影響]

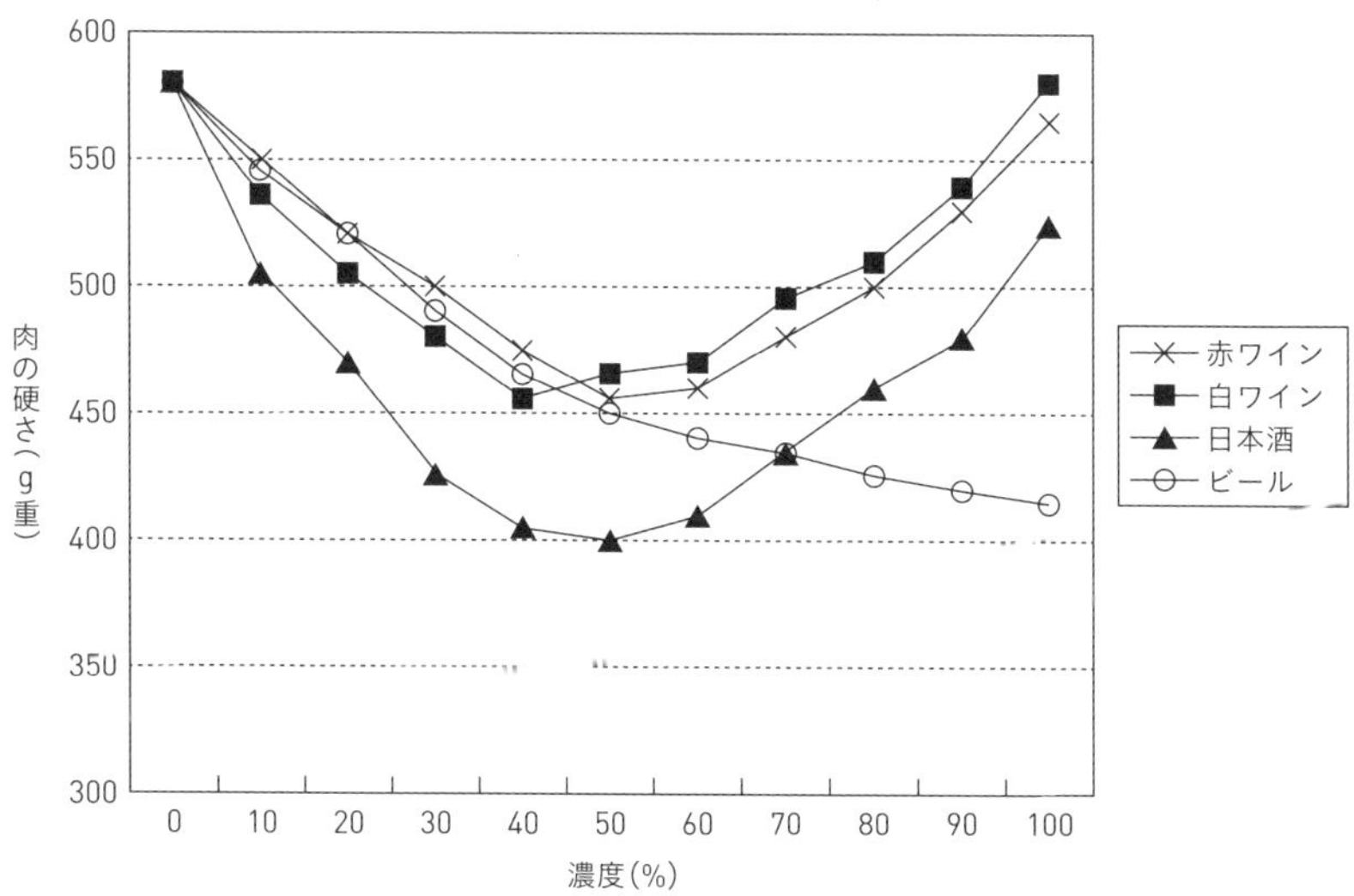


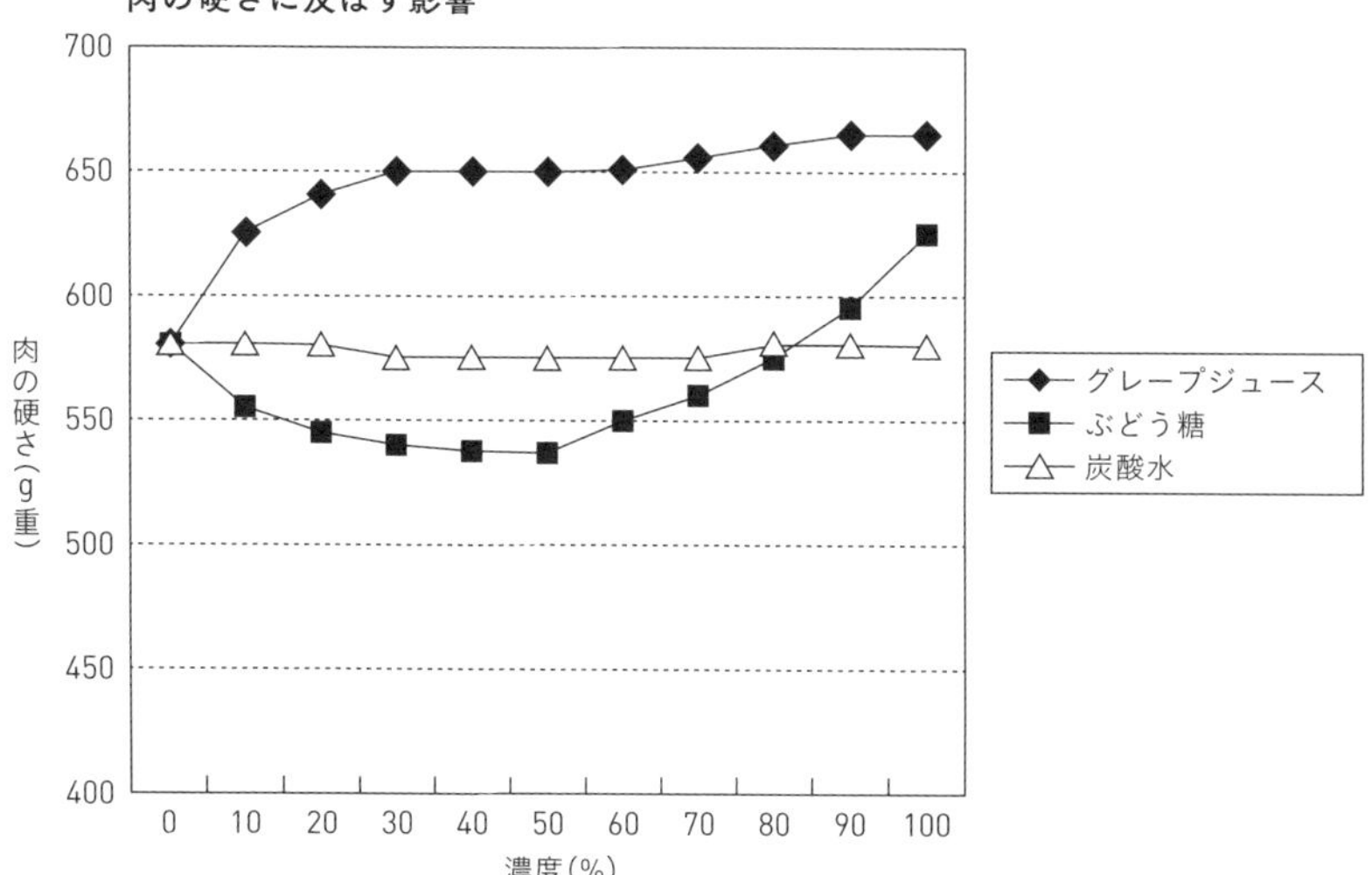


各飲料を蒸留水で希釈し、豚ヒレ肉をその溶液で
20分間加熱して、硬さをレオメータで測定。

出典：山口務,＆田畑智絵.(2005).アルコール飲料添加調理法による肉類の軟化効果.北陸学院短期大学紀要,36,107-117.より

# Q 125

# 煮物の味つけは、だし、醤油、みりんで成立するように思いますが、酒はなんのために加えるのでしょう？

## 日本酒のさまざまな効果

日本酒は、米と米麹を原料として、複雑な発酵工程を経ることで、他の酒よりも多くの成分が生産された、エキス分が多い醸造酒です。アルコール度数も醸造酒としてはもっとも高く、15～16％程度もあります。アミノ酸や糖、有機酸を多く含み、香りも複雑です。日本酒を調味料として加えると、さまざまな効果があるのです。

味については、ブドウ糖などの糖分による甘味やアミノ酸によるうま味が付与されます。香りについては、日本酒特有のよい香りが足されるとともに、魚の煮物では、鮮度の低い魚の生臭み成分であるトリメチルアミンと反応して、臭みを消します。[59]

また、塩分を含む醤油を水で10％に薄めた調味液で魚を煮ると、40℃から50℃で煮汁へのたんぱく質の溶出量が増加しますが、醤油10％、酒を45％加えた調味液では、たんぱく質が溶け出るのが抑制されました。[60] 魚を調味液で煮ると、40℃くらいから筋線維たんぱく質が変性し、まだ凝固していない、細胞の中のたんぱく質（筋漿たんぱく質）は、煮汁に溶け出てしまいます。そして70℃を超えると、コラーゲンがゼラチン化（水溶化）して、溶け出てきます。酒は、筋線維を収縮させ、低温でも変性を促進することで、たんぱく質の流出を抑制しているのです。硬さにはあまり影響はありませんが、うま味などの流出をおさえられると考えられます。

キンキの煮付け

# Q 126

コクとはなにか？

# デミグラスソースにコクがないのですが、どうしたらよいでしょう？

「コク」とは、もともと日本酒の評価用語で、「酷」「ゴク味」として、各種の味が豊富で、しかもよく調和しているときに生じる充実感のことをいいました。近年は、食品にも使われるようになったため、コクの定義をしようという動きがあり、『味、香り、食感に関する多くの刺激〈濃厚感（複雑さ，あつみ）〉で生ずるものであるが、それらがある程度バランスよく与えられ，持続性や広がりがあるときに感じられる味わい』としている研究者もいるほどです[61]。

デミグラスソースなど、肉や野菜を加熱しながら濃縮して作り上げるものは、加熱中に起きたメイラード反応による香気成分やペプチド（たんぱく質が分解したもの）、骨などから抽出されたコラーゲン、油脂などによるとろみによってコクを感じると考えられます。したがって、デミグラスソースにコクがない場合は、メイラード反応が起きたものを添加するとよいでしょう。フランス料理の伝統的な技術として、糖と酢を強く加熱して作る、ガストリックというものを加えたり、半割にした玉ネギを黒焦げにして加えたりするのもそのためです。

デミグラスソース

Q 127

コンソメが澄む仕組み

# コンソメは、なぜ煮立ててはいけないのでしょう？

コンソメとは、ブイヨンを清澄化したものです。ビーフコンソメ（コンソメ・ドゥ・ブッフ）であれば、ビーフブイヨン（ブイヨン・ドゥ・ブッフ）から作ります。

ビーフコンソメは、まず牛肉の赤身部分を大きめの挽き肉にしたものと、角切りにしたニンジンやセロリなどの香味野菜、そして卵白を混ぜ合わせ、冷ましたビーフブイヨンを加えて、さらに混ぜ合わせます。そしてこれを、寸胴鍋に入れ、木ベラで鍋の底にくっつかないように静かにこそげながら、ゆっくり加熱していきます。沸騰するにつれて、肉が加熱変性してひと塊りになって浮いてきますから、その中央に穴（沸騰口）を開けます。小さい泡が上がってくる程度の対流が起こる弱い火力で加熱を続ける（フランス料理でミジョテといいます）と、透明なコンソメができ上がります。

このときなにが起こっているかを考えてみます。まず、ブイヨンは油脂が分散しているために濁っています。しかも材料としてスネ肉なども使うため、コラーゲンが多く、油脂が乳化しやすい状態なのです。ブイヨンを加えながら挽き肉と卵白を練るようにすると、挽き肉と卵白のたんぱく質が、分散した状態になります。それを加熱すると、温度が上がっていく過程で挽き肉と卵白のたんぱく質が、ブイヨンの脂肪を抱き込んで熱変性します。その脂肪とたんぱく質の複合体が、ゆるやかな沸騰による対流によってスープの表面に上がっていき、固定されることで、しだいにブイヨンの脂肪がなくなっていくのです。つまり、ある程度対流させて、脂肪とたんぱく質複合体が上昇するようにしなければいけないのです。対流がないと、せっかくできた脂肪とたんぱく質複合体が、スープの中に残ったままになってしまいます。また煮立ててしまうと、それが分解してしまい、また脂肪がスープに分散して濁ってしまうのです。

Q 128

シャロウフライとディープフライ

# 揚げ物がおいしく揚げられる、ギリギリの量の油は？

揚げ物が家庭で敬遠される大きな理由は、油の処理のめんどうさでしょう。油の量が少ないほうが簡便なので、近年は「シャロウフライ」が注目されています。

ある研究で、ディープフライの通常の油量を揚げ種の厚さの2倍の深さとし、これに対し、シャロウフライとして、油の深さを揚げ種の厚さの1倍、そして半分にして比較した実験があります。それによると、通常のディープフライでは5分で揚がったものを、シャロウフライにしても、同じ脱水率になるまで時間をかけて揚げることで、同じようなおいしさ（見た目や匂い、食感など）になることがわかりました[62]。ただし、油の酸化劣化は激しいこともわかっています。このことは、シャロウフライでは、油を何度も繰り返し使えないことを示しています。

つまり、たまに揚げ物をするなら、シャロウフライでも十分かもしれません。しかし、ディープフライでは、揚げ種は油中に浮いているので、パン粉揚げの場合揚げ種の下側のパン粉が立ちますが、シャロウフライでは揚げ鍋に接触してしまうため、立体的になりにくいという欠点もあります。好みに応じて使い分けるとよいでしょう。

上）シャロウフライで鶏の竜田揚げを作る
下）ディープフライでエビフライを作る

Q 129

表面をカリッと、中をジューシーに

# 鶏の唐揚げを作るとき、二度揚げするのはなぜでしょう？

　牛など体重が重い動物は重力に耐えるために、筋繊維が太くなっています。しかし、鶏は体重が軽く、鶏肉は筋線維も細くてコラーゲンも少ないのが特徴です。カンピロバクターという食中毒菌（65℃で数分加熱により死滅）の危険もあるので、しっかり火を入れたいところですが、そのような性質のため、加熱しすぎるとパサパサになりやすいのです。

　しかし、塩や塩を含む醤油などでマリネしておくと、筋線維の塩溶性たんぱく質が溶けて、加熱するとゲル化することで保水性が高まり、中心温度が65℃を超えても肉汁が保たれます。けれども一度揚げで中心温度を65℃にするためには、加熱時間が長くなり、表面の温度が上がりすぎてしまうでしょう。そこで、二度揚げの方法がとられます。

　最初は１２０℃くらいの温度の油に投入して、中心がピンク色になる程度まで加熱した後、油から取り出して余熱、つまり表面の高い温度を中心に伝えていくことで、ゆっくり中心まで火を入れます。火入れは時間をかけるほど筋線維の収縮もおさえられるので、よりやわらかくなります。ただ、表面の衣は水分が抜けきれずに、べちゃっとしているでしょう。そこでもう一度、今度は１８０～２００℃の油で短時間揚げることで、一気に表面の水分を蒸発させて、メイラード反応を起こし、香ばしい香りをつけるのです。この方法により、表面はカリッとして、鼻腔を刺激する香ばしい香りを放ち、肉はジューシーといった、理想的な唐揚げに仕上がるのです。

鶏の唐揚げを二度揚げする

Q 130

おいしい天ぷらとは

# 天ぷらをおいしく作るには、どうすればいいでしょう?

おいしい天ぷらとは、どういう状態でしょうか? 天ぷらは「蒸し」料理であるともいわれます。調理作業としては揚げているのに、なぜそのようにいわれるのでしょう。

天ぷらでもっとも重要なことは、衣が揚げ種全体を覆っていることです。なぜなら衣がない部分があると、食材と高温の油が接することになり、その部分だけ素揚げになってしまうからです。衣が連続的につながっていることで、食材としては間接的に加熱され、自らの水分で「蒸された」ように加熱されるのです。

衣はできるだけ薄く、油を含まないようにし、食べたときに軽い印象になっていることも重要です[63]。衣の気泡が密になっておらず、大きな気泡がところどころにある状態になっていると、おいしい食感として感じさせることができます。そのためには、衣の粘度は低くして、油に投入したらよぶんな衣を油に分散させる必要があります。衣に使う水については、硬度20と硬度1468の水で比較した研究から、硬度が高いほうが、もろく軽い衣に仕上がるという結果があるため[64]、水の硬度も影響するようです。

揚げる温度については、油に投入してから20秒までの水分蒸発を激しくすることで、大きな気泡を多くし、カリッとした食感にすることができるので、最初に温度が下がらないよう180℃以上で揚げるとよいという、研究の報告もあります[65]。もちろん、素材にどのように火を入れるかによって温度は調整する必要もあり、たとえば、新鮮なクルマエビなどレアでもよい場合は中心温度が低くなるように、高温短時間で揚げたり、サツマイモのようにでんぷん質のものは低温でゆっくり揚げるなどするとよいでしょう。

Q 131

# とんかつは、やはりラードで揚げたものがおいしいのでしょうか？

衣を軽く、カラリとさせる

とんかつを含むフライ料理は、パン粉によるカラリとした軽い食感が重視されます。

ある研究によると、ラードを混合した油で揚げたとんかつは、サラダ油のみで揚げたものとくらべて、揚げた後の重量が軽く、おいておくと油が多くしみ出していたことがわかりました[66]。これは、ラードを加えたほうが、揚げ油が衣に残っていないことを示しています。

さらに、ラードを加えたほうが、揚げた後の色も濃く、衣が硬くもろくなっていました。つまり、ラードによって、衣が軽く、カラリと揚がるのです。

たっぷりのラードで揚げるとんかつ

なぜラードを使用すると、揚げた後に衣から油が出ていきやすいかについては、よくわかっていません。精製ラードの融点は、JAS規格では43℃以下とされていますが、揚げている時点では融点を超えているために液体です。その物性がサラダ油と違っているためであろうとは想像できますが、今後の研究が期待されます。

Q 132

油通しのさまざまな利点

# 中国料理の油通しには、どんな意味がありますか？

中国料理には、強火のイメージがあるかもしれませんが、強い火力がその料理にとって重要というより、料理人が自分の思うタイミングで、自由自在に火を操りたいという目的で、強い火力が重宝されているのだと思います。そのために重視されているのが油通しで、これは野菜や下処理した肉などを、150℃程度の低温の油で加熱する技術です。油通しした食材は、その後炒め物や、揚げ物として調理されます。

油通しの効果は、詳細に研究されています[67]。ピーマンと白菜を用いた実験によると、野菜は、油通し後に炒めた場合重量減少が少なく、歯ごたえがあり、色が鮮やかに保たれていることがわかりました。また、鶏肉を用いた実験では、油通し後に炒めた場合、重量減少が少なく、こちらはやわらかくなっていました。中心温度の経時変化から、温度上昇がゆるやかで、最終的には炒め時間が短くなっていたこともわかりました。油通しは、油を多く使うため、家庭では代わりに湯通しを行っても、ある程度は効果があるともいわれます[68]。

中国料理の炒めものは「ホットサラダ」といわれるこ

上)エビを油通しし、油を切る
下)たれを熱してエビを戻し、からめてエビチリを仕上げるともありますが、サラダと表現したいくらい、野菜をフレッシュに食べさせることができます。最終的な炒め調理は、温度を上げて調味料を濃縮して具材にからめ、香りを立たせることで、おいしくさせるのが目的で、これが中国料理の炒め調理の特徴といえます。それを可能にしているのが、その前に行う油通しなのです。

［油通しがピーマンと鶏肉の硬さに及ぼす影響］

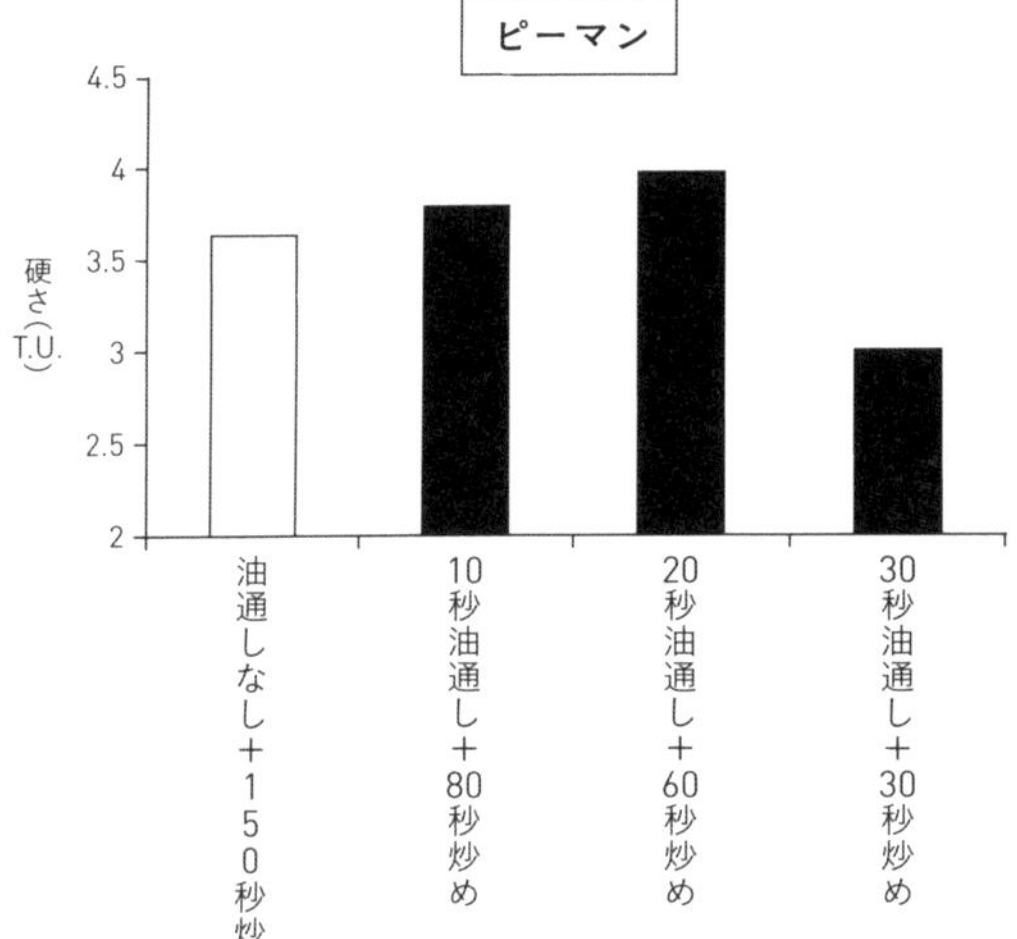


油通し温度：130℃

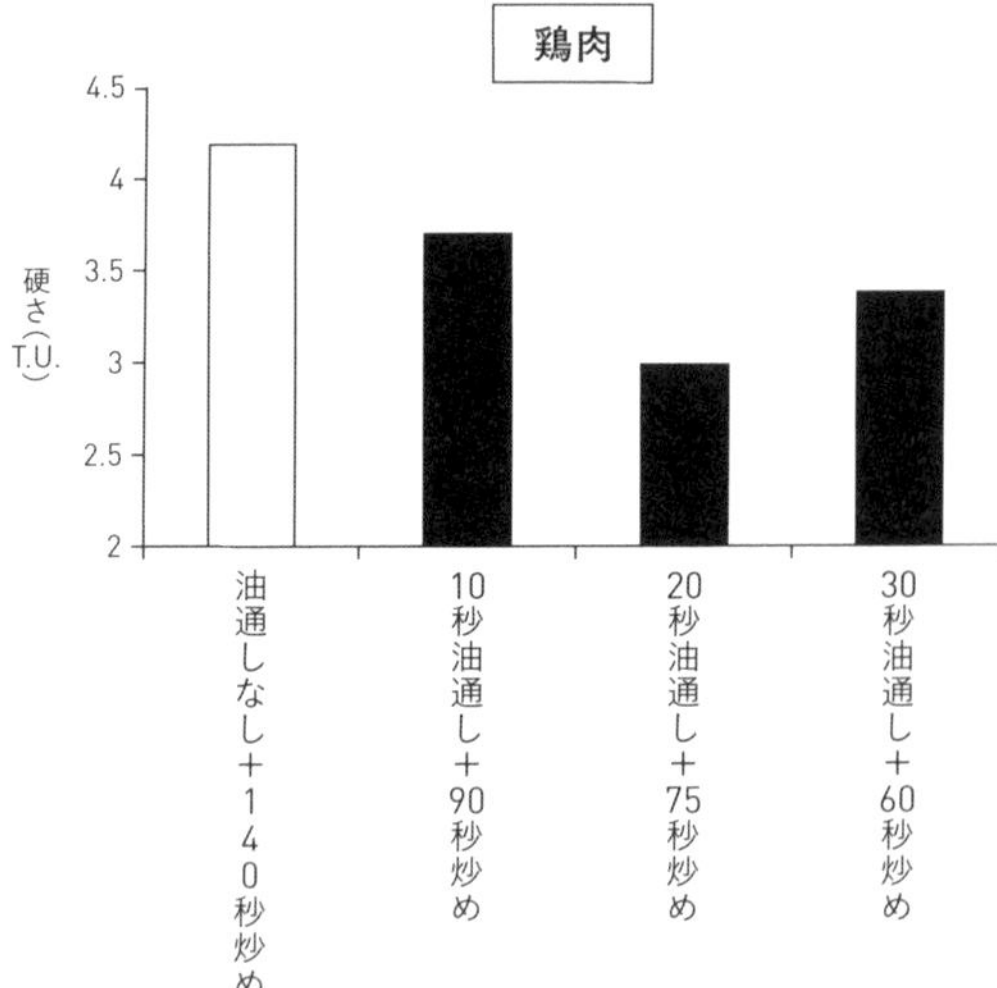


油通し温度：150℃

出典：松本睦子,＆吉松藤子.（1983）.炒め調理における油通しの効果について.調理科学,16（1）,40-46.よりデータ抜粋し著者作成

Q 133

## 燻製の仕組み

# 燻製の、香りのもとはなんでしょう？ また、どんな食材が燻製にむいていますか？

燻製は、木材などを燃焼させた際に発生する煙を食品に当てて、煙を付着させることで、香りや成分を食品に添加する技術です。ヨーロッパでは紀元前から行われていて、生肉の保存のために、塩漬けにして燻煙をかけていました。燻煙成分によって微生物の生育が抑制されたり、殺菌されるためです。燻製には、煙を使用せずに木酢液に浸ける方法と、煙を使用する方法があり、煙を使用する方法には、燻す温度によって冷燻法、温燻法、熱燻法があります。

木材を燃やすのと燻煙を発生させるのとでは大きな違いがあります。燃やすというのは木材を完全燃焼、つまり完全酸化させることで、熱が発生し、二酸化炭素と水が生じます。燻煙を発生させるということは、意図的に不完全燃焼をさせることで、それにより木材には熱分解という化学反応が起こります。木材の主成分は細胞壁を構成するセルロース、ヘミセルロース、リグニンですが、熱分解によってこのリグニンからは、香り成分であるフェノール類が生じます。

煙の成分は、粒径0・1〜0・2㎛（マイクロメーター）の微粒子で、食品の表面に結合すると水分に溶け込み、食品の内部に拡散していきます。燻製による香り成分は400種類以上あるとされ、そのうちフェノール類は75種類もの成分が知られています[69]。燻製の香り成分には脂溶性と水溶性のものがありますが、燻製らしい香り成分であるフェノール類には、水溶性の物質が多いようです。

燻製にむく食材、むかない食材については、煙の成分がつきやすいかどうかだと思いますが、食品の表面は、乾燥しすぎていても、湿りすぎていても、よくないとされています。おいしいかどうかは食経験に大きく依存しますが、もともとの香りが強い食材は、燻製の香りがつくことによって食材の個性が失われがちなため、燻製にする意図を考える必要があるでしょう。

# Q 134 煮物に調味料を加えるとき、砂糖は最初に加えるのがいいのでしょうか？

調味料を加える順番

いも類や大根などの煮物は、箸で切れるほどにやわらかいのに煮くずれていなく、調味料の味が中心まで染み込んでいるようにしたいものです。そのためには、でんぷんは十分に糊化し、細胞壁の接着材であるペクチンはある程度溶けて水溶化している必要があります。調味料は加熱後の細胞のほうが染み込みやすいため、日本料理で行うように、下ゆでした後、調味料に浸ける方法は煮くずれを防ぐ意味では理にかなっているでしょう。ただし、素材の香りは失われてしまうので、調味料でいきなり炊く「直炊き」を好む料理人も多いようです。

日本料理の植物性食品の煮物について、調味料を「さ・し・す・せ・そ」つまり、「砂糖、塩、酢、醤油、味噌」の順に加えるとおいしくなるといわれることがあります。その理由として、砂糖は分子が大きいために先に加えないと、味が染み込むのに時間がかかる、また、塩は分子が小さいから早く入る、酢や醤油、味噌は香りが揮発性なので、後から加えるほうがいい、などといわれます。

では、実験的に確かめるとどうなのでしょうか。1950年代から、加える調味料の順序について個別の研究がなされ、ジャガイモや大根について、砂糖や塩を、時間を決めて順に投入する実験が行われました。これらの実験から、塩はやわらかくする効果があり、加熱初期に加えたほうがやわらかくなる、砂糖はいつ加えても硬くする、酢も、ペクチンの分解が起こりにくくなるために硬くする、などの結果が報告されています[70][71][72]。

一方で、近年、行われた別の実験では、じゃがいもの炒め煮、さといもの含め煮、はなまめの煮物、かぼちゃの含め煮、なすの炒め煮、れんこんの土佐煮、たけのこの直煮、切干だいこんの煮物、ひじきの炒め煮、豚の角煮について、調味料を最初に同時に入れるか、砂糖、塩、醤油などの順に入れるかで、味わいや硬さに違いはなかったことが報告されています。[73] したがって、家庭では調味料をすべて合わせて直炊きする調理で、十分おいしい料理ができ上がるはずです。だしやうま味についての研究は見当たりません。

酢や醤油、味噌については、香りの揮発の観点から後から加えたり、2段階で加えたりするのは納得がいきますが、前述のように砂糖と塩について実験的に確かめた結果を見るかぎり一概にはいえず、料理や条件によって異なり、結論は出ていないといえます。

Column 8

# 調味料の役割

料理で重要なことは、「素材の味を活かす」ことだとよくいわれます。これは、調味料を使わずに、素材そのものを調理加工して食べることが重要ということなのでしょうか？

人体にとって重要なのは栄養素です。その栄養素を供給してくれる食材には、たんぱく質や炭水化物、油脂、微量栄養元素などとともに、たとえば植物の場合は、人体にとって有害なアルカロイドなどの成分を含むものもあります。人間はそのような自然の中から、必要な栄養素を選び取る必要があるのです。味覚はその役目を担っていますが、たんぱく質や炭水化物は分子量が大きいために受容体に結合することができず、その分解物であるアミノ酸や糖を知覚することで、対応する栄養素が摂れるという保証を得ていると考えられています。そして、私たちが必要な栄養素を摂るために、食べる動機になる「おいしさ」は重要な役目を果たしています。

食材に含まれるアミノ酸や糖の濃度が高ければ、それだけでおいしいこともあるでしょうが、そうでない場合には、その食材をおいしくするために、調味料によって栄養素の情報、つまり基本味情報を補強してきたといえます。塩に関しては、ミネラルのシグナルですが、体内の塩分濃度は厳密にコントロールされる仕組みがあるにもかかわらず、「なくなってはこまる」と、強く嗜好されてきました。

さらに味成分には感じる「閾値（いきち）」があります。味成分の濃度が閾値を超えないと、私たちは味を感じないのですが、調味料は閾値を超えさせることができるのです。それによって食行動が誘発され、栄養素を摂取できるようになります。一方で、調味料が容易に手に入るようになった時代以降は、簡単においしくなることから、素材よりも調味料の味のほうが主となるような料理を作ることもできるため、「何の素材を食べているのかわからない」という料理もできてしまいます。

「素材の味を活かす」ことが重要といわれるのは、調味料の適切な使用にも関わることであり、栄養が足りない時代には食欲を増すように使い、過剰栄養の時代には適切に使うことで食欲をコントロールしていくといった、知恵が重要だといえます。

# Q 135

## 魚に塩をするとうま味を強く感じます。たんぱく質が、分解されているのでしょうか？

### 塩はたんぱく質を分解しません

日本料理では、魚に塩をしてしばらくおくことで「うま味を増す」という作業があります。確かにうま味を強く感じますが、その理由は、魚の筋肉たんぱく質が分解されてアミノ酸ができたためではありません。

たんぱく質を分解するにはたんぱく質分解酵素が必要で、塩ではたんぱく質は分解しないためです。魚に塩をすると、筋肉の表面で吸湿した塩は濃い食塩水となります。それによって筋細胞の細胞膜で浸透圧が生じ、筋細胞からアミノ酸などが含まれる水分がしみ出てきます。魚に塩をして出てくる水は、単なる水ではなく、アミノ酸などを含む細胞質液なのです。これにより表面にアミノ酸が付着し、塩分もあるためにうま味を強く感じると考えられます。しばらくおく間に、たんぱく質分解酵素が働いて、たんぱく質がアミノ酸に分解され、うま味として感じられることも考えられます。つまり、塩をしてうま味を強く感じる、というのは正しいのですが、その理由が、「塩でたんぱく質が分解したから」ではないということです。

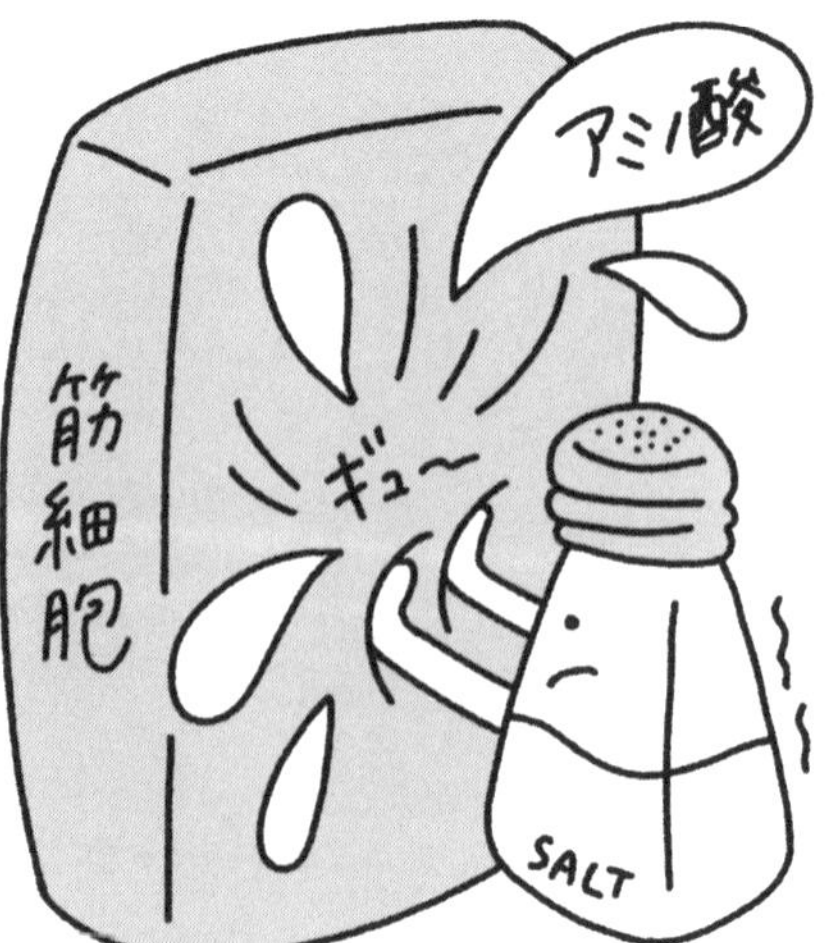

Q 136

味の対比効果

# お汁粉やスイカに塩を少し加えると、より甘く感じるのはどうしてでしょう?

甘いものに塩を少し入れて、甘味と塩味を同時に味わうと、甘味を強く感じるといわれます。お汁粉やスイカ、トマトなどに塩を少量添加して食べると実感できると思います。これを「対比効果(同時対比)」といいます。10%ショ糖溶液でも、25%ショ糖溶液でも、食塩を0・15%加えたときがもっとも甘く感じます[74]。

この対比効果は、舌の上で甘味物質と塩が化学的な反応を起こして生じるわけではなく、それぞれが別々の受容体によって知覚され、脳で情報処理するときに起こる、ある種の錯覚であると考えられていますが、詳細なメカニズムは明らかになっていません。

対比効果は、色彩に関する心理的効果としてもあり、「色対比効果」といわれます[75]。色を光の波長の順で円環状に並べた色相環と呼ばれるものがありますが、この色相(*)についていえば、違う色相のものを組み合わせて見た場合、片方がもう片方の色相の影響を受けて、実際より色相の隔たりが大きく感じられることがあります。他にも、色を組み合わせて見たときに、単独で見たときとは違って見えるさまざまな現象が知られています。

味覚に対しては、このような現象をそのまま適用することはできないため、別の心理的効果の可能性を考える必要があるでしょう。

*色相:赤、青、黄といった、色味のこと。

Q
137

味つけ以外の効果

# パスタをゆでるときに、塩を加えるのはなぜですか？

日本のうどんは、たんぱく質を9％程度含む中力粉に水と塩を加えて練ることで、グルテンという網目状のたんぱく質を作り、コシを出します。イタリア料理のパスタは、さまざまな種類、作り方がありますが、一般的な乾燥パスタの場合、デュラム小麦という13％程度もたんぱく質を含む小麦の粉が使われますから、塩を入れる必要はありません。また、乾燥パスタに求められる食感として（イタリアでは地域にもよりますが）、「アル・デンテ」という歯ごたえのある状態がよいとされ、中心まで十分に吸水していない状態が好まれます。

パスタのゆで水に、塩を加えるべきかどうかについては、塩に味つけ以外の効果があるのかが議論の的です。近年の研究では、2％以上の塩を加えた湯でゆでると、パスタの硬さは増し、表面の付着性が落ちてくっつきにくくなった、という結果が報告されています。[76] これは、濃い塩分によって、パスタの吸水がおさえられたためと考えられました。

塩分濃度が0・5～1％では、下味つけとしての役割はあるものの、パスタの硬さに影響はないようです。[77][78] 2％を超える塩分濃度では、パスタの硬さに影響はありますが、塩味が強いという欠点があります。その場合、シェフによっては、別の鍋で湯を沸かしておき、パスタ表面の塩分を洗い落とす方法をとり

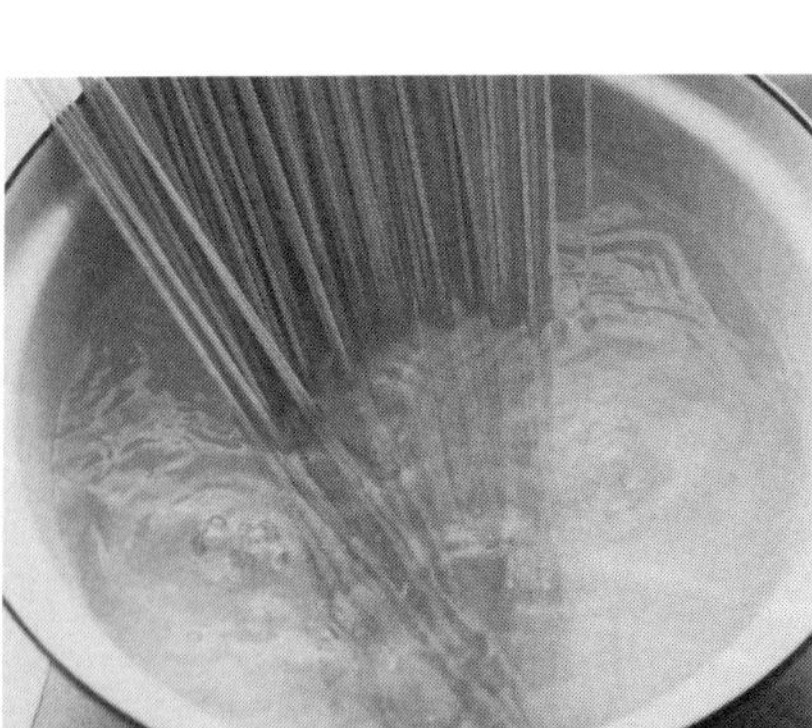

塩を加えた湯で、スパゲッティをゆでる

ます。

パスタは、最終的には、ソースとのからみ具合が重要です。ゆで上げた後にソースとからめて最終的にアル・デンテにするには、ソースをどの程度パスタに吸収させるかを含めて総合的に考え、オペレーションを決めるとよいでしょう。

［ゆで湯の食塩濃度とスパゲッティの硬さ］

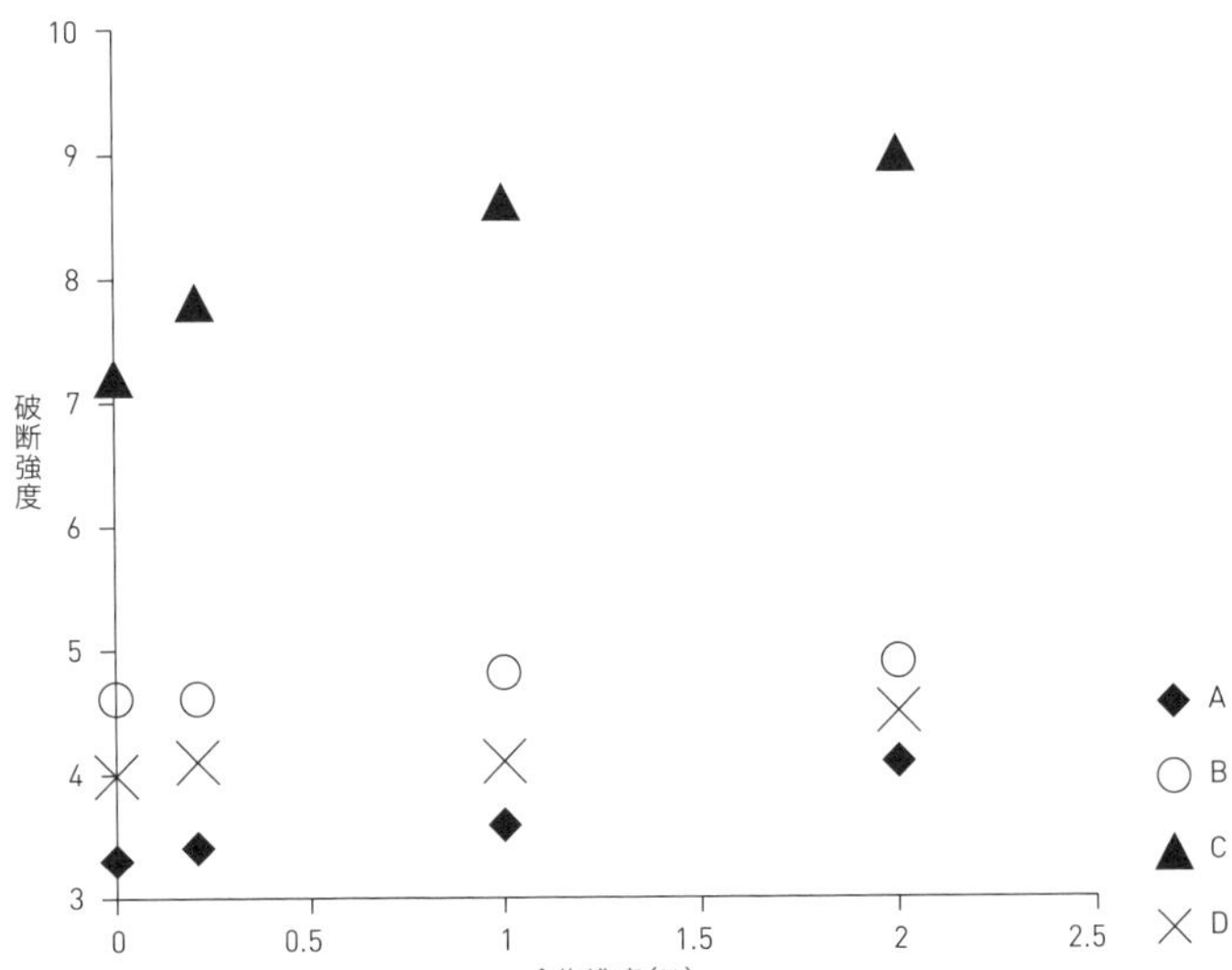


4種のブランド(A,B,C,D)のスパゲッティを7分間ゆでて硬さ(破断強度)を測定

出典：Sozer, N., & Kaya, A. (2008). The effect of cooking water composition on textural and cooking properties of spaghetti. International Journal of Food Properties, 11(2), 351-362.より

Q 138

塩の輪郭

# 味を決めるときに、塩で輪郭がでるような気がするのはなぜですか？

味の輪郭という表現がよく使われます。これは科学的に考えるとどういうことでしょうか？　味成分の濃度とおいしさの関係を考えてみます。五基本味において、甘味以外の味は、一定以上の濃度ではすべて不快とされます。また、カツオ節でとっただしを使ったすまし汁にグルタミン酸ナトリウムと食塩を加えたものの官能評価では、グルタミン酸ナトリウムも食塩も添加していくと、ある程度までおいしく感じられるのですが、添加しすぎると、強すぎておいしくなくなっていきました[79]。

このことから、味成分を増やすほどおいしさが増すわけではなく、ある濃度が最適で、それ以上でも以下でもだめだということだと考えられます。とくに、塩の濃度は、人間の体液の塩分濃度である0・9％付近がもっともおいしいと感じられるといわれています。塩分濃度は体内で厳密にコントロールされており、それを変化させない濃度の塩を好むようになっているのでしょう。この、ちょうどよい濃度が明確に決まっているところが、まるで「輪郭」があるように感じる理由ではないでしょうか。いったんは多めに入れてみて、入れすぎを実感してはじめて、適切な濃度がわかるようになると思われます。

[すまし汁にグルタミン酸ナトリウムと塩を入れたときのおいしさ]

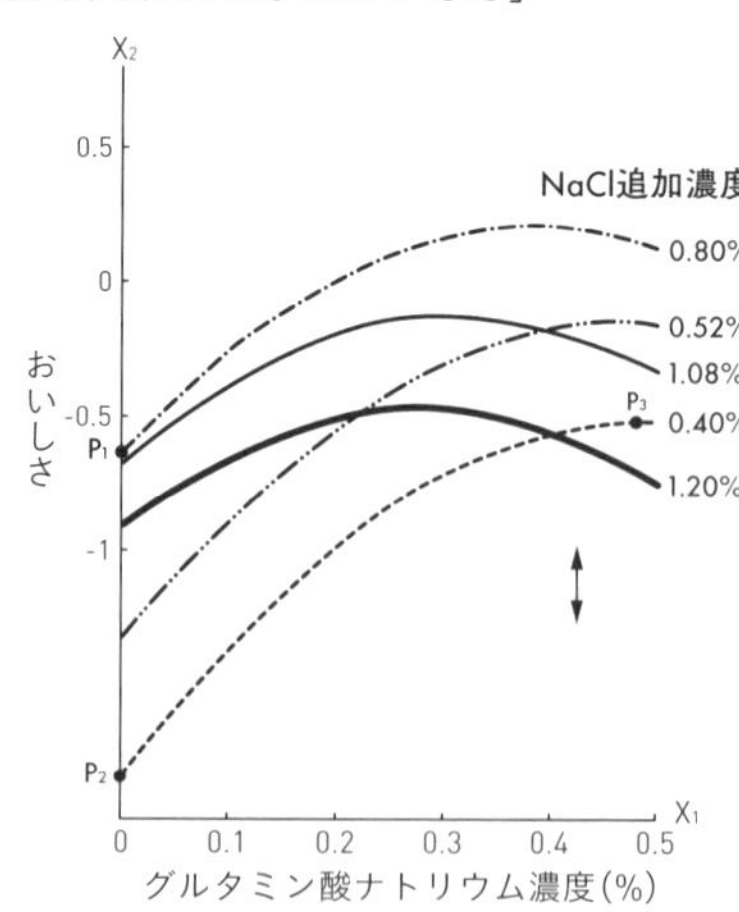


すまし汁のおいしさをまったくおいしくない(－3)から非常においしい(＋3)で評価

出典：YAMAGUCHI, S., & TAKAHASHI, C. (1984). Interactions of Monosodium Glutamate and Sodium Chloride on Saltiness and Palatability of a Clear Soup. Journal of Food Science, 49(1), 82-85. より日本語訳

Column 9

# 塩の種類と特徴

塩は料理の基本です。特に味つけにおいて、塩の濃度はもっとも重要です。それは、動物である私たち人間の体内の塩分濃度は、厳密に0・9％に制御されており、それ以上にもそれ以下にもならないようになっているため、舌で味わうときに、体内の塩分濃度を変えないものをおいしいと感じるためです。また、調理の際も、浸透圧を高めて食材から水分を出したり、塩溶性たんぱく質を溶かしたりと、塩はさまざまな役目を果たしています。

日本で購入できる塩には、いくつかの作り方があります。世界では、岩塩が主流で世界の塩生産量の⅔を占めています。残りは、天日塩など海水を原料としたものです[80]。

岩塩も、もとは海水で、長い年月をかけて岩塩となります。地中で結晶化するために、まわりの不純物を取り込むことが多く、色がつくことが多いようです。日本で岩塩がとれるところはありません。日本に輸入されるものは純度が高く、塩化ナトリウム99・5％以上で、結晶が硬く溶けにくいため、ミルで削って肉などに使うのにむいています。

天日塩は、メキシコやオーストラリアの塩田で、海水を引き込み、太陽熱と風によって水分を蒸発させて塩を結晶化させています。

溶解・立釜法による塩は、日本において、外国から輸入した天日塩を水に溶かして砂などの不純物を取り除いてから、煮詰めて塩の結晶を作ります。

イオン膜・立釜法による塩は、イオン膜を利用して、海水のNa（ナトリウム）などのプラスイオンと塩化物（Cl）などのマイナスイオンを濃縮して濃い塩水を作り、それを煮詰めて塩の結晶を作ります。

このように、塩の作り方には違いがあり、それによって、含まれるにがりの濃度に違いが出てきます。海水の成分は、海域や深度によって差がないことがわかっていますので[81]、成分の違いは作り方の違いによるものです。

塩味は、塩化ナトリウムによってしか感じないため、にがりを含む塩をなめると、「まろやか」に感じることがあります。[82] にがり成分は、塩化マグネシウムが主で、他に硫酸マグネシウムや塩化カリウム、硫酸ナトリウムなどが含まれます。各成分が、塩化ナトリウムの水溶液（食塩水）の塩味にどう影響するかを調べた研究では、塩化マグネシウム、硫酸マグネシウムは塩味を弱く感じさせましたが、塩化カリウム、硫酸ナトリウムは、強く感じさせたということです。味の感じ方には、さまざまな要因がからむため、塩だけで味の複雑さを与える必要はありませんが、塩だけで調味したい場合には、にがり成分の特徴を調べて塩を選ぶといいでしょう。

日本料理では、にがりを含んだ塩しかなかった時代に、卵の殻を使ってにがりを除く技術がありました。いったん塩を水に溶かして卵の殻を入れて加熱することで、にがりの成分が卵の殻に付着し、それを取り除くことで、にがりを除いたのです。

またそれに付随し、このように煮詰めた飽和した食塩水を水塩と呼び、これを椀物の味つけに使うことも行われてきました。すでに塩が溶けているため、だしに粒の塩を入れて溶かすよりも、味が決まりやすいという利点があります。純粋な塩が入手できる現代では不要かもしれませんが、技術が発展する一方で、失われていく技術もある、ということは記憶に留めておきたいところです。

天日塩

海塩

フルール・ド・セル

岩塩

Q
139

砂糖とみりんの違い

# みりんがないときは、代わりに砂糖を使ってもいいですか？

みりんとは、蒸したもち米に米麹を合わせ、焼酎を加えて発酵させたものです[83]。もち米のでんぷんが麹菌のでんぷん分解酵素で分解してブドウ糖などになり（糖化）、甘味のもとになります。最初からアルコール度数が高いため、酵母菌によるアルコール発酵がおさえられ、糖がアルコールに変わらないために糖の濃度が高く、40～50%にもなります。みりんに含まれる糖はショ糖ではなく、ブドウ糖を主に、二糖類やオリゴ糖など多種類の糖で構成されています。さらに、アミノ酸やペプチドも含まれます。熟成の過程でこれらのアミノ酸や糖が反応し、メイラード反応が起きるため、独特の香りをもちます。

甘味をつけることが目的の場合は、みりんの代わりに砂糖を使っても、甘味の質は違いますが、大きな問題はないでしょう。ところが、みりんには、含まれる糖やアルコール、メイラード反応により、照りやツヤをつける（糖による）、煮くずれを防止する（アルコールによる）、消臭する（アルコールとメイラード反応による）、などの働きがあり、煮物などにはこれらの効果を期待して使うことがあります。その場合は、砂糖では代用できないため、みりんを使うことをおすすめします。

Q
140

特徴を活かして

# 砂糖とハチミツは、同じように使えますか？

砂糖は科学的にはショ糖といい、ブドウ糖と果糖が1分子ずつつながったものです。一方、ハチミツの甘味成分は、ブドウ糖と果糖です。花の蜜はショ糖なのですが、ミツバチが自分の消化酵素でショ糖をブドウ糖と果糖に分解してため込むのです。ブドウ糖や果糖はショ糖よりも甘味が弱く、質も違います。またハチミツには香りもあります。つまり、料理に使う場合、砂糖とハチミツは甘味という意味では質と強さが異なり、香りも異なるということです。同じように使えますが、ハチミツを使う場合は、その風味の特徴を活かすようにするとよいでしょう。また、ブドウ糖と果糖はメイラード反応が起きやすい糖であるため、アミノ酸と加熱すると、みりんと同様に、消臭効果が期待できます。

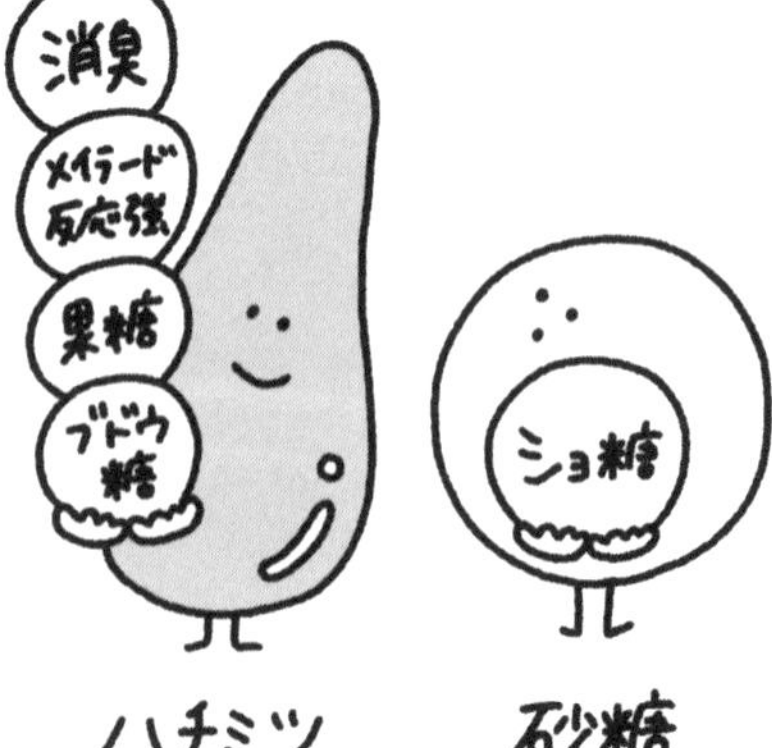

Q 141

# 人工甘味料は、カロリーゼロなのにどうして甘いのでしょう？

甘味を感じさせる、糖以外の物質

甘味受容体は、1種類しかありませんが、甘味受容体に結合して甘味を感じさせる物質は、砂糖などの糖以外にも多くあり、不思議なことに分子の大きさや構造は多様です。アミノ酸であるアラニンやグリシンも甘味を感じさせますし、アスパルテームやサッカリン、アセスルファムK、スクラロースなどは、甘味料として発見された物質です。

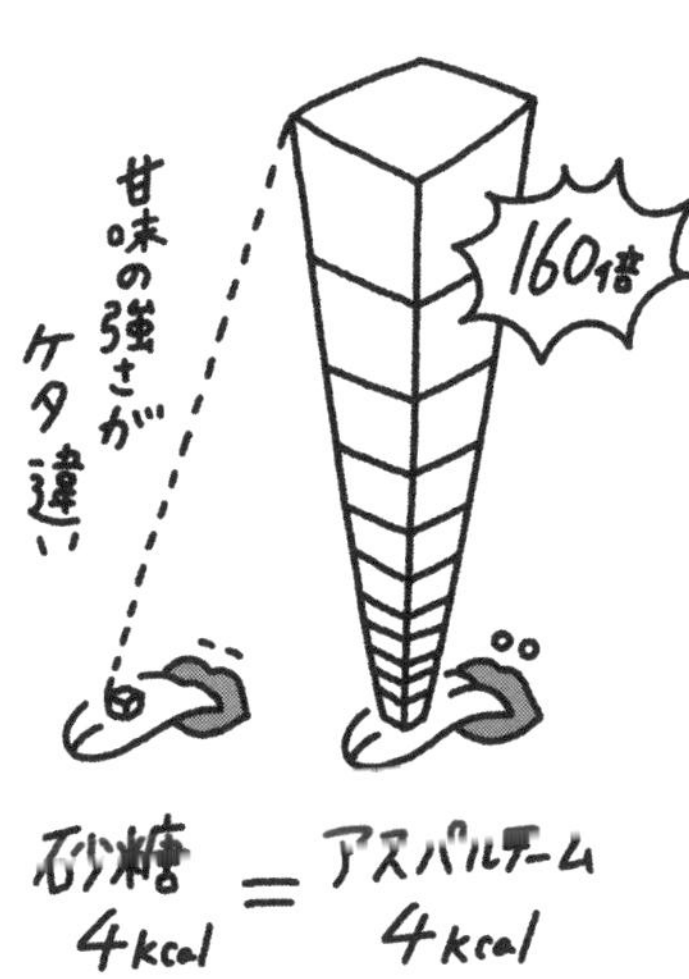


アスパルテームは、アスパラギン酸とフェニルアラニンという2種類のアミノ酸が結合したペプチドです。1gあたりのカロリーは、たんぱく質や砂糖と同じ4kcalですが、閾値（いきち）は0・0028％と低く、砂糖の160倍の強さがあります。そのため、使用量が少なくてすむという理由で、食べてもほとんどカロリーをとることにはならないのです。[84] サッカリンやアセスルファムK、スクラロースも、砂糖の何百倍もの甘味強度をもつため、普通の甘味づけ程度に使う濃度であれば、カロリーをゼロとして表示してよいレベルになっています。

# Q 142

## 塩味が濃くなりすぎたときのリカバリーに、甘味を使うのはなぜですか？

塩味と甘味の関係

塩味は最適な濃度範囲が、生理的食塩水である0・9%あたりにあり、濃すぎても薄すぎてもおいしくありません。したがって、塩味を決めるのは難しいものです。とくに醤油など複合的な味や風味をもつ調味料は、つい入れすぎてしまうかもしれません。水で薄めてしまうと、全体が薄まってしまうため、砂糖などの甘味を使うと食べられるということなのでしょう。

五基本味において、甘味以外の味は、一定以上の濃度ではすべて不快とされるということが、研究によって示されています[85]。これは、甘味が少し特別な味質で、エネルギーを得ようとする欲求が強く、ある程度他のことを犠牲にしてでも摂りたいというように進化してきたのかもしれません。実際、身体の大きな猿ほど苦味の閾値（いきち）が高い、つまり少々苦くても、エネルギーを得られれば食べるという採食戦略をとっている、ということを示した研究もあります。

研究として少し極端な例ですが、1・87%という濃い食塩水の塩味が、19・2%というかなり甘い砂糖の味によって82・6%も弱く感じられた、という結果も報告されています[86]。これは単純水溶液の実験ではありますが、強い甘味が強い塩味を弱く感じさせるという料理としては、すき焼きのようなものが想像されます。ただし、あくまで塩味を「弱く感じさせる」ということであり、食塩としては身体に入ってしまいますから、量は多くならないように気をつけなければいけません。

Column 10

# フランス料理には、砂糖はほとんど使われない？

日本料理や中華料理では砂糖を料理に使いますが、フランスでは砂糖を料理に使うことはほとんどありません。ガストリックという、砂糖を酢と一緒に焦がしたものはありますが、これは苦味と酸味とメイラード反応の香りのするもので、甘いわけではありません。ソースなどのコクづけに使われます。

2017年のデータでは、フランスの一人あたりの砂糖消費量は38・8kgで、日本は15・3kgでした[87]。料理に砂糖を使わないのに、砂糖消費量が日本より多いということは、デザートに使われているのだろうと想像できます。フランスのお菓子は日本より甘い印象があるのは、みなさん実感されていると思います。日本のお菓子は世界でも珍しくあっさりした甘味ですね。

その理由は、研究レベルでわかっているわけではありませんが、血糖値が関係している可能性も考えられます。血糖値は、甘味を感じると高くなります。日本料理では、料理の中で砂糖を使うために血糖値が高まります。フランス料理では甘い料理はなく、炭水化物であるパンは食べますが、血糖値の上昇は日本料理よりも緩やかであると考えられます。そこで、最後にデザートで甘いものをしっかり食べたくなるのではないかと想像できます。

Column 11

# 砂糖の種類と特徴

砂糖とは、物質としては、ほぼショ糖です。ショ糖というのは、ブドウ糖の分子と果糖の分子が結合したものです。この結合を分解できるのは、酵素だけです。

［おもな砂糖の種類］

**●グラニュー糖**

ショ糖を99・95％含み、上白糖よりも結晶が大きい砂糖です。

**●白ざら糖**

ショ糖を99・99％含み、結晶がグラニュー糖よりも小さく、純度が高い砂糖です。

**●中ざら糖**

ショ糖を99・95％含み、黄褐色の砂糖で、グラニュー糖よりも結晶が大きい砂糖です。表面にカラメルをかけているので、独特の風味があります。

**●上白糖**

ショ糖を97・8％含み、ショ糖にブドウ糖と果糖をまぶして製造されているため、水分が保持されてしっとりとし、ショ糖のみよりも甘味が強いとされます。

**●三温糖**

95・4％とさらにショ糖の割合は低くなりますが、ミネラル分が多いわけではなく、ブドウ糖、果糖と水分を含みます。カラメルの風味がつけられている場合もあるようです。

**●和三盆**

ショ糖を99・8％含む高純度な砂糖で、粒が細かく口溶けがよく、しつこくないため高級和菓子に使われます。サトウキビの絞り汁を、不純物を除きながら煮詰め、冷やして得られるかたまりに水を加えて練り、砂糖の粒子を細かくします。これを「研ぐ」といいます。その後、麻の布に詰めて重しをかけて、糖蜜を抜く作業を繰り返して白くしていきます。

**●黒砂糖（黒糖）**

サトウキビの絞り汁を煮詰めたもので、結晶と糖蜜の分離をまったく行わないものです。黒砂糖のショ糖の濃度は85％程度しかありません。

**●カソナード**

フランス菓子などで使われます。サトウキビの絞り汁を煮詰めたものですが、結晶と糖蜜の分離はある程度行われており、赤砂糖とも呼ばれます。

## ［その他の甘味料］

メイプルシロップは、サトウカエデという樹木の樹液を煮詰めて濃縮したもので、甘味成分はショ糖です。ハチミツはブドウ糖と果糖が主成分です。花の蜜はショ糖が主成分ですが、ミツバチがショ糖を分解しているのです。

白ザラ糖

グラニュー糖

上白糖

中ザラ糖

黒砂糖

三温糖

Q 143

# 酢の物をおいしく作るには？

酢かどを取り、合わせ酢を工夫

酢の物は、さまざまな野菜や魚介類を下処理し、さっぱりとした酸味で食べさせる料理です。きゅうりとわかめの酢の物などは、暑い夏にぴったりでしょう。

調理としては、野菜に塩をして浸透圧によって脱水して食感を変え、酢と砂糖やだしを合わせたものを加えて作ります。基本的には、酢の酸味成分は揮発性の酢酸なので、きつい酢の風味（酢かど）がありますが、塩や砂糖、だしなどを合わせることで、酸味を弱く感じ、酢かどが取れます。

合わせ酢には、工夫のしがいがあり、酸味のために酢を使うだけでなく、柑橘類の汁も合わせることで、香りが豊かになります。吉野酢は甘酢に葛などでとろみをつけたもの、緑酢はキュウリの皮をおろして合わせ酢に入れたもの、ショウガの絞り汁を入れてもよいでしょう。黄身酢といって卵黄を使ったものや、すりごまを入れたものなど、さまざまに発展していますから、素材に合わせて楽しめます。

きゅうりとわかめの酢の物

Q 144

酸味と甘味の関係

# いろいろな国に甘酸っぱい料理があります。酢だけだと飲めないのに、甘酢にするとおいしく味わえるのは？

酸味と甘味の間には、互いに弱く感じさせる、抑制効果が生じます。閾値（いきち）程度の少量の酢酸であっても、甘味を抑制し、酢酸を増やすとさらにそれだけ甘味が抑制されます。また、酸味のほうも、ショ糖を添加することで弱く感じますが、酸味はpH（p.212参照）によるので、0.3％以上の酢酸濃度であれば、大量のショ糖を添加しても酸味はなくならないようです[74]。

中国料理の甘酢、日本料理の三杯酢、イタリア料理のアグロドルチェなど、甘味と酸味をうまく合わせた「甘酸っぱい」料理はいろいろな国に存在します。なぜ甘酢が好まれるかを証明するのは難しいですが、生理学的に考えると、甘味はエネルギーのシグナルであるため、多く摂りたいものですが、それだけでは飽きてしまうため、酸味が活用された可能性はあります。酸味があることによって甘味を弱く感じるとともに、酸味もほどよく感じられるので、しつこさも軽減される、というようなことは考えられるでしょう。今後の研究が期待されます。

上）黒酢の酢豚
下）三杯酢を使った夏野菜の酢の物

# Q 145

# レモンがないとき、酢で代用してもよいですか？

## いろいろな違いがあります

レモン汁と酢は、どちらもpH(*)が2～3程度で、酸性です。酸味を感じるのも同様ですが、酸味物質が異なります。レモン汁の酸味はクエン酸という物質で、加熱しても蒸発しません。レモン汁の香りは、シトラールなどの香気成分によります。

酢は、穀物や果物をアルコール発酵させた後に、酢酸発酵させて作ります。それによって酢酸という酸味物質が生成され、それが酸味を感じさせます。酢酸は揮発性なので、常温でも匂いを感じます。加熱すると蒸発し、酸味としては弱くなります。「加熱して酸味を飛ばす」ことができるのは、酢酸を含む醸造酢であり、レモン汁を加熱しても酸味を弱くすることはできません。また、魚をマリネする際に、レモン汁のほうが穀物酢よりも早くやわらかくすることができる、ということを示した研究もあります[88]。

酢にもさまざまな種類があるように、柑橘系の果物も多くあり、それぞれ香りが異なります。料理によって使い分けることが重要だと思われます。

*pH（ピーエイチ）：水素イオン濃度指数。酸性・アルカリ性の度合いを示す数値で、0から14の数字で表される。pH7が中性で、それより小さいほど酸性、大きいほどアルカリ性となる。

[酢とレモン果汁による
サバの硬さ経時変化]

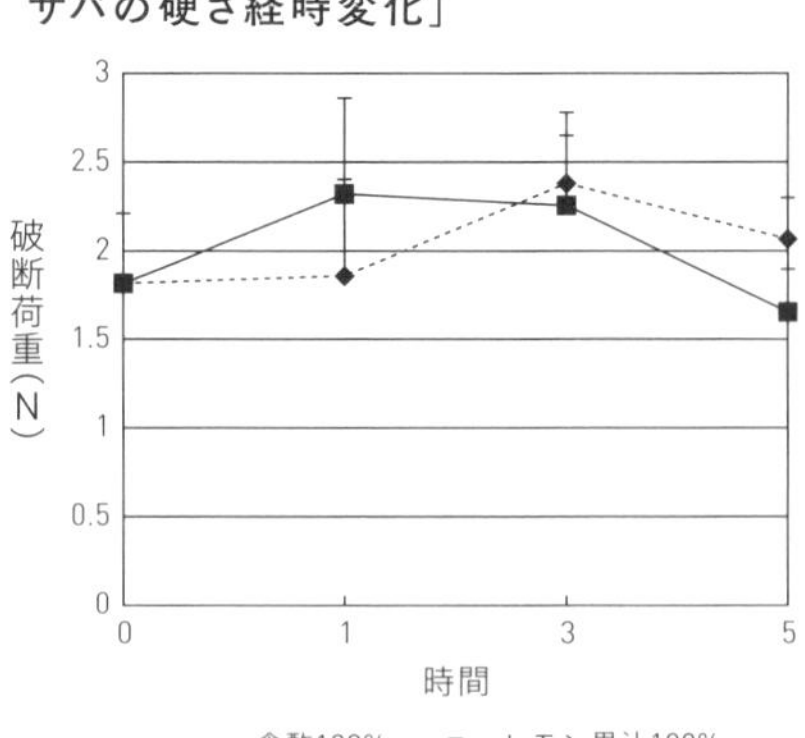


5％の塩をして冷蔵庫で20時間放置後、食酢またはレモン汁でマリネ。

出典：田中 智子,森内 安子,遠 牧子,森下敏子,魚肉の硬さと食味に及ぼすレモン果汁と食酢の効果,日本調理科学会誌, 2003,36巻,4号,p.382-386より

Column 12

# 酢の種類と特徴

食酢は、醸造酢と合成酢に分類されます。醸造酢は、米、麦やその他の穀類、酒粕や果実を原料として酢酸発酵させたものです。[89] 糖類からアルコール発酵させてアルコールを作り、酢酸菌がアルコールを酢酸に変える酢酸発酵をさせます。酒があるところには、それに付随した酢があると考えてよいでしょう。

## ［おもな酢の種類］

**●米酢**

米を原料とした日本独特の酢です。米のたんぱく質に由来するアミノ酸が多いため、うま味があり、日本料理に欠かせません。

**●粕酢**

清酒の粕から作られます。酒粕を1年以上熟成させることで、メイラード反応を起こしたものを原料とするため、色が赤く、赤酢ともいわれます。中国にも、もち米から作った紹興酒の酒粕を原料にした、鎮江香酢があります。

**●麦芽酢**

大麦の麦芽を原料とした酢で、欧米でモルトビネガーと呼ばれます。

**●リンゴ酢**

リンゴを原料とした酢で、酢酸以外に、リンゴ由来のリンゴ酸やクエン酸などを含み、シードルビネガーと呼ばれます。

**●ブドウ酢**

ブドウを原料にした酢で、赤ワインまたは白ワインを原料にしたフランスの酢は、それぞれ赤ワインビネガー、白ワインビネガーと呼ばれ、イタリアにはブドウ果汁を煮詰めたものを原料としたバルサミコ酢、スペインには酒精強化ワインであるシェリー酒を原料としたシェリービネガーなどがあります。

## Q 146

# 醤油をフランス料理で使うには、どうすればよいでしょうか？

### 発酵の香りはじゃまになることも

日本の醤油は、江戸時代から西洋に輸出されており、現代ではフランスのフランス料理店でも使われているほど、一般的になってきています。ただし、今でも日本人のフランス料理シェフは、醤油を使うことに抵抗があるようです。やはり日本人としてフランス料理を作るなら、まずはフランスの伝統的な料理を出せるようにならなければいけないという意識が強いからでしょう。しかし、現代では多くの日本人がフランス料理人として、フランスでも活躍しており、日本人としてのフランス料理を創造してみることも可能だと思います。そのためにも、日本の調味料を深く理解することは重要で、そのひとつとして醤油の使い方をあらためて考えてみる価値はあります。

醤油は、塩味とうま味、メイラード反応でできた香ばしい香りと発酵による独特の香りが特徴です。メイラード反応は、フランス料理でもひじょうに重要であり、肉をローストしたり、焼いた骨でだしをとってソースを作ったりする際に、多く活用されます。一方で、発酵による香りは醤油らしさに重要なのですが、フランス料理としてはじゃまになることもあるかもしれません。その場合は、加熱によって香りを蒸発させたり、ハーブやスパイスなどと組み合わせて新たな香りにすることができるとよいでしょう。

醤油にも多くの種類があり、香りの強さもさまざまですから、香りの特徴を重視して選ぶことで、使いやすくなると思われます。

Q 147

# 魚醤は醤油と同じように使えますか？

独特の香りを活かす

魚醤とは、魚介類を塩と混ぜ、魚の自己消化酵素で筋たんぱく質を分解してアミノ酸を作らせ、好気性細菌によって発酵させた液体調味料です。うま味は強いのですが、独特の香りが強いものが多いため、その地域の特徴的な調味料とされることが多いのです。

日本には、秋田県のしょっつる（塩汁）、奥能登のいしる（魚汁）、香川県のいかなご醤油があります。東南アジアでは、タイのナンプラー、ベトナムのニョクマムのほか、各国で作られています。古代ローマでも、イワシからガルムと呼ばれる魚醤が作られていました。現在はアンチョビなどが、その名残りとなっていますが、イタリア南部では、ガルムの流れをくむコラトゥーラという魚醤が、現在も作られています。

このように、塩味とうま味が強い液体調味料という点は醤油と同じですが、独特の香りが強烈なものが多いため、同じように使うというよりは、その魚醤が生まれた土地で、伝統的に作られてきた料理のよさを学び、そこから発展させることで、独特の香りを活かせるような料理を考えるとよいでしょう。

Column 13

# 醤油の種類と特徴

醤油は、世界中に広まった調味料で、味や風味をつけるだけでなく、素材の臭みを消したり、殺菌・保存効果もあり、醤油を使いこなすと料理の幅が広がります。

JAS（日本農林規格）で決められた分類では、おもに原料の割合や製造方法、塩分濃度の違いにより5種類に分けられます。等級が3段階に区分されますが、これは、アミノ酸の指標となる全窒素分によります。等級が高いほどアミノ酸が多いため、うま味が強いと考えてよいでしょう。

**［おもな醤油の種類］**

●**濃口醤油**……蒸した大豆と煎った小麦を砕いたものを合わせて、種麹を加えて発酵させます。これを麹（醤油麹）といいます。そこに食塩水を加えて、諸味（もろみ）とします。ここで麹菌の繁殖は止まり、麹菌が作ったたんぱく質分解酵素とでんぷん分解酵素が働きはじめて、たんぱく質がアミノ酸になり、でんぷんが糖になります。その後、発酵熟成させることで、乳酸菌と酵母が活動しはじめ、酸味や香りを作り出します。これを絞って得られるのが生醤油で、一般的には、加熱（火入れ）をして、酵素の働きを止めて品質を安定化させます。

●**薄口醤油**……濃口醤油と同様蒸した大豆と炒った小麦を使いますが、食塩水を多くしたり、温度を低くしたりすることで発酵熟成をおさえ、色づきをおさえた醤油です。色が薄くても味がつくように、塩分は高めになっています。

●**たまり醤油**……ほぼ大豆のみで作り、色や味が濃厚なものです。

●**白醤油**……ほぼ小麦のみで作り、色が薄く、甘味が強い醤油です。

●**再仕込み醤油**……麹を仕込む間に食塩水の代わりに醤油を使った醤油で、濃度が高く、強いうま味が特徴です。

# Q 148 さば味噌を作るとき、味噌を加えるタイミングは？

臭みをおさえるなら最初から

サバは、トリメチルアミンや不飽和脂肪酸を多く含む魚です。トリメチルアミンは魚の臭みとして感じられ、不飽和脂肪酸は酸化しやすいために、傷みやすいのです。さばの味噌煮は、この臭みの出やすい魚を、味噌を含んだ煮汁で煮ることで、臭みをおさえた調理であるとされます。

実際、味噌の添加により、トリメチルアミンなどの揮発性成分の揮発がおさえられることがわかっています。[90] さらに、味噌を水で薄めて遠心分離し、臭み成分の抑制作用を調べた結果、上澄みよりも沈殿物のほうがその作用が強く、これは、沈殿物に含まれるたんぱく質に、臭み成分が吸着されたためだろうとされています。[91]

したがって、この作用を十分に活用するためには、味噌は加熱の最初から加えておくほうがよいでしょう。また、味噌は香りも重要なため、最後に少し追加して、フレッシュな香りを補ってもよいかもしれません。

仕上げにも味噌を加えて香りを補う

Column 14

# 味噌の種類と特徴

味噌とは、蒸した大豆のたんぱく質を麹菌のたんぱく質分解酵素で分解することで、アミノ酸を大量に作り、グルタミン酸のうま味を調味料として活用できるようにした食品といえます。

麹菌は、コウジカビのことで、増殖するために菌糸の先端で、たんぱく質分解酵素だけでなく、でんぷん分解酵素や脂肪分解酵素も作り出します。また、酵母によって発酵が進み、その過程で起こるメイラード反応から香ばしい香り成分が作られ、乳酸菌による酸味も加わることで、味噌は複雑な味と風味をもつようになります。

味噌にはいくつか種類がありますが、その種類は、麹菌を繁殖させた麹を、何の材料で作るか、によって決まります（原材料による分類）。

### ［おもな味噌の種類］

**●米味噌**……蒸した米に麹菌を繁殖させた米麹と、蒸した大豆で作ります。米はでんぷんが多く、麹菌のでんぷん分解酵素ででんぷんから糖が作られるため、米麹の割合が高いほど甘口になります。もっとも甘口なのは西京味噌などの白味噌です。西京味噌は、1週間から10日で完成させるため、塩分濃度は低く、5％程度しか含まれていません。ちなみに、味噌中のたんぱく質は、10日もあればほぼなくなり、アミノ酸が十分に作られるため、白味噌でも十分にうま味が強いのです。

**●麦味噌**……蒸した大麦を原料に麹菌を繁殖させた麦麹と、蒸した大豆で作ります。麦麹の割合が高ければ甘口、低ければ長期熟成させるために塩分が多くなり、辛口になります。

**●豆味噌**……蒸した大豆を原料に麹菌を繁殖させた豆麹と、蒸した大豆で作ります。塩分が強く2～3年も熟成させます。大豆の割合が高いため、アミノ酸が多くなり、グルタミン酸のうま味も強くなります。長期熟成させることで、酵母によるメイラード反応の香気成分が多く含まれます。

以上が日本の味噌ですが、中国の味噌は、醤（ジャン）といい、さまざまな種類があります。北京ダックを食べるときなどに使われる甜麺醤は、麺、つまり小麦粉を原料にした味噌です。小麦のでんぷんが麹菌のでんぷん分解酵素で分解されて糖が作られ、甘く（甜）なります。乳酸発酵による、独特の酸味もあります。

中国における豆味噌は、黄豆醤（ホワンドウジャン）などと呼ばれ、蒸した大豆を原料に麹菌を繁殖させて作ります。また、蒸した空豆を原料としたものが、豆板醤です。日本では豆板醤というとトウガラシが入って辛いイメージがありますが、中国でこれは、豆板辣醤と呼ばれます。

米味噌（秋田味噌）

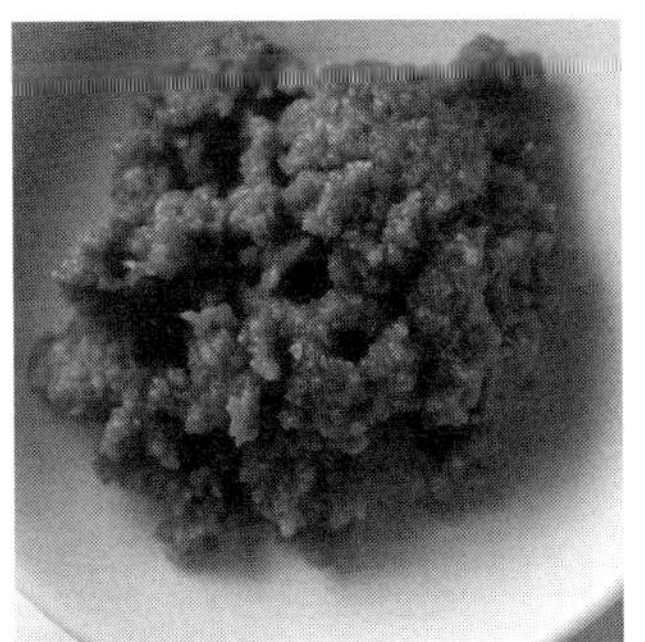

米味噌（仙台味噌）

米味噌（信州味噌）

麦味噌（愛媛県）

# Q 149

## 油脂は味ではないのでしょうか？

結論は出ていません

油脂が味といえるかどうか、基本味といえるかどうかについては、議論のあるところです。コラムでも記載したように（p.022参照）、基本味の定義は複数あり、油脂については、味覚の受容機構もわかってきていますし、味覚神経を介して脳に情報が上がることもわかっています。「❺遺伝的に基本味のいずれかの感受性が欠落している人がいる。」については、わかっていませんが、他は満たしていると思われますし、すべてを満たす必要もなさそうです。ただ、「❼基本味を適当に混ぜ合わせることにより、いかなる味も人工的に合成することができる。」については、基本味としているものは水溶性であるため、油脂と「混ぜ合わせる」ことができないのです。

油脂は他の味をマスキングしてまろやかにしたりしますが、「おいしくする」ことは確かだと思われます。また、油脂が酸化した香りは、油脂の存在に重要であり、おいしさにも寄与していることがわかっています。切り干し大根の煮物に、油揚げを加えるという伝統的な調理法は、菜種油の酸化臭がわずかに加わることでおいしくなる、ということを示した研究もあります[92]。脂質酸化臭は、酸化がいきすぎると不快ですし、健康上の問題もありますが、ある程度まではおいしさに重要なのです。

油脂を代替する方法が世界中で研究されていますが、そもそも1g 9kcalという、効率よくエネルギーを摂取できる物質なので、動物としては、味覚情報や嗅覚情報、食感情報など、感覚を総動員して摂取しようと進化してきたこともあり、代替することはなかなか難しいようです。

Q 150

気候や土地に合わせて変化

# オリーブ油は、どうしていろいろな味や香りのものがあるのでしょう？

オリーブ油は、イタリア北部のリグーリア州、中部のトスカーナ州、南部のプーリア州や、スペイン北部のカタルーニャ、南部のアンダルシア、フランスの南東部、トルコなどで生産され、日本でも香川県の小豆島、岡山県の牛窓などが有名です。国際規格では、オリーブ油は9種類に分けられ、そのうち、とくに果実を絞っただけのもので、一定の基準を満たすものは、「エクストラヴァージンオリーブオイル」と呼ばれます。

オリーブ油は、生の果実を非加熱で圧搾して油を搾るため、実の違いがそのまま油の風味や色の違いになります。農産物であるオリーブは、育つ気候や土地に合わせるため、品種に変化が起こり、味や香りが長年かけて変わってきました。とくに、抗酸化成分であるポリフェノールの濃度が高いと、辛味や苦味、渋みを強く感じるため、スパイシーに感じます。

また、香り成分として、アルデヒド類、アルコール類、エステル類、炭化水素類、ケトン類、フラン類など、さまざまなものが含まれており、風味の感じ方に大きく関係しています[93]。エステルなどが多いと、フルーティに感じたり、アルデヒドによってグリーンな香りを感じたりと、さまざまな風味の違いにつながっています。

# Q 151 インド料理では、どのようにスパイスを使いますか？

スパイスこそが調味料

インドは国土が広く、地域によって気候も大きく異なることから、とれる食材もさまざまです。調理法自体も地域によって特徴があり、スパイスの使い方についても、ホールスパイスとパウダースパイスが分けられ、それぞれ焙煎するかどうかとそのタイミング、油脂に溶かし込むかどうか、使うタイミングなどを、料理により使い分けています。

多くの料理に共通する基本的な工程はいくつかあり、とくにホールスパイスについては、テンパリングといわれる、油脂でホールスパイスを炒める作業があります。これによってスパイスの組織を壊し、香り成分を油脂に溶かし込むことと、香ばしい香りを出すことが重要で、このテンパリングを調理の最初に行うことが多いですし、最後に、テンパリングしたオイルを料理に添加することもあります。パウダースパイスについては、複数のスパイスを大量に用いて味や風味のベースとします。

日本料理では、醤油やみりん、酒などの割合を変えることで、さまざまな料理を作りますが、この考え方は、インド料理でスパイスの割合を変えることでさまざまな料理を作りだす発想と似ている気がします。インド料理では、塩味は塩、酸味はタマリンドなどを使いますが、スパイスこそが調味料なのです。

初めにスパイスを油で温める、基本的なインド料理のテンパリングの工程

Q
152

スパイスの多様性を楽しむ

# インド料理では、どうしてあんなにたくさんのスパイスを使うのでしょうか？

香辛料を使う意味はなんでしょう？　植物から採取した香りや辛味などをもつ種子や葉などを、食材の臭みを消したりするために使う、というのがフランス料理やイタリア料理、中国料理に見られる概念です。日本料理でも和のハーブ・スパイスと呼ばれるシソやわさびが使われますが、あくまでも食材のよいところを引き出し、悪いところを消すような使い方です。これらの国の料理では、味としては塩味とうま味を重視して、中国料理や日本料理では発酵食品も使いながら、料理の味わいを構成していきます。香りについては、加熱によるメイフード反応が大きな役割を果たしています。

インド料理をそのような考えで理解しようとすると混乱します。塩味は他で代替できないため、塩は使いますが、味わいそのものをスパイスで構成しているととらえるとよいと思います。インドは広い国で多様性が大きいのですが、どの地域でもスパイスの役割は、「味つけ」「香りづけ」「色づけ」とされ、それぞれの役割にしたがってスパイスを配合します。スパイスといっても辛味のあるレッドペッパー（トウガラシ）以外は香りが主であり、多種類を大量に使うことで、複雑な香りが混合されていきます。

どの食文化の料理であれ、その土地の自然にある食材から選び取り、その組み合わせで料理が多様になっていきます。インドでは、スパイスの多様性を楽しむために、大量のスパイスを使うのではないかと考えてよいのではないでしょうか。

Q
153

香りを活かす

# スパイスが、使いきれずに残っています。カレー以外にも使えないでしょうか？

スパイスはそれぞれ特徴的な香気成分が、精油という形で含まれています。ホールスパイスを砕いてパウダースパイスにしてしまうと、香気成分が揮発しやすいため、パウダーにしたものはできるだけ早く使用すべきです。

スパイスは特徴的な香気をもちますが、味としては強いものはありませんから、量を加減すればどんな料理にも合わせようと思えば合わせられます。

水煮牛肉。牛肉の煮込みにのせたトウガラシの上に、熱した油をかけ、香ばしい香りをたたせる

インド料理のようにテンパリングを利用して油に香りを移し（Q151参照）、スパイスオイルとすると、汎用的に使えるでしょう。中国料理でもテンパリングのように使うことがあります。水煮牛肉（シュイジューニュー）という四川料理では、最後にトウガラシを含むホールスパイスをのせて熱い油をかけることで、香りをたたせます。

日本料理ではこのような使い方をするとスパイスの風味に負けてしまうかもしれませんが、伝統的にはコショウを祝い粉として使うこともありますから、量と使い方に気をつければ、新たな料理が考えられるでしょう。また、紅茶やコーヒー、ビール、ジンなど、飲み物にスパイスが使われる例は増えてきています。自分なりに新たな使い方や組み合わせを探索していくと、楽しいかもしれません。

Q 154

日本風カレーとインドカレーの違い

# カレーを作るときのこつを知りたいのですが。

カレーとはなにか、という議論も食文化が関わる問題なのですが、日本でイメージされる「カレー」を念頭において述べたいと思います。

日本にはカレーが、フランス料理の影響を受けたイギリス経由で入ってきたため、ミックススパイスであるカレー粉を使い、小麦粉をバターで炒めたルーでとろみをつけるという欧風カレーが、独自に発展してきました。よく煮込むことでメイラード反応がしっかり起きている、焦げ茶色や黒いカレーが喜ばれたり、二日目のカレーがおいしいといわれたりしますが、これらが日本人が好きなカレーを象徴しているでしょう。つまり日本人は、カレー粉のスパイスの香りがある程度揮発し、どちらかというと香ばしいメイラード反応の香りがするようなカレーが好きなのです。したがって、よくかくし味としてコーヒーやチョコレートがよいとされますが、これはメイラード反応生成物の塊を入れることで、長時間煮込んだような風味をつけようとしていると考えられます。よって、日本風カレーを作るときには、要所要所でメイラード反応をしっかり起こすことがこつになります。つまり、玉ネギを炒めるときや肉を炒めるときに、焦げる寸前までしっかり茶色く炒めることが、重要だと考えられます。

一方、インド料理におけるカレー（ここでは炊いた米、ナンやチャパティなどと一緒に食べるもの、とします）は、とにかくスパイスの香りが重要とされ、地域によっても異なりますが、ホールスパイスを油で炒めるテンパリングをしっかり行うことや、パウダースパイスを炒めることなどが重視されます。スパイスの香り成分は油に溶けるものが多いため、炒めることで油に香りが移行します。その香り成分をたっぷり含んだ油がおいしさのポイントだといえます。肉などをしっかり炒めてしまうと、肉のメイラード反応が起こり、スパイスの個性がわかりにくくなるためか、インドではあまり好まれないようです。

Q
155

# 辛くしすぎたカレーに、牛乳などの乳製品を加えると、辛味がやわらぐのはどうしてでしょう？

カプサイシンを溶かし込む

カレーの辛味はトウガラシのカプサイシンによるものです。カプサイシンには、油に溶ける脂溶性という性質があります。生クリームや牛乳、ヨーグルトなどの乳製品には乳脂肪が含まれますから、辛くなりすぎたカレーに、これらの乳製品を加えると、乳脂肪にカプサイシンが溶け込むことで、食べたときに舌に触れにくくなり、辛味を感じにくくなると考えられます。

インドには、ラッシーというヨーグルトドリンクがあり、食事の際によく飲まれています。インド料理にはトウガラシを使ったものも多ため、ラッシーを飲むことで、辛味が洗い流されて、毎回フレッシュな辛味を楽しめるという意味で、理にかなっていると考えられます。

# 新しい料理を考える

味・香りにある
発想のヒント

Column 15

# 新しい料理を考えるには？

新しい料理を考えるという「考え方」を科学的にとらえてみます。これは単に科学技術や化学物質を使いましょう、ということではありません。科学的な考え方で重要なのは、「分解と再構築」です。

科学は要素を分解し、その意味を考えることからはじまります。分解といっても難しいことではありません。レシピにおける材料を取り出すこと、調理技法を特定することも分解ととらえられます。鶏肉から鶏のだしをとる、ということも鶏肉を分解して、うま味成分や香り成分を取り出しているととらえましょう。料理の要素を分解して理解すると、さまざまなことがわかりやすくなります。

新しい料理を考えるために、要素分解してからの、3つのこつを提案します。1つ目は、「素材や調理技術を入れ替える。」たとえば、肉じゃがを例にとると、醤油の代わりに塩を使って、塩肉じゃがという料理が発想できるでしょう。2つ目は、「素材や調理技術を付け足す。」同じく肉じゃがを例にしますが、たとえばカレー粉を付け足すことで、カレー肉じゃが、となります。3つ目は、少し高度なので料理人むけかもしれ

[新しい料理を考えるための3つのこつ]

| | 新しい料理を考える「こつ」 | 肉じゃがを例にした場合 |
|---|---|---|
| 1 | 素材や調理技術を入れ替える | 醤油の代わりに塩を使って、<br>**「塩肉じゃが」** |
| 2 | 素材や調理技術を付け足す | カレー粉を付け足すことで、<br>**「カレー肉じゃが」** |
| 3 | 特徴を尖らせる<br>(素材や料理の感動した要素を決め、できるだけ強調する) | 肉じゃがのおいしさはじゃがいもの甘さにあると感じたとすると、熟成させて甘味を強調したじゃがいもを使った<br>**「熟成肉じゃが」** |

ませんが、「特徴を尖らせる。」素材や料理の感動した要素を特定し、それをできるだけ強調することです。

また肉じゃがで考えますが、肉じゃがのおいしさはジャガイモの甘さにあると感じたとすると、ジャガイモの下処理として、低温で熟成させ、ジャガイモのアミラーゼ（でんぷん分解酵素）を働かせることで、でんぷんを糖化させ、それを使った肉じゃがが発想できるでしょう。

この3つのこつを意識することで、新しい料理のヒントが見つかるかもしれません。

入れ替える
足す
尖らせる

Q
156

新しい日本料理

# フランス料理に和の要素を取り入れるより、日本料理に洋の要素を取り入れるほうが難しいのはなぜでしょう？

変化を嫌うのは、世界中の民族に見られる心理的な傾向です。これを「現状維持バイアス」と心理学ではいいます。この質問は、日本人にとっては当てはまるでしょうが、フランス人にとってはどうでしょう？　フランス人にもかつては同様に、フランス料理を変えたくない、という心理は働いていたはずです。しかしフランス料理では、とくにヌーベルキュイジーヌ（新しい料理）というムーブメントが1970年代にあり、それによって健康的な料理を作るにはどうすればよいか？　という取り組みが進んだ結果、和食に着目した、という経緯もあったのでしょう。それによってソースは油脂が少なくなって軽くなり、うま味を活かした料理が増えました。

またフランス料理はもともと地続きのイタリアやその他多くの国の料理を取り入れてきた、という歴史もあり、外国風の仕立ては価値があったのです。日本料理もさまざまな影響を受けているのは確かですが、茶懐石の影響を強く受けたり、鎖国があったりしたことで、とくに料亭などの高級料理店で出す料理については、ある範囲に入っていないと認められず、客もそれを望んでいる、という状況が長く続いていました。しかし、この数十年でその状況も大きく変わり、客もそのような変化を求めています。

日本料理には、「見立てる」というすばらしい考え方があります。違う国の食材や調理法でも、たとえば、トリュフは「香りのよいきのこ」と「見立てる」ことで、日本料理に取り入れるという手法が確立されています。

料理においては、新奇性と親近性のバランスが重要です。新奇な食材は、親近性の高い仕立てにし、親近性の高い食材は新奇性の高い仕立てにする、という原則があります。食材が新奇性の高いものである場合は、日本料理の古典的な仕立てにすることから始めるとよいでしょう。

Q 157

和食とヴィーガン

# ヴィーガンの人のために和食を作ることになりました。どんな料理を作ればよいでしょうか？

ヴィーガン、つまり完全菜食主義は、近年の大きなトレンドとなっています。和食はもともと仏教の影響を受けて発展してきましたから、殺生なしで植物性のものだけで作るという発想は精進料理としても存在し、さまざまな工夫が発明されています。おいしさを感じるとはどういうことかを意識しながら、技術を使うことで、十分においしい和食ができるはずです。季節感や地域性などの点からも、植物素材は動物素材よりも多様であり、使い方しだいでこれからの料理の発展が期待できます。

おいしいと感じさせるためには、五感をうまく刺激することや、事前に情報を与えて親近性と新奇性のバランスを取ることなどが重要です。五感については、和食としての外観の完成度を高めることで、「おいしそう」と感じさせることができます。また、味については、昆布だしだけでなく、干しシイタケなどのうま味も活用することで、強いインパクトを表現できるでしょう。香りについては、和のハーブやスパイスである、わさびや山椒、ユズなどを使うことで、香り豊かな料理を季節ごとに演出できます。食感については、ヘテロ感（不均一感）が重要です。一口の中でさまざまな食感を感じさせることで、驚きのある料理になるでしょう。

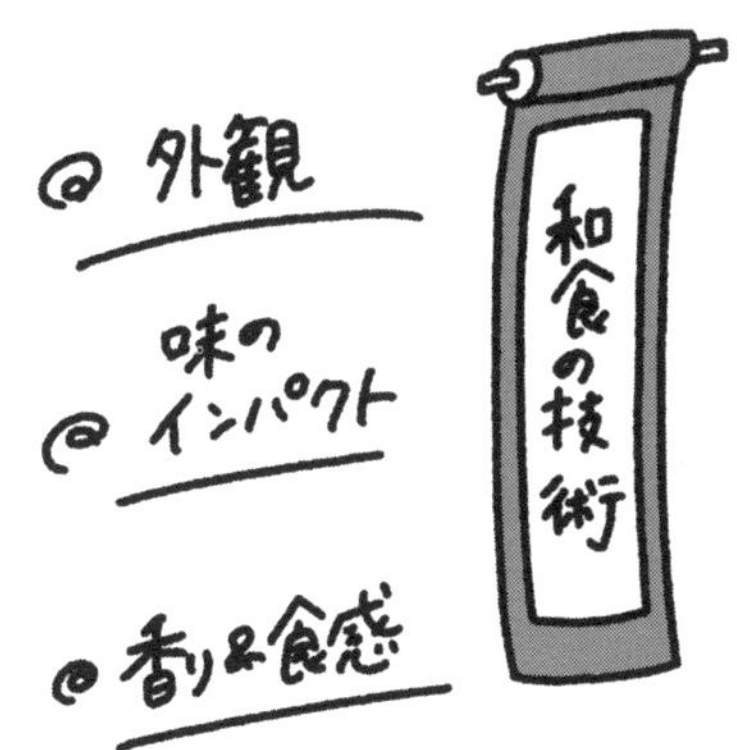

Q
158

高齢者のためのフランス料理

# 噛む力が少し弱くなったご高齢のお客様のために、フランス料理を作るには、どうすればよいでしょう？

高齢者食のアプローチには、これまでさまざまな取り組みがなされてきました。高齢になると、咀嚼と嚥下能力が低下するために、誤嚥が起こり、肺炎などのリスクが高まります[1]。

摂食・嚥下障がい者のための食事の物性的な基準としては、1994年に厚生省（当時）が高齢者用食品の基準「そしゃく困難者用食品の許可基準」「そしゃく・えん下困難者用食品の許可基準」を定めています。また、2002年には日本介護食品協議会によってユニバーサルデザインフードが作成され、食品の形状と物性の規格が提示されました。要介護高齢者のための病院や施設では、レベルに応じて、きざみ食やミキサー食が提供されています。

しかし、食の楽しみには、みんなと同じものを食べるということが重要なため、近年は、「高齢者ソフト食」として、しっかりとした形がありながらも、口に取り込みやすく、咀嚼しやすく、まとまりやすく、そして飲み込みやすい食事も提案されています[2]。また、NPO法人日本料理アカデミーでは、日本料理の考え方や手法を応用した新しい嚥下調整食として、いったんつぶした食材を型に入れて再構築し、季節感や食感のヘテロ感（不均一感）、焼いた香りなどを付与した食事を提案しています[3]。

フランス料理でも同様に考えることができるのではないでしょうか。そもそもフランス料理の特徴として、ブルジョワ階級の料理として発達してきたという歴史もあり、食材をやわらかく処理したり、ムースやクネルなどのすり身料理も得意ですから、十分対応できるでしょう。またフランス料理として重要な、香ばしいメイラード反応の香りをつけた濃厚なソースや、ハーブ・スパイスの香りを活用することも有効だと考えられます。

Q 159

合うポイントを見つける

# 鴨とオレンジなど、昔から相性がいいとされる食材の組み合わせがありますが、なにが合うのでしょう？

鴨のオレンジソース煮は、フランス料理のバイブルといわれる『エスコフィエのフランス料理』にも記載されている料理です。鴨肉を茶色いソースで軽く煮た後、煮汁にオレンジのジュースを入れ、皮も入れてオレンジの香りと苦味をつけてソースに仕立てます。香ばしい香りと強いうま味のソースにオレンジの酸味と香り、苦味が加わり、濃厚で、かつ軽いソースになり、鴨肉にすばらしくよく合います。では、オレンジと、なにか別の肉、たとえば仔羊は合わないのでしょうか？ また、鴨を別のフルーツと合わせることはできないでしょうか？ オレンジのソースを仔羊に合わせることももちろん可能です。鴨をパイナップルのソースで、となったら、シェフは考えることができるでしょう。パイナップルの特徴のなにを活かすとおいしいかを考え、香りを強調したり、煮詰めて甘味を増してみたり、バランスを取る方法はいくらでもあります。

これは著者の私見であり、料理人への期待でもありますが、究極的には、合わない食材はないのではないかと思います。合わない、という食材の組み合わせには、「合うポイント」が見つかっていないだけではないでしょうか。割合のバランスによって合うポイントがあるかもしれません。アクセントとして使ったり、香りだけ使うことで、合うポイントが見つかる可能性もあります。

これまで世界中の食文化で、その土地で育った食材をさまざまに組み合わせて料理を発達させてきました。食文化によって使う食材の組み合わせは異なり、他の地域の人にとっては意外なものもあるでしょう。それぞれの食文化を尊重し、新たな組み合わせとして楽しめるのが、「食の楽しみ」のひとつであると思います。

## Q 160

プルースト現象の活用

# 懐かしい気持ちにさせるような料理を作るには、どうすればよいでしょうか？

料理には、ひとの気持ちを動かし、ときには感動させる力があると思います。懐かしい気持ちになる料理は、ゆったりとした時間を楽しむときにちょうどよいのではないでしょうか。懐かしい気持ちといっても、ひとによって記憶は違いますから、料理店としてそれに合わせることは難しいものです。したがって、ある程度、共通するような体験を思い出させるようなことができればよいかもしれません。

それを実現するには、心理学の「プルースト現象」を活用するのはどうでしょう。プルースト現象とは、作家のプルーストの小説『失われた時を求めて』の中に、主人公がマドレーヌを紅茶に浸したときに、その香りで幼少時代を思い出す場面の描写があったことから、「匂いをきっかけとして、過去に経験したできごとを思い出し、追体験しているかのように感じること」とされています。

心理学的な実験で、五感のうちどの感覚で記憶が思い起こされるかを調べたところ、嗅覚刺激（匂い）と聴覚刺激（音）が同じくらい効果が高く、味覚や視覚、触覚は及びませんでした[4]。また、どのような匂いの記憶がきっかけになりやすいかを調べた研究によると、よく嗅いだことのある快い匂いで、感情を強く呼び起こすものであること。また、名づけることが容易である匂いであること、などの結果が示されました。思い出したできごとが起きた時期については、小学生時代以前がもっとも多かったといいます[5]。

プルースト現象を活かした料理を考えるなら、小学生時代までに多くの人が体験したであろう自然とのふれあいとして、海や山でのキャンプなどで感じた匂い、たとえば焚き火や炭火の煙の匂い、草の匂い、海の匂いなどを利用するのがよいかもしれません。さらにそこに音の演出も加えることができれば、効果がより高まると考えられます。

# 風味×風味

おいしく味わうための
風味×風味
おいしく味わわせるための
風味×風味

Q 161

## 冷奴やそうめんには、ショウガやアサツキなどの薬味がないと、おいしくありません。どうしてなのでしょう？

薬味の役割

薬味に特徴的なのは香りです。ショウガ、アサツキ（ネギ）、大葉（シソ）、ミョウガなどには、それぞれ独特の強い香りがあり、昔はそれが毒消しや食中毒予防になりそうだということで、薬味として使われてきました。また、その強い香りによって、臭みをマスキングするという役割を担う場合も多いでしょう。では、冷奴やそうめんにそこまで臭みがあるのでしょうか？著者自身は両方大好きなので、臭みを感じたことはないのですが、豆腐については、ヘキサナールという青臭い香り成分を含むことがわかっており、嫌な人はいるでしょう。しかし、そうめんはそのようなことはありません。そうめんつゆのカツオ節の魚臭さが嫌われた可能性はありますが、そのような消極的な理由で薬味を使うのかどうか疑問です。

著者の私見ですが、薬味は「ヘテロ感」の演出に重要だということはないでしょうか。ヘテロ感とは不均一さのことであり、食感や風味などが均一ではなく、不均一であるほうが、自然な感じがして好まれる、という感覚です。これらの薬味を均一なペーストにするのではなく、刻んだり粗くすりおろしたりすることで、食べるときに歯で噛むたびに香りが揮発します。冷奴やそうめんのような均一な食品にとっては、そのようなヘテロ感が重要ではないでしょうか。

Q
162

ただの飾りではありません

# 筍の土佐煮にのせる木の芽や、里芋の煮物にのせるユズなどにはどんな意味がありますか？

山椒の新芽である木の芽は、若葉が芽吹く4月～5月にかけて収穫されます。山椒は日本が原産のミカン科サンショウ属の木で、サンショオールという香気成分を含みます。筍の土佐煮のようにカツオ節をたっぷり使う料理では、魚臭さをマスキングする効果が期待できます。

ユズはミカン属の柑橘類で、未熟な青ユズは夏から秋、熟した黄ユズは秋から冬にかけて旬をむかえます。ユズは、ヨーロッパでも人気が高まりはじめています。ユズの香り成分は、実だけでなく皮にも多く含まれます。他の柑橘類と同様にリモネンがその多くを占めますが、ユズ特有の香りには、ユズノンやユズオールと呼ばれる香り成分が重要な役割を果たしています[1]。サトイモの土臭さをマスキングするために、ユズの皮は重要な役割を果たしているのです。

これらのマスキング効果だけではありません。和のハーブは、旬が特定され香りも独特であるため、その季節を象徴し、意識させることができます。季節ごと、料理ごとに使われる和のハーブには、日本の四季を感じさせるという、大きな役割があるといえるでしょう。

左）若竹煮に、木の芽を添えて。右）蕪炊きに、黄ユズを添えて

Q 163



# フランス料理の盛り付けで、ソースや付け合わせの配置に迷います。どのように考えればいいでしょう？

盛り付けは、どのジャンルの料理でも、おいしさを感じさせる最初の情報となるため、ひじょうに重要です。現代絵画の色使いを皿に表現すると価値が高まったというごとを示す心理学的な研究もあります。しかし、盛りつけというのは、単に外観だけの問題ではありません。食べ手の行動をコントロールし、食べさせたい順序やソースのつけ方に導くことも可能だと考えられます。

たとえば、ソースを主食材の下にしくか上にかけるかで、口に入れたときの味の感じ方は異なります。ソースを主食材の下にしくと、フォークを主食材の上から刺すため、口に入れたときには、まずソースが舌に接してソースの味を感じ、咀嚼をすると主食材が壊れてソースと混ざっていきます。しかしソースを上にかけると、まず舌に触れるのは主食材なので、咀嚼を開始してはじめてソースの味を感じるようになります。

また、主食材のみを先に味わわせ、その後ソースとの組み合わせを楽しませたい場合には、皿の左側に主食材をおき、その右側にソースを流しておくと、まず主食材のみを味わう可能性は高まります。もちろん食べ手にまかせているので、全員がそうするわけではありませんが。そのため、もし事前に食べ手の利き手がわかっていれば、それに合わせた盛り付けをすることは重要です。

付け合わせについても、たとえば主食材とソースの組み合わせを食べた後に、食べさせたいのであれば、右利きの場合には一番右に配置すると、最初から付け合せを食べる可能性は低くなるでしょう。

また、濃いソースを点でおいていく盛り付けもありますが、それは主食材を食べている途中で、主食材をその濃いソースだけで食べさせたり、ソースの味の印象を変えるためである、という意識をもたせることができるでしょう。ギャルソンがそのように説明を添えることも可能です。
このように盛り付けは、皿を前にしたときの、作り手と食べ手の最初のコミュニケーションであり、意図をもって行動をコントロールできる、唯一の手段なのです。

［盛り付けにおける主食材とソース・付け合わせの位置関係］

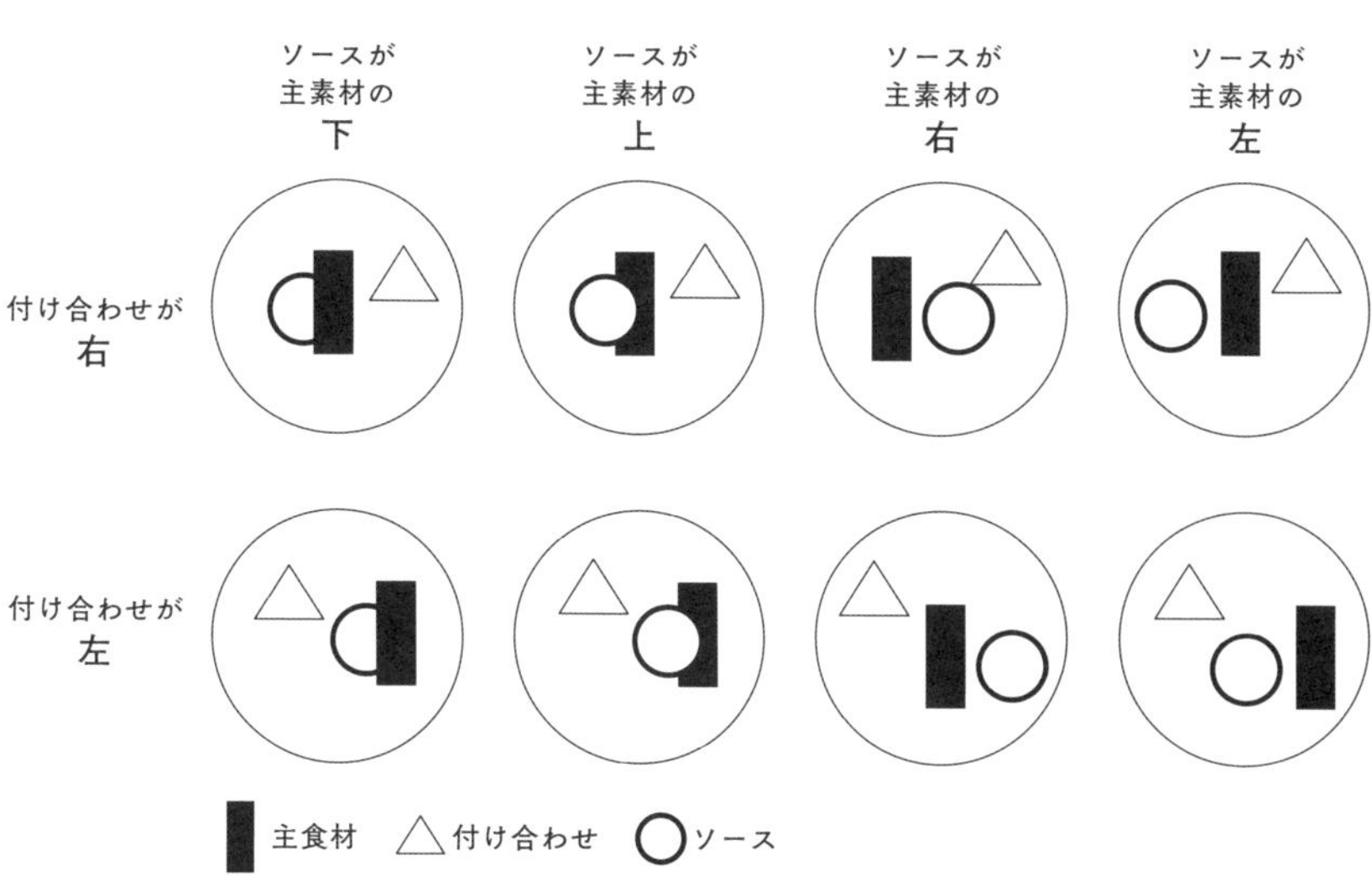

Q 164

コース料理のように楽しんでも

# お寿司をおいしく食べる順番は？

日本の懐石料理やフランス料理のコースなど、提供する順番が決まっているような料理では、メインとなるような料理がもっとも気持ちが高ぶるように考えられています。日本料理では、宴席の会席料理と茶懐石の懐石料理では順番が違いますが、会席料理は酒のつまみになるような小さな料理の後、椀物、刺身、煮物、焼き物、などと続きます。フランス料理では、オードブルとしての軽い料理の後、魚料理、肉料理と続きます。いずれも、最初はあっさりした小さな料理で食欲を増し、しだいに味が濃いものになっていき、メインの料理にもっていくという流れになっていることが多いようです。

これらのコースには、通常、野菜や魚、肉などさまざまな食材が使われますが、寿司は基本的には魚が多くの割合を占めています。飽きてしまわないのでしょうか？寿司に使われるご飯には酢が使われており、酢の酸味によってさっぱりとした後味になるため、飽きることがないのでしょう。

基本的には好きな順序で食べればよいのですが、会席料理やフランス料理のコースの考え方で、寿司を楽しむというのもよいでしょう。これは提案ですが、最初は酸味の効いたコハダからはじめ、白身魚やイカから赤身マグロなどにいき、うま味の強いエビやトロを楽しんだ後、メイラード反応による香ばしさをもつ穴子や濃厚なウニをメインとし、甘い玉子をデザートとすると、コースのように寿司を楽しめるかもしれません。

また、寿司ならではの楽しみ方として、濃い味のものと薄い味のものを交互に味わうこともできます。こうすると、より飽きずに食べることができるでしょう。いずれにしても、寿司の楽しさは自由なところでしょうから、旬を知り、好きなものを味わうことが重要だと思われます。

Q 165

相性の特徴を活用

# お酒と料理の基本的なペアリングをしたいのですが、パターンはありますか？

お酒と料理のペアリング（マリアージュ）は古くて新しいテーマです。ペアリングとは、お酒と料理を一緒に味わったときに、おいしい、ということがシンプルな解釈です。伝統的には、その地域の料理には、その地域のワインを合わせるといいと、いわれています。またワインと料理の重さを揃える、ということもいわれます。重さとは、ソースの濃度や油脂分ととらえなおすとよいでしょう。また、肉には赤ワイン、魚には白ワイン、や、ワインと料理の色を揃える、などともいわれます。確かにこれらの考え方でもよいのですが、ソムリエと料理人の好みが違っていたり、感覚が違っているし、互いに自分の感覚で「合う」「合わない」という議論になってしまいます。そこで、近年の研究でわかってきたことも踏まえて、料理人とソムリエの共通言語となるような言葉を挙げながら、料理とワインやその他の飲み物との、相性の分類を提案します。

「WASH（ウォッシュ）」は、洗い流すという意味ですが、アルコールには、油を溶かす働きがあり、油を洗い流す作用があります。また、赤ワインに含まれるタンニンは、唾液のたんぱく質と結びついて、脂を洗い流すことができますし、炭酸にも、油脂を流す効果があります。

「NEW（ニュー）」は、飲み物と料理を同時に味わうことで新しい風味が感じられる、という意味です。嗅覚受容体に異なる香り成分が結合すると、単独では得られない風味が感じられることがあります。料理とワイン、単独では感じられない場合でも、合わさることで、別のすばらしい風味を感じるのであれば、これこそペアリングの醍醐味ではないでしょうか。

「SUPPLEMENT（サプリメント）」は、たとえば、ベリーを使うべき料理にあえてベリーを使わずに、合わせるワインでベリーの香りが特徴的な赤ワインを選び、料理と組み合わせて、相性を楽しむという考え方です。

「SHARE（シェア）」は、ソムリエの世界では重要視されている考え方で、同じような香りをもつものを合わせるという、相性のよさを表しています。

「WEAK（ウィーク）／STRONG（ストロング）」は、料理と飲み物が、互いに強めたり、弱めたりする場合の相性のことを指します。たとえば酸味のあるワインは、料理の甘味やうま味などを弱めるため、さっぱりと洗い流したかのように感じさせます。

「BAD FLAVOR（バッドフレーバー）」は、避けるべき相性といえる組み合わせです。田村氏によると、鉄イオンを多く含むワインと、ただでさえ酸化しやすい魚の脂質が同時に口に入った場合、口の中で脂質の酸化が促進され、生臭さを感じさせるとのことです[2]。

「DOMINANT（ドミナント）」は、飲み物と料理のどちらかの強度や味わう時間が長すぎると、強いほう、長いほうの印象が勝ってしまうという状況を指します。これも避けるべき相性といえます。

そして別の観点から、これらの相性の特徴を活用した、組み合わせのルール作りのための言葉を提案します。

「COMPLEXITY（複雑さ）」は、単純な風味より複雑性があるほうがおいしく感じるということを重視します。複数の風味や味が、短時間の中で変わっていく状況を指します。「ヘテロ感」といい換えてもいいかもしれません。

「HARMONY（ハーモニー）」は、複雑な味、風味を感じるとはいえ、一体感は必要で、調和のとれたようにするべきであるという意味です。

「BALANCE（バランス）」は、料理とワインのどちらかが勝たず、上記でいう「ドミナント」が偏っていない状態のことをいいます。

[飲み物と料理のペアリングパターン]

| 分類 | 概要 |
|---|---|
| WASH | 洗い流す |
| NEW | 2種類の香りが合わさることで単独では得られない風味を感じ、それが感動的なほどすばらしい |
| SUPPLEMENT | 料理の要素をワインで補う |
| SHARE | 同じ香り成分をもつ |
| WEAK/STRONG | 互いを強めたり弱めたり（混合抑制、温度） |
| BAD FLAVOR | 脂質酸化物など悪い匂いが口の中で発生。避けるべきペアリング |
| DOMINANT | 飲み物と料理どちらかの強度が強すぎるか感じる時間が長すぎる。避けるべきペアリング |

[飲み物と料理のペアリングルール]

| ペアリングルール | 概要 |
|---|---|
| COMPLEXITY | 短い間にさまざまな感覚や風味を感じる |
| HARMONY | 異なる感覚や風味を一緒に感じる |
| BALANCE | DOMINANTが偏っていない |

Q
166

油脂を洗い流す

# 渋みの強い赤ワインと、相性のいい料理はなんでしょう？

渋みの強い赤ワインは、油脂を洗い流す「ウォッシュ」作用があるので、油脂の多い料理が合うでしょう。赤ワインには、ポリフェノールのタンニンが多く含まれています。タンニンには、たんぱく質と結合する性質があり、革をなめすのにもタンニンが使われます。油脂が多い料理を食べると、口の中に油脂が残り、脂っぽい感じがするでしょう。口の中には唾液があって、油脂と唾液が共存している状態になっているのです。唾液だけでは、完全に油脂は流せませんが、唾液には粘度のあるたんぱく質があり、このたんぱく質と赤ワインのタンニンが結びついて、油脂を取り込み、洗い流しやすい状態にすると考えられます。このように、口の中の油脂などを洗い流しやすくするため、「合う」と感じるので、この相性のことを「ウォッシュ」としています。

ところで、口の中の粘膜はたんぱく質ですから、タンニンは唾液だけでなく、口の中にもどんどんはりついていきます。赤ワインを飲むと、しだいに口の中に蓄積されていくことも考えられます。

## Q 167

塩分やうま味を弱める

# 酸味の強い赤ワインと、相性のいい料理はなんでしょう？

酸味の強い赤ワインには、塩分やうま味の強い料理の味を弱めてくれる作用があるので、濃い味の料理が合うでしょう。酸味には、塩味やうま味を弱く感じさせる作用があります。また、酸味によって唾液が多く分泌されますから、水溶性の味成分である塩味やうま味成分が、流れやすくなる可能性も考えられます。

複数の味を同時に味わうと、お互いに影響し合うことがわかっています。塩分やうま味が赤ワインの酸味も弱く感じさせるので、互いによい影響があるといえるでしょう。

酸味のあるワインとしてシラーズ種のブドウを使った赤ワインと、パルミジャーノ・レッジャーノ（18ヶ月熟成）、イングランドチェダー（18ヶ月熟成）、オッソー・イラティ（6ヶ月熟成）、ゴルゴンゾーラ・ピカンテ（6ヶ月熟成）の相性を調べた研究では、[3]イングランドチェダーがもっともワインとチーズの味と風味のドミナントが偏っておらず、強さのバランスが取れていました。パルミジャーノ・レッジャーノはチーズが勝ち、オッソー・イラティとゴルゴンゾーラ・ピカンテでは、ワインが勝っていました。これは、実験に使われた18ヶ月熟成のイングランドチェダーのクリーミーでまろやかなうま味と塩味が、ちょうどシラーズ種の赤ワインの酸味と一緒に感じられることで、互いを弱めあったためであると考えられます。

Q 168

どんな料理でも

# 辛口の白ワインと、相性のいい料理はなんでしょう？

白ワインの「辛口」は、辛い成分が入っているわけではなく、甘味が弱く、酸味がある程度あるものを指しますが、表現が難しいところです。またこれらの白ワインには、「ミネラル感」という表現も使われますが、これもミネラル、つまりカルシウムやナトリウムが多い、ということではなく、定義が分かれるようです[4]。いずれにせよ、白ワインで重要な特徴であり、好む方も多いワインです。

料理との相性については、どんな料理と組み合わせても、味わいとしては邪魔をせず、問題ないと考えられます。すでに述べたように、香りについては、嗅覚受容体は香り成分をパターンで認識しているため（p.031参照）、香りの組み合わせによっては、新たな香りに感じることがあります。ブドウの種類によっては、華やかな香りのものも多いため、ハーブなどを使った料理と組み合わせることで、新たな香りとして感じる、「ニュー」としての相性も期待できます。

Q 169

覚えておきたい2つのこと

# 和食と相性のいいワインは、どんなワインでしょう？

和食のうちコースとして楽しむ懐石料理などは、フランス料理と比較すると油脂が少なく、こってりしたものが少ない印象があります。もちろんどのような料理かにもよりますが、カツオ節を使った一番だしの風味が特徴になっている場合は、カツオ節の燻香も感じられるでしょう。白ワインのうち、シャルドネ種のブドウを使ったものは、樽で熟成させることで樽香をつける場合も多いことから、カツオ節の燻した香りと共通の香りを感じるため、相性としては、「シェア」が期待できます。

また、和食は魚を使うことも多いため、鉄イオンを多く含むワインと、魚の脂質は「バッドフレーバー」となる可能性が高いです。ただ、ワインのボトルに鉄イオンの濃度が表示してあることはあまりないため、事前に知ることは難しいかもしれませんが、覚えておくとよいでしょう。

Q
170

シェアとバランスが期待できるのは

# 日本酒は、フランス料理や中国料理と合いますか？

日本酒は、アミノ酸や糖が多いといわれますが、酸がきいたものもあり、料理との多様な組み合わせが楽しめます。また、日本酒の味や香りを表現する用語（Q０19参照）にあるように、日本酒には、香辛料の香りや焦臭、果実の香りが感じられるものがあります。フランス料理や中国料理にもこれらの香りを感じる料理はありますから、それと同じ香りをもつ日本酒を選んで合わせるのもよいでしょう。

たとえばフランス料理もブルターニュ地方の料理や南仏の料理など、海鮮やトマトを使った料理は日本料理と共通する要素も多く、「シェア」が期待できます。

中国料理の四川料理や湖南料理などで、麻辣味（トウガラシの辛味と花椒のしびれ）が強いものの場合は、日本酒では負けてしまうでしょう。一方、上海料理の甘辛い煮込みや広東料理や香港の上湯のうま味がきいた料理は、味や風味の強さにおいて、日本酒と「バランス」がとれることが期待できます。

Q 171

# 甘いお酒に合う料理や食品はなんでしょう？

## バランスが取れる組み合わせは

甘いお酒として、貴腐ぶどうを使った貴腐ワインはデザートワインとして、それだけで飲むことが多いと思います。

甘いワインは、青カビチーズとの相性がよいとされますが、実験的にも、甘いワインと、青カビチーズのような強い味と風味のあるものとの組み合わせは好まれることがわかっており、その理由は味と風味の強さの、バランスがとれているためだということが、研究でも報告されています[5]。つまり、ワインと食べ物の相性として、どちらかの印象が強いとバランスがくずれ、おいしくないと感じると考えられます。この理論から、たとえば白ワインのうち、ゲヴュルツトラミネール種のブドウを使ったような甘い香りの強いワインについては、濃いめのソースを使った肉料理など、料理もある程度強い味や風味のものを合わせることで、バランスのよい相性が楽しめるでしょう。

また、甘味は酸味によって弱く感じるため、あえてビネガーや柑橘の酸味がきいたサラダや酢の物などの料理を合わせると、料理の酸味が強すぎたとしても、ワインの甘味によって弱く感じ、バランスがよくなると考えられます。

甘いワインと合うチーズは？

[甘いワインとロックフォールチーズの相性]

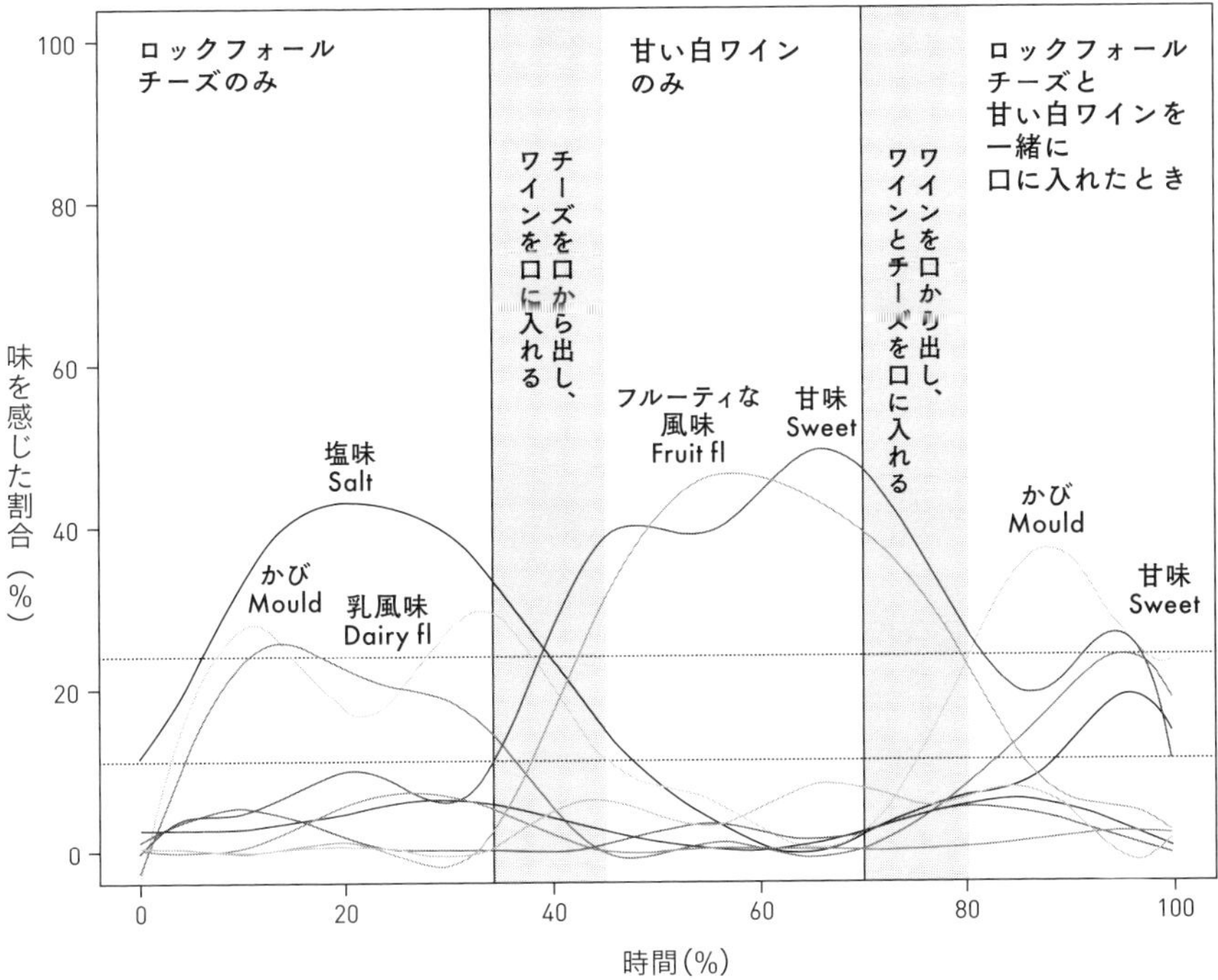


官能評価（TDS法）によるチーズとワインの感じ方変化測定。

出典：Nygren, T., Nilsen, A. N., & Öström, Å. (2017). Dynamic changes of taste experiences in wine and cheese combinations. Journal of wine research, 28(2), 105-122.より

Q
172

# ノンアルコールドリンクを料理に合わせるとき、注意することはありますか？

## アルコールの特徴を補う工夫を

近年は、ノンアルコールドリンクで料理とのペアリングが多く提案されたり、モクテル(*)といって、ノンアルコールのカクテルが提案されるなど、ノンアルコールドリンクも、だいぶ定着してきました。料理人やソムリエが自由自在に工夫して、さまざまなチャレンジも行われていますが、味わいとしては、アルコールドリンクとの違いを頭に入れておく必要があるでしょう。たとえば、アルコールの特徴である、油脂を溶かしたり、香りを揮発させたりといった効果が期待できないため、それを補う工夫も必要でしょう。

アルコールによる油脂を溶かす効果については、代わりに、同じ働きをする茶やブドウのタンニンや炭酸が使えます。香りの揮発については、温度を上げたり、炭酸を使うことで補えますし、ハーブなどを使うと、ハーブの香り成分は水に溶けないため、揮発が促進されて、香りを強く感じます。

自由な発想でさまざまな素材を組み合わせたり、技術を試してみることで、ノンアルコールドリンクの世界は広がっていくでしょう。

＊モクテル：mock(まねた)とcocktail(カクテル)を組み合わせた、ノンアルコールカクテルを指す造語。

モクテル

Q 173

相性のいい香りの見つけ方

# 一皿の料理の中で、相性のいい香りを効果的に使うには？

相性がよい、というのは、異なる2つのものを同時に体験したときに、個別に体験するよりも高い評価が得られる状態だといえます。Q165で、飲み物と料理の相性について、分類することを提案しました。この分類を、一皿の料理にも応用することが可能です。

「SHARE（シェア）」……2つの食材が同じ香り成分をもっていたり、感覚的に同じ香りがするから相性がよいといわれることがあります。これは、Food pairing ともいわれる概念です。特にフランス料理において用いられることが多い考え方で、主食材とソースや、主食材とガルニチュール（付け合わせ）、さらには主食材とワインとの相性においてもよく用いられます。ただし、必ず相性がよいわけではなく、試してみるきっかけにはなりますが、実際に味わってみなければわかりません。

「NEW（ニュー）」……味覚は、たとえば甘味受容体と塩味受容体はまったく別であるため、甘味と塩味を一緒に味わっても単に甘味と塩味がするだけです。つまりA＋BはABと感じられます。ところが香りは、A＋BがCという別の新しい香りに感じることがあるのです。その新しい香りがよい香りであれば、相性がよいと判断される可能性があるでしょう。

「DOMINANT（ドミナント）」……主食材と副食材、どちらかの香りや味の強度が強すぎたり、感じる時間が長すぎたりすると（ドミナントが偏っている状態）、印象がどちらかに偏ってしまいますが、ちょうど同じくらいの場合には、相性がよいと判断されます。この状態を「BALANCE（バランス）」とします。

「COMPLEXITY（複雑さ）」……味や風味が複雑なものほどおいしいと感じられ、相性がよいと判断されることも多くあります。

「HARMONY（ハーモニー）」……複雑とはいっても一体

感は必要で、個性の違いすぎる組み合わせの場合は、一体感がなく、相性がよいとはいえません。もし個性が違うものを主食材と副食材として合わせる場合には、「つなぎ（リエゾン）」を考えるとよいでしょう。リエゾンとは、フランス語における連声の一種で、「つなぐ」という意味合いです。たとえば、ひとつの皿の中でも、主食材とガルニチュール（付け合わせ）を、ソースがリエゾンするように考えたり、料理と料理の間をリエゾンするように、ワインを選んだりします。

以上のように相性を分類することが、料理を考え、議論する際も役立つでしょう。相性の判断が、単なる「おいしい」「好み」で考えるよりも、正確になると思われます。

また、ハーブやスパイスの活用も有効です。これらは地域性の強い食品ですが、季節感も感じさせやすいですし、なじみのないハーブやスパイスは新奇性を感じさせ、なじみのあるものは親近性を感じさせるので、印象をコントロールしやすいと思われます。

香りこそ料理の印象を決めるものです。ブリアサヴァランも「新しい料理の発見は、新しい星の発見よりも人類の幸福に一層貢献する」といっていますが、新しい料理を考えることは、暗闇を歩いているようなものです。これらの考え方が、指針になるのではないでしょうか。

Q 174

日本料理とフランス料理、それぞれの考え方

# コース料理（和・洋）を作るとき、香りをどのように使うと効果的でしょうか？

コース料理は、はじめから終わりまでをひとつのストーリーのようにして、お客を楽しませる仕組みだと考えられます。その流れの構成こそが、シェフの腕の見せどころでしょう。

日本料理とフランス料理では考え方が異なるといわれます。日本料理では、料理と料理の間は明確に区切りがあり、前の料理の香りを残したくないため、日本酒という洗い流す力のあるお酒を飲みます。

また、日本料理には、醤油やだしなど調味料の共通性が高いため、食材そのものの香りをいかに活かすかと、季節感のある和のハーブを皿ごとに変えていくことが重要だと思われます。

フランス料理では、一皿の料理でも重要な「リエゾン」という概念が、コースにおいても重要とされています。料理に使われる食材やソース、ハーブなどとワインの香りは、複雑で多様なものです。したがって、皿どうしのつながりを考えるときに、「香りのリエゾン」を意識し、同じ香りではないが、一部が共有しているような香りを使うことが重要だと思われます。たとえば、前菜でエビとフェンネルを使った料理を作るとすると、エビとフェンネルの甘いグリーンな香りとのつながりを考えつつ、違った印象を与えるように、その次の料理は、酸味のあるグリーンな印象の香りであるオゼイユのソースとサーモンにする、というようなリエゾンです。そしてそこには、グリーンな印象のソーヴィニヨン・ブランの白ワインが合うのではないでしょうか。

Q 175

グルメな猿

# コース料理の途中で出される、小さなグラスに入ったグラニテなどには、どのような意味があるのでしょう？

肉料理の前に、グラニテ（粗いシャーベット）やソルベなど、冷たくて甘い、もしくは酸味があって香りのあるものが、出されることがあります。これは、19世紀にコースとして料理を出す習慣が出てきたときからのことで、肉料理を引き立てるためといわれています。肉料理は温かく塩味のものですが、その前に冷たくて甘味や酸味のあるものを食べることで、まったく違った味わいの肉料理を欲するようになると考えられます。これは、人間が、「グルメな猿」といわれる所以です[6]。

人間は雑食ですが、ネズミの雑食とは異なります。ネズミは、何でも食べ「られる」雑食ですが、人間は何でも食べ「たい」雑食なのです。人間は身体を大きく進化させてきたと同時に「多様な食物」を食べたくなるように進化してきました。同じようなものを食べると「飽きる」のです。したがって、コース料理であれば、経時的にできるだけさまざまな味のものを出すことで、飽きずに食べさせることができると考えられます。

# Q 176

## コーヒー、紅茶、ハーブティー。コース料理を締めくくる飲み物に迷います。なにが一番いいのでしょう？

デザートとの相性で考えてみては？

フランス料理のコースで、もっとも印象に残るのはデザートだといわれます。そのためデザートに力を入れるお店も多いようです。最後の飲み物については、その後の印象に関わるものですから、どのような気持ちでコース料理を終えたいかで考えるとよいでしょう。

レストランによっては、コーヒーは風味が強すぎて、コース料理の印象を忘れさせてしまうので出さないというところもありますが、基本的にはもちろん好みで決めてよいと思います。もし迷ったら、デザートとの相性で考えてみてはいかがでしょうか。たとえばデザートがチョコレート系のものであれば、コーヒーは同じメイラード反応の香りとマッチして、印象が続く可能性がありますす。紅茶やハーブティーであれば、チョコレートの印象をリフレッシュしてくれるでしょう。フルーツを多く使ったデザートであれば、フルーティな香りの紅茶やハーブティーがよいかもしれません。レストラン側もそのような観点で、提案してみてはいかがでしょうか。

ため、不溶性たんぱく質とされる。

## 精油（せいゆ）

植物の葉や花、根に含まれる揮発性の油のことで、特有の芳香をもつ。水蒸気蒸留や熱水蒸留などで植物から得ることができる。

## pH（ピーエイチ、ペーハー）

水素イオン指数。酸性・アルカリ性の度合いを示す数値で、0から14の数字で表される。pH7が中性で、それより小さいほど酸性、大きいほどアルカリ性となる。pHはpHメーターやpH試験紙（リトマス試験紙）で計測できる。pHを1変化させるためには、液体を10倍に薄めたり濃縮したりする必要がある。また酸味が強いときに砂糖を入れてもpHは変化しないが、酸味は弱く感じるのは、甘味によって酸味の感じ方が変わるためである。

## ミネラル

ミネラルとは、身体を構成する元素のうち、水素（H）、炭素（C）、窒素（N）、酸素（O）以外のすべての元素の総称で、無機質ともいう。人における必須ミネラルのうち、ナトリウム（Na）、カリウム（K）、カルシウム（Ca）、マグネシウム（Mg）、リン（P）を多量ミネラルといい、比較的多量に人体内にあり、食事で多量摂取するものをいう。また、亜鉛（Zn）、鉄（Fe）、銅（Cu）、マンガン（Mn）、クロム（Cr）、ヨウ素（I）、モリブデン（Mo）、セレン（Se）は存在量も少なく摂取量も少ないため微量ミネラルという。

## 味蕾（みらい）

味蕾とは、舌や軟口蓋にある味を感じる器官で、乳頭と呼ばれる突起状の構造の中にある（p.030参照）。舌の表面には、糸状乳頭、茸状乳頭、葉状乳頭、有郭乳頭があり、糸状乳頭以外の乳頭に味蕾が存在する。味蕾には味細胞が含まれており、味細胞表面にある味覚受容体で味成分を受容する。

類によって性状が大きく異なる。脂質酸化は、酸素が脂肪酸と反応することで起こるが、脂肪酸によって酸化されやすさに違いがある。常温でも酸化は起こり、自動酸化というが、高温（160℃～230℃）を使用する調理では熱酸化が起こる。これらの酸化反応によって、さまざまな脂質の酸化物が生成し、嫌な臭いを感じるが、微量であれば油脂の存在を感じさせるよい匂いとして重要な働きをしている。

## 受容体

受容体は、生物の細胞の表面にあり、細胞外の刺激を受け取り、細胞内にその刺激の情報を伝えるたんぱく質のこと。レセプターともいう。たとえば、鼻の中にあって、匂い物質を受け取るのは嗅覚受容体であり、口の中にあって、味物質を受け取るのは味覚受容体である。

## 脂溶性

油に溶けやすい性質のこと。油は極性がない溶媒（溶かすもの）であるため、脂溶性がある物質は極性がない物質である。ちなみに、アルコールは、両親媒性といい、水にも油にも溶ける性質がある。

## 水溶性

水に溶けやすい性質のこと。水は極性のある溶媒（溶かすもの）であり、水溶性がある物質は極性がある物質である。

## 水溶性たんぱく質<br>塩溶性たんぱく質<br>不溶性たんぱく質

筋肉に含まれるたんぱく質は、塩溶液に対する溶解性によって、3種類に分けられる。水に溶ける水溶性たんぱく質、塩溶液に溶ける塩溶性たんぱく質、水にも塩溶液にも溶けない不溶性たんぱく質である。筋線維は、筋形質たんぱく質（筋漿たんぱく質）と筋原線維たんぱく質から構成されているが、筋形質たんぱく質は、球状のミオゲンやミオアルブミンなどが含まれ、これらのたんぱく質は水に溶けるため水溶性たんぱく質とされる。また、筋原線維たんぱく質は、繊維状のアクチンやミオシンなどが含まれ、これらのたんぱく質は塩溶液に溶けるため塩溶性たんぱく質とされる。結合組織は、肉基質たんぱく質から成るが、これは、コラーゲン（腱、皮、筋膜に含まれる）やエラスチン（靭帯に含まれる）が含まれ、水にも塩溶液にも溶けない

くなっている。

## ゲル

ゲルとは、少なくとも2成分以上の組成をもち、固体の中に液体が分散したコロイドの一種で、溶液の流動性がないものである。ゲル状物質は自然界に広くみられ、細胞質（細胞膜の中）はゲル状であるため、食品に多い状態といえる。ゲル化剤（ゼラチン、ペクチン、寒天、カラギーナンなど）を用いて人工的に作ることもできる。ゲル化剤の分子は長く、毛玉のように折りたたまれている。ゲル化剤を加えた液体を加熱して温度を下げると、ゲル化剤の分子は液体を抱え込みながら網目構造を作るため、流動性が失われてゲル状となる。

## 酵素

生物の体内で起こる化学反応を触媒する分子であり、たんぱく質からなる。反応の原料となるものを基質というが、酵素が反応を起こす基質は酵素ごとに違っており、これを基質特異性という。つまり、たんぱく質を分解する酵素であるたんぱく質分解酵素は、でんぷんを分解できない。また、酵素反応には、もっとも酵素の活性が高まる温度とpHがある。酵素はたんぱく質であるため、熱やpH、塩濃度、溶媒などによって立体構造が変わってしまい、酵素反応ができなくなる。これを酵素の失活という。

## コラーゲン

コラーゲンとは、真皮、靭帯、腱、骨、軟骨を構成したり、筋線維を束ねる結合組織を構成しているたんぱく質の１つである。コラーゲン分子は、らせん構造をもつ3本のポリペプチド鎖がより合わさった構造をしている。水中で加熱すると、変性して収縮し肉の硬さを増すが、さらに加熱すると構造が壊れて水に溶け、ゼラチンとなる。

## 酸化重合（さんかじゅうごう）

２つ以上の物質が、酸化によって結合しやすくなることで、結合が加速度的に行われ、大きな物質になること。脂質やタンニンなどで起こる。

## 脂質酸化

油脂（脂質）は、1分子のアルコールと3分子の脂肪酸が結合した物質であるが、結合している脂肪酸の種

なる現象である。筋線維の束を筋束といい、筋束を包む結合組織の膜を筋周膜（内筋周膜）という。さらに筋束のまとまりを包んでいる結合組織の膜が筋上膜（外筋周膜）である。魚肉の筋線維の微細構造は畜肉とほぼ同じであるが、魚はいうまでもなく水中で生きているため、牛や豚、鶏などとは重力の影響が異なる。体を支えたり移動させたりするためのエネルギーが少なくてすむので、陸上動物よりも骨格や結合組織は弱くてよい。また、魚肉の筋肉は、短い線維が集合した筋節という構造と、筋節と筋節の間の白い膜状の結合組織である筋隔からなる。

## 筋肉（肉・魚肉）の加熱による変化

畜肉のミオシンたんぱく質は、約50℃で変性し、凝固しはじめる。すると、ミオシンたんぱく質に結合していた水分子が絞り出され、肉汁として細胞外に押し出される。ステーキでいう「レア」の状態である。肉の温度が60℃程度まで上がると、結合組織のコラーゲンが縮むことで筋細胞に圧力が加わり肉汁が多く流れ出る。70℃では、結合組織のコラーゲンは溶けはじめるが、90℃を超えると急速に水溶化（ゼラチン化）する。魚肉の加熱では、畜肉よりも温度が低くてもさまざまな変化が進む。魚肉のミオシンたんぱく質は、約40℃で変性し凝固しはじめる。ミオシンたんぱく質に結合していた水が絞り出されて、細胞からにじみ出す。魚のコラーゲンは圧縮力が弱いため、結合組織のコラーゲンが筋細胞を圧縮する作用はない。結合組織のコラーゲンがゼラチン化する温度も65℃程度と低い。畜肉では、低温でゆっくり加熱することでやわらかい食感にすることができるが、魚肉の場合は、筋肉がもっているたんぱく質分解酵素の活性が強いため、55℃付近の温度帯でゆっくり加熱するとたんぱく質分解酵素の活性が高まり、身がくずれるほどやわらかくなってしまうことがある。

## グルタミン酸ナトリウム

グルタミン酸は、アミノ酸の一種で、昆布のうま味成分である。現在は、さとうきびからとれる糖蜜やでんぷんから発酵によって作られている。グルタミン酸ナトリウムは、グルタミン酸のナトリウム塩のこと。グルタミン酸は、水に溶けにくいが、ナトリウム塩にすることで、水に溶けるとグルタミン酸とナトリウムに電離しやすくなるため、水に溶けやす

分析型と嗜好型に分けられ、分析型は人間を計測機器として捉えて、品質の特性についてトレーニングを行い評価する。嗜好型は、おいしさ、好き嫌いなどを判断させる。官能評価では、心理的誤差の影響を必ず受けるため、できるだけ排除するように評価設計の工夫をすることが重要である。心理的誤差には、順序効果（味わう順序が最初のほうを過大評価する傾向）、対比効果（2個の刺激が互いに引き立たせる傾向）などがある。

## 極性（きょくせい）

1つの分子内において、電気的な偏りがあること。たとえば水分子は、2つの水素原子と1つの酸素原子から成るが、酸素の原子核（プラス）が水素の電子（マイナス）を引きつけるため、水分子内で酸素はプラス、水素はマイナスに偏ることから、水分子は極性分子という。一方、非極性分子は、電気的な偏りがない分子で、アルコールや油などである。

## 筋肉

脊椎動物の筋肉は、骨格筋、心筋、平滑筋に分類される。心筋は心臓の筋肉、平滑筋は胃壁や腸壁などの筋肉である。骨格筋は、多数の太さ0.1㎜前後の円柱状の筋線維で構成されている。筋線維は、多数の筋原線維とその間を満たす筋形質を含む。筋原線維は筋収縮の基本単位であり、アクチンというたんぱく質を主成分とする細い線状の構造と、ミオシンというたんぱく質を主成分とする太い線状の構造からなる。筋肉の収縮とは、この2種類の線状の構造が、重なり合うことで全体の長さが短く

［骨格筋の構造］

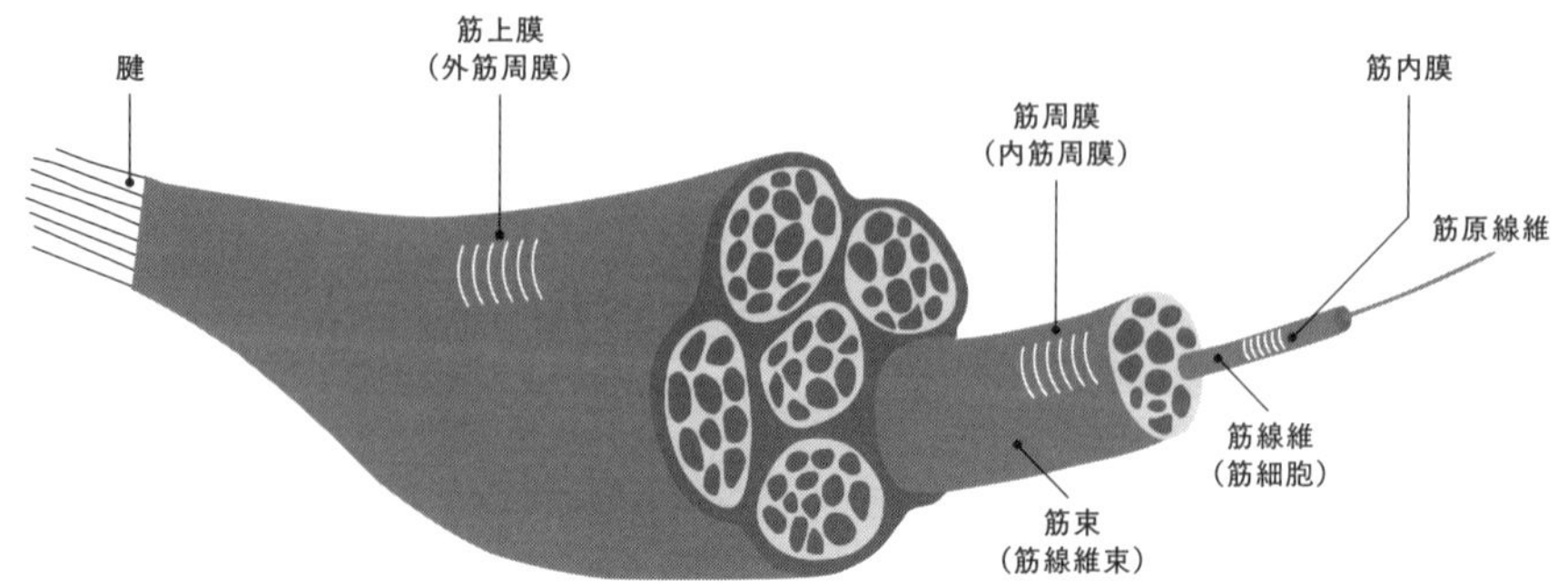

# 基本用語・基礎知識

## イオン

イオンとは、原子がプラスまたはマイナスの電気をもっている状態のこと。プラスの電気を帯びたものを陽イオン、マイナスの電気を帯びたものを陰イオンという。たとえば、塩は、物質名としては塩化ナトリウムという物質であるが、塩素とナトリウムが結合したもので、水に溶かすと、塩化物イオン（$Cl^-$）とナトリウムイオン（$Na^+$）に分かれて溶ける。これを電離という。

## 閾値（いきち、しきいち）

ある反応を起こすために必要な最小の刺激の強さのこと。味覚や嗅覚では、味物質や匂い物質が、味や匂いを感じる最低濃度をいう。閾値には検知閾値と認知閾値があり、検知閾値とは、種類はわからないがなにか味や匂いを感じる閾値のことで、認知閾値とは、なんの味や匂いかがわかる閾値のこと。

## 遠赤外線

赤外線は、可視光とマイクロ波の中間波長帯にある電磁波で、熱放射が他の物質に吸収されると、物質を構成する原子や分子の熱運動を高めて物質の温度を上昇させる。赤外線は、波長の長い遠赤外線（3㎛～1㎜）と波長の短い近赤外線（0.78㎛～3㎛）に分けられる。遠赤外線は、物体をほとんど透過しないため、近赤外線よりも食材の表面で吸収されて熱に変わる。

## 官能評価

人間の五感（味覚・嗅覚・視覚・聴覚・触覚）を用いた評価の総称。食品開発の一手段として広く用いられており、国際規格ISO、アメリカ規格ASTM、日本企画JISに規格化されている。食品の場合、計測機器は発達しているものの、計測機器では測れない特性もあり、迅速、簡単、安価で精度が優れている点が認められている。とくにおいしさ（嗜好性）については官能評価によってしか計測することはできない。官能評価は、

# 主要参考図書

『脳と味覚』（山本隆著 共立出版刊）
『調理場1年生からのミザンプラス講座
—フランス料理の素材の下処理—』（ドミニク・コルビ著 柴田書店刊）
『光琳選書10　食品と熟成』（石谷孝佑編著　株式会社光琳刊）
『だしの研究』（柴田書店刊）
うま味の基本情報　https://www.umamiinfo.jp/what/whatisumami/
『おいしさをつくる「熱」の科学：料理の加熱の「なぜ?」に答えるQ&A』
（佐藤秀美著　柴田書店刊）
『現代フランス料理科学事典』
（ティエリー マルクス著, ラファエルオーモン著　講談社刊）
『新版総合調理科学事典』（日本調理科学会編　光生館刊）
『日本食品大事典第2版 カラー写真CD-ROM付』
（杉田浩一［編］、平宏和［編］、田島眞［編］、安井明美［編］、
医歯薬出版株式会社刊）

## 新しい料理を考える

[1]佐藤 真実, 谷 洋子, 清水 瑠美子, 高齢者施設における嚥下食の分類とその食事の基準化についての検討, 栄養学雑誌, 2010, 68 巻, 2 号, p. 110-116

[2]黒田 留美子, 摂食・嚥下障害者に適した「高齢者ソフト食」の開発, 日本摂食嚥下リハビリテーション学会雑誌, 2004, 8 巻, 1 号, p. 10-16

[3]的場輝佳. (2013). 料理人が調理のサイエンスの探求と食育に動き出した—NPO法人日本料理アカデミーの活動—. 日本調理科学会誌, 46(1), 63–64.

[4]川平杏子. (2005). 日誌法によるプルースト効果の研究. 日本認知心理学会発表論文集, 93.

[5]山本晃輔. (2004). においによる自伝的記憶の無意図的想起の特性：プルースト現象の日誌法的検討. 認知心理学研究, 6(1), 65–73.

## 風味×風味

[1]Uehara, A., & Baldovini, N. (2020). Volatile constituents of yuzu (Citrus junos Sieb. ex Tanaka) peel oil：A review. Flavour and Fragrance Journal, (May 2020), 292–318.

[2]田村隆幸. (2012). 料理とワインの相性からの製造技術へのアプローチ. 生物工学,90巻, 5, 231–234.

[3]Bastian, S. E. P., C. M. Payne, B. Perrenoud, V. L. Joscelyne, and T. E. Johnson. 2009. “Comparisons between Australian Consumers’ and Industry Experts' Perceptions of Ideal Wine and Cheese Combinations.” Australian Journal of Grape and Wine Research 15 (2)：175–84.

[4]Ballester, J., Mihnea, M., Peyron, D., & Valentin, D. (2013). Exploring minerality of Burgundy Chardonnay wines：a sensory approach with wine experts and trained panellists. Australian Journal of Grape and Wine Research, 19(2), 140–152.

[5]Nygren, T., Nilsen, A. N., & Öström, Å. (2017). Dynamic changes of taste experiences in wine and cheese combinations. Journal of wine research, 28(2), 105-122.

[6]上野 吉一, 味覚からみた霊長類の採食戦略(味覚と食性5), 日本味と匂学会誌, 1999, 6 巻, 2 号, p. 179-185

[77]手崎彰子, 田辺創一, 池崎喜美恵, 新井映子, & 渡辺道子. (1997). ゆで過程における撹はん操作および食塩添加がゆで麺の特性に与える影響. 日本家政学会誌, 48(12), 1097-1101.

[78]Sozer, N., & Kaya, A. (2008). The effect of cooking water composition on textural and cooking properties of spaghetti. International Journal of Food Properties, 11(2), 351-362.

[79]YAMAGUCHI, S., & TAKAHASHI, C. (1984). Interactions of Monosodium Glutamate and Sodium Chloride on Saltiness and Palatability of a Clear Soup. Journal of Food Science, 49(1), 82–85.

[80]公益財団法人塩事業センターホームページ；https://www.shiojigyo.com/siohyakka/made/

[81]尾方昇. (2003). 食用塩の種類とその特徴 その 2. 日本海水学会誌, 57(1), 17-21.

[82]遠藤由香, & 石川匡子. (2015). にがり成分が食塩の呈味性に及ぼす影響. 日本海水学会誌, 69(2), 105-110.

[83]津田淑江,　みりん,　日本調理科学会誌, 2009, 42巻, 1号, p.44-48

[84]山田貢. (1985). アスパルテーム. 調理科学, 18(1), 28-33.

[85]山口静子. (1994). 食品の嗜好(第 3 回)食品の嗜好と味. 日本食品工業学会誌, 41(3), 241-248.

[86]Green, B. G., Lim, J., Osterhoff, F., Blacher, K., & Nachtigal, D. (2010). Taste mixture interactions：suppression, additivity, and the predominance of sweetness. Physiology & Behavior, 101(5), 731–737.

[87]https://woww.helgilibrary.com/indicators/sugar-consumption-per-capita/

[88]田中 智子, 森内 安子, 逵 牧子, 森下 敏子, 魚肉の硬さと食味に及ぼすレモン果汁と食酢の効果, 日本調理科学会誌, 2003, 36 巻, 4 号, p. 382-386

[89]正井 博之, 酢と調理, 調理科学, 1974, 7 巻, 2 号, p. 58-64

[90]本間伸夫, 佐藤恵美子, 渋谷歌子, & 石原和夫. (1979). みその香気吸着性 I みそおよびその水不溶性成分と香気化合物との相互作用. 家政学雑誌, 30(9), 770-774.

[91]本間伸夫, 佐藤恵美子, 渋谷歌子, & 石原和夫. (1981). みその香気吸着性について III 香気吸着性に関与する成分. 家政学雑誌, 32(1), 32-36.

[92]中村元計, 中野久美子, 網塚貴彦, 中村 葵, 原田歩実, 石井真紀, 山崎英恵, 伏木 亨, 切り干し大根に油揚げを添加する伝統的な調理法において油揚げが嗜好性に与える効果の検証, 日本調理科学会誌, 2020, 53 巻, 4 号, p. 246-254

[93]Kalua, C. M., Allen, M. S., Bedgood, D. R., Bishop, A. G., Prenzler, P. D., & Robards, K. (2007). Olive oil volatile compounds, flavour development and quality：A critical review. Food Chemistry, 100(1), 273–286.

[57]太田 静行, マスキングmasking, 日本食品工業学会誌, 1988, 35 巻, 3 号, p. 219-220
[58]山口務, & 田畑智絵. (2005). アルコール飲料添加調理法による肉類の軟化効果. 北陸学院短期大学紀要, 36, 107-117.
[59]金子ひろみ. (2010). 料理に使う日本酒の効果. 日本醸造協会誌, 105(7), 447-454.
[60]下村道子, 島田邦子, 鈴木多香枝, 魚の調理に関する研究, 家政学雑誌, 1976, 27 巻, 7 号, p. 484-488
[61]西村敏英, 江草愛, 食べ物の「こく」を科学するその現状と展望, 化学と生物, 2016, 54巻, 2号, p.102-108
[62]中平 真由巳, 安藤 真美, 伊藤 知子, 今義 潤, 江口 智美, 久保 加織, 高村 仁知, 露口 小百合, 原 知子, 水野 千恵, 明神 千穂, 村上 恵, 和田 珠子, シャロウフライの最適な揚げ条件と問題点, 日本調理科学会大会研究発表要旨集, 2014, 26 巻, 平成26年度(一社)日本調理科学会大会, セッションID 1D-a3, p. 18
[63]峯木 眞知子, 石川 由花, プロの技より解析するてんぷら調理, 日本調理科学会誌, 2016, 49 巻, 2 号, p. 172-175
[64]村上 恵, 吉良 ひとみ, 乾 恵理, 松本 雄大, 天ぷら衣調製時に使用する水の硬度が衣の食感に及ぼす影響, 日本調理科学会大会研究発表要旨集, 2010, 22 巻, 平成22年度日本調理科学会大会, セッションID 2D-p9, p. 80
[65]小林 由実, 和田　真, 山田 和, 加藤 邦人, 上田 善博, 小川 宣子, 揚げ油の温度が天ぷらの衣の品質に及ぼす影響, 日本調理科学会大会研究発表要旨集, 2012, 24 巻, 平成24年度日本調理科学会大会, セッションID 2P-36, p. 164
[66]土屋京子, 島村綾, 成田亮子, 加藤和子, 峯木眞知子, & 長尾慶子. (2013). 揚げ衣の食感に影響を及ぼす添加材料及び揚げ油の検討. 日本調理科学会誌, 46(4), 275-280.
[67]松本睦子, & 吉松藤子. (1983). 炒め調理における油通しの効果について. 調理科学, 16(1), 40-46.
[68]原 夕紀子, *飯島久美子, 香西みどり, 緑色野菜の色及び物性変化に及ぼす加熱の影響, 日本調理科学会大会研究発表要旨集, 2011, 23 巻, 平成23年度日本調理科学会大会, セッションID B1p-23, p. 76,
[69]鈴木明希子, 2012, 畜肉燻製品製造における燻煙成分の拡散挙動, 東京海洋大学修士論文Maga, Joseph A. (1987) . The Flavor Chemistry of Wood Smoke. Food Reviews International 3 (1-2)：139–83.
[70]松元文子, & 奥山恵美子. (1958). 調味料の食品への滲透について (第 1 報). 家政学雑誌, 9(1), 1-3.
[71]定森許江. (1967). 食品の煮熟度と調味料との関係 (第 1 報). 家政学雑誌, 18(3), 136-140.
[72]晴山克枝. (1985). じゃがいもの加熱における調味料の添加時期と硬さとの関係. 家政学雑誌, 36(11), 880-884.
[73]松本仲子, & 小川久惠. (2007). 調理方法の簡便化が食味に及ぼす影響—調味の順序について—. 日本食生活学会誌, 17(4), 322-328.
[74]浜島 教子, 基本的四味の相互関係について, 調理科学, 1975, 8 巻, 3 号, p. 132-136
[75]相馬一郎. (1985). 色彩の心理効果. 色材協会誌58(9).
[76]村上恵. (2015). ゆで水に添加する食塩の濃度がスパゲティの硬さに及ぼす影響. 日本家政学会誌, 66(3), 120-128.

[38] 今井悦子, 早川文代, 畑江敬子, 島田淳子, & 相内雅治. (1994). ハンバーグ様挽き肉試料の食感の識別および物性に及ぼす挽き肉粒度の影響. 日本家政学会誌, 45(8), 697-708.
[39] 小川 宣子, 卵を調理する—厚焼き卵, 日本調理科学会誌, 1997, 30 巻, 1 号, p. 94-99
[40] 上柳 富美子, 魚肉調理におけるふり塩について, 調理科学, 1987, 20 巻, 3 号, p. 206-209
[41] 川崎寛也, 赤木陽子, 笠松千夏, & 青木義満. (2009). 中華炒め調理におけるシェフの「鍋のあおり」が具材と鍋温度変化に及ぼす影響. 日本調理科学会誌, 42(5), 334-341.
[42] 倉沢新一, 菅原龍幸, 林 淳三, キノコ類中の一般成分および食物繊維の分析, 日本食品工業学会誌, 1982, 29 巻, 7 号, p. 400-406
[43] 横川洋子. (1992). 食用キノコの化学成分. 農業技術, 47(7), 311–316.
[44] Kadnikova, I. A., Costa, R., Kalenik, T. K., Guruleva, O. N., & Yanguo, S. (2015). Chemical Composition and Nutritional Value of the Mushroom Auricularia auricula-judae. Journal of Food Nutrition and Research, 3(8), 478–482.
[45] 金子真由美, 糀本明浩, 三尋木健史, 飛田昌男, & 長谷川峯夫. (2007). チャーハンの物性とおいしさに及ぼすマヨネーズ配合の影響. In 日本調理科学会大会研究発表要旨集 創立 40 周年日本調理科学会平成 19 年度大会 (pp. 24-24). 日本調理科学会.
[46] 住吉雅子, 寺崎太二郎, 畑江敬子, & 島田淳子. (1992). 消費者の意識調査による米飯料理のおいしさの要因分析. 日本家政学会誌, 43(4), 277-284.
[47] 松本秀夫「正宗揚州炒飯」https://compitum.net/col_rec/meisai/meisai2.html
[48] 山本真子, 岸田恵津, & 井奥加奈. (2018). 野菜の蒸し調理における嗜好特性-カブとキャベツの甘味について—.日本調理科学会大会研究発表要旨集 平成 30 年度大会 (一社) 日本調理科学会 (p. 90). 日本調理科学会.
[49] 堀江秀樹, & 平本理恵. (2009). ニンジンの蒸し加熱による甘味強化. 日本調理科学会誌, 42(3), 194-197.
[50] 香西みどり, 2000, 野菜の調理加工における硬さの制御に関する研究, 日本食品科学工学会誌 47(1)：1–8.
[51] 奥本 牧子, 畑江 敬子, 加熱後の温度履歴が煮物野菜における調味料の拡散に及ぼす影響(第2報), 日本調理科学会大会研究発表要旨集, 2009, 21 巻, 平成21年度日本調理科学会大会, セッションID 2E-a5, p. 1083
[52] 香西 みどり, 片桐 明子, 畑江 敬子, 野菜の硬さが調味料の拡散に及ぼす影響, 日本調理科学会大会研究発表要旨集, 2005, 17 巻, 平成17年度日本調理科学会大会, セッションID 2E-a7, p. 113
[53] 鴻巣章二, 山口勝巳, & 林哲仁. (1978). カニ類の呈味成分に関する研究-I エキス中のアミノ酸ならびに関連物質. 日本水産学会誌, 44(5), 505-510.
[54] 飯島 陽子, 薬味の化学：ショウガの風味特性とその生成(〈シリーズ〉 教科書から一歩進んだ身近な製品の化学-和食の化学-), 化学と教育, 2015, 63 巻, 9 号, p. 454-455
[55] 吉田 秋比古, 佐々木 清司, 岡村 一弘, 魚肉の矯臭試験 (第1報), 生活衛生, 1983, 27 巻, 4 号, p. 167-174
[56] 冨岡 文枝, 千坂 雅代, 煮魚中の脂質に対する調味料,副材料の酸化抑制効果について, 調理科学, 1992, 25 巻, 1 号, p. 28-33

［21］堤 万穂, 藤原佳史, 亀岡恵子, & 朝田 仁. (2017). 切削形状の異なる鰹節から抽出しただしの品質比較. In 日本調理科学会大会研究発表要旨集 平成 29 年度大会 (一社) 日本調理科学会 (p. 168). 日本調理科学会.

［22］吉松藤子, 煮出汁の研究 (第一報), 家政学雑誌, 1954-1955, 5 巻, 2 号, p. 359-361

［23］村田尚子, 畑江敬子, 吉松藤子, & 小川安子. (1988). 鰹節の煮だし汁に関する研究 そばつゆ用だし汁の加熱中の成分量の経時的変化について. 日本家政学会誌, 39 (4), 297-302.

［24］脇田美佳, 畑江敬子, 早川光江, & 吉松藤子. (1986). 鰹節煮だし汁に関する研究-そばつゆ用煮だし汁の長時間加熱について-. 調理科学, 19(2), 138-143.

［25］澤田崇子.(2003). きのこの調理－シイタケを中心に—. 日本調理科学会誌. 36(3). 344-350.

［26］Ma, J., Chen, Y., Zhu, Y., Ayed, C., Fan, Y., Chen, G., & Liu, Y. (2020). Quantitative analyses of the umami characteristics of disodium succinate in aqueous solution. Food chemistry, 316, 126336.

［27］Kawai, M., Okiyama, A., & Ueda, Y. (2002). Taste enhancements between various amino acids and IMP. Chemical senses, 27(8), 739-745.

［28］山本由喜子, & 北尾典子. (1993). はまぐり潮汁の遊離アミノ酸濃度と味覚に及ぼす加熱時間の影響. 調理科学, 26(3), 214-217.

［29］鴻巣章二, 柴生田正樹, & 橋本芳郎. (1967). 貝類の有機酸, とくにコハク酸含量について. 栄養と食糧, 20(3), 186-189.

［30］貝田 さおり, 玉川 雅章, 渋川 祥子, 牛肉の熱板焼き調理における最適加熱条件, 日本家政学会誌, 1999, 50 巻, 2 号, p. 147-154

［31］星野忠彦. (1990). 食品の素材・調理・加工の食品組織学的研究方法 (4) 畜産食品の組織. 調理科学, 23(3), 234-241.

［32］澤野祥子, & 水野谷航. (2019). 食肉の肉質を決める筋線維タイプの重要性 筋肉の性質≒食肉の性質?. 化学と生物, 57(11), 663-664.

［33］石渡 奈緒美, 堤 一磨, 福岡 美香, 渡部 賢一, 田口 靖希, 工藤 和幸, 渡辺 至, 酒井 昇, 殺菌価を考慮したフライパンによるハンバーグ焼成時の最適調理, 日本調理科学会誌, 2012, 45 巻, 4 号, p. 275-284

［34］渡辺 豊子, 大喜多 祥子, 福本 タミ子, 石村 哲代, 大島 英子, 加藤 佐千子, 阪上 愛子, 佐々木 廣子, 殿畑 操子, 中山 伊紗子, 樋上 純子, 安田 直子, 山口 美代子, 山本 悦子, 米田 泰子, 山田 光江, 堀越 フサエ, 木咲 弘, ハンバーグステーキ焼成時の内部温度 (腸管出血性大腸菌O 157に関連して), (第3報) 日本調理科学会誌, 1999, 32 巻, 4 号, p. 288-295

［35］中山 玲子, 石村 哲代, 奥山 孝子, 片寄 眞木子, 阪上 愛子, 樋上 純子, 福本 タミ子, 細見 和子, 安田 直子, 山本 悦子, 米田 泰子, 渡辺 豊子, フライパンを用いたハンバーグステーキ焼成方法の違いがジューシーさやおいしさに及ぼす影響, 日本調理科学会大会研究発表要旨集, 2009, 21 巻, 平成21年度日本調理科学会大会, セッションID 1P-55, p. 2055

［36］嶋田さおり,渋川祥子. (2013). 焼き調理における加熱条件と推定方法の検討. 日本家政学会誌, 64(7), 343–352.

［37］今井悦子, 早川文代, 松本美鈴, 畑江敬子, & 島田淳子. (2002). 肉種別ハンバーグ様試料の嗜好性におよぼす挽き肉粒度の影響. 日本官能評価学会誌, 6(2), 108-115.

## 調理と味・香り


[1]1)関 佐知, 清水 徹, 福岡美香, 水島弘史, 酒井 昇, 切断操作が及ぼす食材へのダメージ評価, 日本食品科学工学会誌, 2014, 61 巻, 2 号, p. 47-53

[2]Kawasaki, H., Sekizaki, Y., Hirota, M., Sekine-Hayakawa, Y., & Nonaka, M. (2016). Analysis of binary taste-taste interactions of MSG, lactic acid, and NaCl by temporal do minance of sensations. Food Quality and Preference, 52, 1–10.

[3]Keast, R. S. J., & Breslin, P. A. S. (2002). An overview of binary taste–taste interactio ns. Food Quality and Preference, 14, 111–124.

[4]下村道子, 酢漬け魚肉の調理, 調理科学, 1986, 19 巻, 4 号, p. 276-280

[5]畑江敬子, 調理と食塩, 日本海水学会誌, 1999, 53 巻, 5 号, p. 350-355

[6]藤田孝輝, 甘味料としての糖類, 日本調理科学会誌, 2020, 53 巻, 2 号, p. 147-152

[7]下村道子, 島田邦子, 鈴木多香枝, 板橋文代, 魚の調理に関する研究しめさばについて, 家政学雑誌, 1973, 24 巻, 7 号, p. 516-523

[8]下村道子, 松本重一郎, しめさば処理における魚肉の物性とタンパク質の変化, 日本水産学会誌, 1985, 51 巻, 4 号, p. 583-591

[9]中川致之. (1972). 渋味物質のいき値とたんぱく質に対する反応性. 日本食品工業学会誌, 19(11), 531-537.

[10]池ケ谷賢次郎. (1989). 食品の機能と衛生 茶の機能と衛生. 食品衛生学雑誌, 30(3), 254-257.

[11]古賀優子, & 林 眞知子. (2010). きゅうりの塩もみ後の食塩残存率について. 西九州大学健康福祉学部紀要, 41, 73-76.

[12]久松裕子, 遠藤伸之, & 長尾慶子. (2013). 調理性・嗜好性および抗酸化性から検討した半乾燥干し野菜の調製条件. 日本家政学会誌, 64(3), 137-146.

[13]池内ますみ, 中島純子, 河合弘康, & 遠藤金次. (1985). しいたけ 5′ − ヌクレオチド含量に及ぼす乾燥条件および調理加熱条件の影響. 家政学雑誌, 36(12), 943-947.

[14]大倉龍起, 石崎泰裕, 近藤平人, 大川栄一, & 棚橋博史. (2015). ワインに含まれる牛肉を柔らかくする成分とその評価方法.

[15]三橋富子, 森下円, & 小嶋絵梨花. (2012). 牛肉の軟化に及ぼすワインの影響. 生活科学研究所報告, 1.

[16]妻鹿絢子, 三橋富子, 藤木澄子, & 荒川信彦. (1983). ショウガプロテアーゼの筋原繊維蛋白質におよぼす影響. 家政学雑誌, 34(2), 79-82.

[17]妻鹿絢子, 三橋富子, 田島真理子, & 荒川信彦. (1987). 食肉コラーゲンに及ぼすショウガプロテアーゼの影響. 日本家政学会誌, 38(10), 923-926.

[18]Kawasaki, H., Sekizaki, Y., Hirota, M., Sekine-Hayakawa, Y., & Nonaka, M. (2016). Analysis of binary taste-taste interactions of MSG, lactic acid, and NaCl by temporal do minance of sensations. Food Quality and Preference, 52, 1–10.

[19]豊田 美穂, 照井 滋, 石田 裕, 鈴野 弘子, 硬度の異なる水が昆布だしの性質に与える影響, 日本調理科学会大会研究発表要旨集, 2004, 16 巻,

[20]吉松藤子, & 沢田祐子. (1965). 鰹節煮出汁の 5'-リボヌクレオチドについて. 家政学雑誌, 16(6), 335-337.

[59] YOUNATHAN, M. T., & WATTS, B. M. (1959). OXIDATION OF TISSUE LIPIDS IN COOKED PORK. Journal of Food Science, 25(4), 538–543.
[60] 西岡輝美, 石塚 譲, 因野要一, 入江正和, 豚脂肪中のスカトール含量と官能評価への影響, 日本畜産学会報, 2011, 82 巻, 2 号, p. 147-153
[61] 中村まゆみ, 河村フジ子, ラードの水煮におけるショウガの抗酸化力について(第3報).ニンニク併用の効果, 日本家政学会誌, 1996, 47 巻, 3 号, p. 237-242,
[62] Watkins, P. J., Kearney, G., Rose, G., Allen, D., Ball, A. J., Pethick, D. W., & Warner, R. D. (2014). Effect of branched-chain fatty acids, 3-methylindole and 4-methylphenol on consumer sensory scores of grilled lamb meat. Meat Science, 96(2), 1088–1094.
[63] Insausti, K., Murillo-Arbizu, M. T., Urrutia, O., Mendizabal, J. A., Beriain, M. J., Colle, M. J., … Arana, A. (2021). Volatile compounds, odour and flavour attributes of lamb meat from the navarra breed as affected by ageing. Foods, 10(3).
[64] 一般社団法人日本ジビエ振興協会https://www.gibier.or.jp/gibier/
[65] 農林水産省ジビエ利用の推進についてhttps://www.maff.go.jp/j/nousin/gibier/suishin.html
[66] 近藤(比江森) 美樹, *新家 大輔, *長尾 久美子, シカ肉の熟成条件の検討, 日本調理科学会大会研究発表要旨集, 2017, 29 巻, 平成29年度大会(一社)日本調理科学会, セッションID 2E-7, p. 71
[67] 鈴野弘子, 豊田美穂, & 石田裕. (2008). ミネラルウォーター類の使用が昆布だし汁に及ぼす影響. 日本食生活学会誌, 18(4), 376-381.
[68] 奥嶋佐知子 & 高橋敦子. (2009). 硬度の異なるミネラルウオーターで調製しただしのミネラル含有量と食味について. 日本家政学会誌, 60(11), 957-967.
[69] 村上恵, 吹山遥香, 岩井律子, 酒井真奈未, & 吉良ひとみ. (2020). 水の硬度が牛肉の煮込みに及ぼす影響. 同志社女子大学生活科学, 53, 30-35.
[70] 三橋富子&田島真理子. 2013. "水の硬度がスープストック調製時のアク生成に及ぼす影響." 日本調理科学会誌 46 (1) : 39–44.
[71] 鈴野弘子, & 石田裕. (2013). 水の硬度が牛肉, 鶏肉およびじゃがいもの水煮に及ぼす影響. 日本調理科学会誌, 46 (3), 161-169.
[72] Bartoshuk, L. M. (1968). Water taste in man. Perception & Psychophysics, 3(1), 69-72.
[73] Green, B. G. (1992). The effects of temperature and concentration on the perceived intensity and quality of carbonation. Chemical Senses, 17(4), 435–450. https://doi.org/10.1093/chemse/17.4.435
[74] 真貝 富夫, 咽喉頭の味覚応答性:のど越しの味, 日本味と匂学会誌, 1999, 6 巻, 1 号, p. 33-40
[75] 原利男, & 久保田悦郎. (1976). 緑茶と紅茶の香気成分の比較.

[41]坂口 守彦, 佐藤 健司, 魚介類のおいしさの秘密, 化学と生物, 1998, 36 巻, 8 号, p. 504-509,

[42]徳永 俊夫, 魚類血合肉中のトリメチルアミンオキサイドならびにその分解-I, 日本水産学会誌, 1970, 36 巻, 5 号, p. 502-509

[43]太田静行, 魚の生臭さとその抑臭, 油化学, 1980, 29 巻, 7 号, p. 469-488

[44]須山 三千三, 平野 敏行, 山崎 承三, アユの香気とその成分, 日本水産学会誌, 1985, 51 巻, 2 号, p. 287-294

[45]美智子川上, 優子小西, & 教子日水. (2009). キュウリとニガウリの調理塩揉み工程における香気の変化. 日本家政学会誌, 60(10), 877–885.

[46]大須賀 昭夫, タデの辛味成分タデオナールおよびイソタデオナールの構造, 日本化學雜誌, 1963, 84 巻, 9 号, p. 748-752,A50

[47]村田 道代, 安藤 正史, 坂口 守彦, 魚肉の鮮度とおいしさ, 日本食品科学工学会誌, 1995, 42 巻, 6 号, p. 462-468

[48]的場達人, 秋元聡, & 篠原満寿美. (2003). 1そうごち網で漁獲されたマダイにおける神経抜及び温度管 理による鮮度保持効果について. 福岡県水産海洋技術センター研究報告, 13, 41–45.

[49]下坂 智惠, 古根 康衣, 下村 道子, サメ皮利用のための加圧加熱による物性と成分に及ぼす影響, 日本調理科学会誌, 2010, 43 巻, 3 号, p. 160-167

[50]浅川 明彦, 山口 勝巳, 鴻巣 章二, ホッコクアカエビの呈味成分, 日本食品工業学会誌, 1981, 28 巻, 11 号, p. 594-599

[51]i, S., Chen, L., Sun, Z. et al. Investigating influence of aquaculture seawater with different salinities on non-volatile taste-active compounds in Pacific oyster (Crassostrea gigas). Food Measure (2021).

[52]磯野 千晶, 瀬戸内海の3つの地域で養殖されたマガキ含有成分の季節変動および養殖地域による違い, 一般社団法人日本家政学会研究発表要旨集, 2016, 68 巻, 68 回大会(2016), セッションID 3F-01, p. 78

[53]Chie YONEDA, Extractive Components of Frozen Short-neck Clam and State of Shell-opening during Cooking , Journal of Home Economics of Japan, 2011, Volume 62, Issue 6, Pages 361-368

[54]古賀克也, 福永隆生, 大木由起夫, & 川井田博. (1985). 系統豚および系統間雑種豚のロース, もも肉の遊離 アミノ酸, カルノシン含量. 鹿児島大學農學部學術報告, 35, 65–73.

[55]千国幸一, 佐々木啓介, 本山三知代, 中島郁世, 尾嶋孝一, 大江美香, & 室谷進. (2013). ブタ肉中のイノシン酸含量におよぼす筋肉型の影響. 日本養豚学会誌, 50 (1), 8-14.

[56]Terasaki, M., Kajikawa, M., Fujita, E., & Ishii, K. (1965). Studies on the flavor of meats. Agricultural and Biological Chemistry, 29(3), 208–215.

[57]松石昌典, 久米淳一, 伊藤友己, 高橋道長, 荒井正純, 永富 宏, 渡邉佳奈, 早瀬文孝, 沖谷明紘, 和牛肉と輸入牛肉の香気成分, 日本畜産学会報, 2004, 75 巻, 3 号, p. 409-415

[58]松石昌典, 5. 牛肉の香りと熟成(〈総説特集〉 食べ物のおいしさと熟成を科学する), 日本味と匂学会誌, 2004, 11 巻, 2 号, p. 137-146

[20]口羽 章子, 坂本 裕子, たけのこ料理と京都, 調理科学, 1990, 23 巻, 3 号, p. 263-266
[21]青木 雅子, 小泉 典夫, そば粉の揮発性成分の官能的特性とその製粉後の消長, 日本食品工業学会誌, 1986, 33 巻, 11 号, p. 769-772
[22]大日方 洋, 唐沢 秀行, 臭いかぎ装置を用いたそば香気成分の分析, 長野県工業技術総合センター研究報告, 2007, 2号, p.14-17
[23]Ohtsuru, M., & Kawatani, H. (1979). Studies on the myrosinase from Wasabia japonica：Purification and some properties of wasabi myrosinase. Agricultural and Biological Chemistry, 43(11), 2249–2255.
[24]伊奈 和夫, 高澤 令子, 八木 昭仁, 伊奈 郊二, 木島 勲, 沢わさび茎,葉の芥子油成分について, 日本食品工業学会誌, 1990, 37 巻, 4 号, p. 256-260
[25]川端二功. (2013). スパイスの化学受容と機能性. 日本調理科学会誌, 46(1), 1–7.
[26]城 斗志夫, 工藤 卓伸, 田﨑 裕二, 藤井 二精, 原 崇, キノコの香気とその生合成に関わる酵素, におい・かおり環境学会誌, 2013, 44 巻, 5 号, p. 315-322
[27]Bellesia, F., Pinetti, A., Bianchi, A., & Tirillini, B. (1998). The Volatile Organic Compounds of Black Truffle (Tuber melanosporum. Vitt.) from Middle Italy. Flavour and Fragrance Journal, 13, 56–58.
[28]MARIN, A. B., & McDANIEL, M. R. (1987). An Examination of Hedonic Response to Tuber gibbosum and Three Other Native Oregon Truffles. Journal of Food Science, 52(5), 1305–1307.
[29]吉田 恵子, 四十九院 成子, 福場 博保, 黒緑豆タンパク質画分とその発芽過程における変化について, 日本栄養・食糧学会誌, 1986, 39 巻, 5 号, p. 415-421
[30]森永 泰子, 発芽中の黒緑豆の子葉におけるL-アスコルビン酸の生成と糖代謝の変動, 日本家政学会誌, 1987, 38 巻, 5 号, p. 369-373
[31]四十九院 成子, 吉田 恵子, 福場 博保, 黒緑豆プロテアーゼインヒビターの諸性質について, 栄養と食糧, 1979, 32 巻, 5 号, p. 321-327
[32]大久保 一良, 大豆のDMF (Dry Mouth Fee1,あく,不快味)成分と, 豆腐等の食品加工におけるその挙動. 日本食品工業学会誌, 1988, 35 巻, 12 号, p. 866-874
[33]大村 芳正, 秋山 美展, 斎尾 恭子, 大豆リポキシゲナーゼの品種並びに種実の部位別変化, 日本食品工業学会誌, 1986, 33 巻, 9 号, p. 653-658
[34]廣瀬潤子, & 浦部貴美子. (2011). 大豆たん白素材における不快フレーバー改善調理法 および保存方法の検討. 大豆たん白質研究, 14, 111–115.
[35]高橋敦子, 伊藤喜誠, 奥嶋佐知子, & 吉田企世子. (1997). カボチャの品種による果肉成分の違いが食味に及ぼす影響. 日本調理科学会誌, 30(3), 232–238.
[36]Keast, R. S. J., & Breslin, P. A. S. (2002). An overview of binary taste–taste interactions. Food Quality and Preference, 14, 111–124.
[37]大島 松美, 大島 敏久, 食品甘味料としての異性化糖の教材化, 化学と教育, 1995, 43 巻, 11 号, p. 710-713
[38]伊藤聖子, 葛西麻紀子, & 加藤陽治. (2013). バナナの追熟および加熱調理による糖組成の変化. 弘前大学教育学部紀要., 110, 93–100.
[39]西川陽子, & 安瀬智悠. (2015). バナナ追熟時におけるアスコルビン酸の動態. 茨城大学教育学部紀要, 64, 41–49.
[40]深田 陽久, 柑橘類を用いた新しい養殖ブリ(香るブリ)の開発, 日本水産学会誌, 2015, 81 巻, 5 号, p. 796-798

## 素材の味・香り


［1］商鍾嵐.（2017）. 忘れられたシルクロードの痕跡：閩南語と日本 語の繋がり. 平安女学院大学研究年報, 17, 101–109.

［2］ユドアミジョヨ R.ムルヨノ, 松山 晃, インドネシアの伝統的大豆発酵調味料, 日本食品工業学会誌, 1985, 32 巻, 10 号, p. 774-785

［3］堀江 秀樹, キャピラリー電気泳動法による野菜の主要呈味成分の分析, 分析化学, 2009, 58 巻, 12 号, p. 1063-1066

［4］高田 式久, トマトのアミノ酸について, 日本家政学会誌, 2012, 63 巻, 11 号, p. 745-749

［5］草薙得一 & 尾崎元扶.（1965）. 暖地馬鈴薯の萠芽性に関する研究（第3報）. 中国農業試験場報告. A, 作物部・環境部, 11, 35–54.

［6］加藤陽治, 照井誉子, 羽賀敏雄, 小山セイ, 日景弥生, & 盛玲子.（1993）. 生食野菜類のアミラーゼ活性. 弘前大学教育学部教科教育研究紀要, 17, 49-57.

［7］須藤朗孝.（2013）. 温湿度技術による熟成技術のシステム化に関する研究（Doctoral dissertation, 岩手大学）.

［8］石井智恵美, 鈴木敦子, 倉田元子, & 表美守.（1990）. ナスアントシアニンの熱安定性. 日本食品工業学会誌, 37（12）, 984-987.

［9］Takase, Shohei, Kota Kera, Yuya Hirao, Tsutomu Hosouchi, Yuki Kotake, Yoshiki Nagashima, Kazuto Mannen, Hideyuki Suzuki, and Tetsuo Kushiro. 2019. “Identification of Triterpene Biosynthetic Genes from Momordica Charantia Using RNA-Seq Analysis.” Bioscience, Biotechnology, and Biochemistry 83（2）：251–61.

［10］https://www.azooptics.com/Article.aspx?ArticleID=643

［11］“CucurbitacinI.”Caymanchem.com. http：//www.caymanchem.com/pdfs/14747.pdf.

［12］上野吉一.（1999）. 味覚からみた霊長類の採食戦略（味覚と食性 5）. 日本味と匂学会誌, 6（2）, 179-185.

［13］小原 香, 坂本 由佳里, 長谷川 治美, 河塚 寛, 坂本 宏司, 早田 保義, コリアンダーの成長期・器官別香気成分の変動, 園芸学会雑誌, 2006, 75 巻, 3 号, p. 267-269

［14］野下浩二.（2015）. カメムシ臭気成分の化学生態学的研究. 日本農薬学会誌, 40（2）, 152–156. https://doi.org/10.1584/jpestics.w15-06

［15］Mauer, L., & El-Sohemy, A.（2012）. Prevalence of cilantro（Coriandrum sativum）disliking among different ethnocultural groups. Flavour, 1（1）, 1–5.

［16］JOSEPHSON, D. B., LINDSAY, R. C., & STUIBER, D. A.（1985）. Volatile Compounds Characterizing the Aroma of Fresh Atlantic and Pacific Oysters. Journal of Food Science, 50（1）, 5–9.

［17］Delort, E., Jaquier, A., Chapuis, C., Rubin, M., & Starkenmann, C.（2012）. Volatile Composition of Oyster Leaf（Mertensia maritima（L.）Gray）. Journal of Agricultural and Food Chemistry, 60（47）, 11681–11690.

［18］丸山 悦子, 茂木 育子, 浅野 由美, 末安 加代子, 峰雪 敬子, 橋本 慶子, 長谷川 千鶴, 筍のホモゲンチジン酸生成酵素について, 家政学雑誌, 1979, 30 巻, 7 号, p. 603-607

［19］長谷川 千鶴, 料理における蓚酸と食味との関係, 家政学雑誌, 1956-1957, 7 巻, 1 号, p. 4-6

[17] Devezeaux de Lavergne, M., van Delft, M., van de Velde, F., van Boekel, M. a. J. S., & Stieger, M. (2015). Dynamic texture perception and oral processing of semi-solid food gels：Part 1：Comparison between QDA, progressive profiling and TDS. Food Hydrocolloids, 43, 207–217.
[18] 早川文代. (2013). 日本語テクスチャー用語の体系化と官能評価への利用. 日本食品科学工学会誌, 60(7), 311–322.
[19] Spence, C., Michel, C. & Smith, B. Airplane noise and the taste of umami. Flavour 3, 2 (2014).
[20] 早川文代. (2008). おいしさを評価する用語. 日本調理科学会誌, 41(2), 148–153.
[21] 杉山妙, & 村野賢博. (2020). "音"による食感の可視化. オレオサイエンス, 20(11), 515–520.
[22] 小泉直也, 田中秀和, 上間裕二, & 稲見昌彦. (2013). 咀嚼音提示を利用した食感拡張装置の検討. Transactions of the Virtual Reality Society of Japan, 18(2), 141–150.
[23] 坂井信之、食における学習性の共感覚、日本味と匂学会誌 Vol. 16, No.2, pp.171-178 (2009)
[24] 下田満哉、塩味・うま味増強香気成分による減塩食の嗜好性改善、日本味と匂学会誌 Vol.22, No.2, pp.151-156 (2015)
[25] 鈴木 隆, においとことば, におい・かおり環境学会誌, 2013, 44 巻, 6 号, p. 346-356
[26] 山田仁子, ワインの言葉に見る共感覚比喩, 言語文化研究, 1999, (6), 177-196
[27] 宇都宮 仁, フレーバーホイール, 化学と生物, 2012, 50 巻, 12 号, p. 897-903
[28] Y Dejima, S Fukuda, Y Ichijoh, K Takasaka, R Ohtsuka . (1996). Cold-induced salt intake in mice and catecholamine, renin and thermogenesis mechanisms. Appetite, 26, 3, 203-220.
[29] 井上裕, 渡辺寛人, & 早瀬文孝. (2016). おいしさに関わる調味料の加熱香気. におい・かおり環境学会誌, 47(6), 392-400.
[30] 斉藤知明. (2004). 8. 食品のこくと, こく味 (<総説特集> 食べ物のおいしさと熟成を科学する). 日本味と匂学会誌, 11(2), 165-174.
[31] 斎藤幸子. (1983). 味覚のあいまいさ (<特集>「感覚のあいまいさ」). バイオメカニズム学会誌, 7(3), 14-19.
[32] 宮澤利男. (2016). 相互作用の計測による隠し香(閾下濃度成分)の発見.日本醸造協会誌,111巻.7号.p.422－430
[33] Oka, Y., Omura, M., Kataoka, H., & Touhara, K. (2004). Olfactory receptor antagonism between odorants. EMBO Journal, 23(1), 120–126.
[34] 伊藤フミ, & 玉木民子. (1981). 食物嗜好についての研究(第1報) —年齢別にみた嗜好の傾向—. 新潟青陵女子短期大学研究報告, 11, 71–82.
[35] 高橋徳江, 鈴木和子,佐藤節夫, & 平井慶徳. (1991). 高齢者医療における栄養・食事管理 —低栄養の補正と過剰摂取の是正—. 順天堂医学, 37(1), 15–25.
[36] 石橋 忠明, 松本 秀次, 原田 英雄, 越智 浩二, 田中 淳太郎, 妹尾 敏伸, 岡 浩郎, 三宅 啓文, 木村 郁郎, 加齢による膵外分泌機能の変化, 日本老年医学会雑誌, 1991, 28 巻, 5 号, p. 599-605

# 引用・参考文献

## 味覚・嗅覚全般

[1]堀尾 強, 河村 洋二郎, 味の嗜好に及ぼす運動の影響：甘味、塩味、うま味について, 日本味と匂学会誌, 1996, 3 巻, 1 号, p. 37-45

[2]将納横家, & 服部 宣明. (2009). 日本人の食塩摂取量の地域差に関する気候学的考察. 下関短期大学紀要, 29, 19–29.

[3]https://www.hsph.harvard.edu/magazine/magazine_article/wheres-the-salt/

[4]Hoppu, U., Hopia, A., Pohjanheimo, T., Rotola-Pukkila, M., Mäkinen, S., Pihlanto, A., & Sandell, M. (2017). Effect of Salt Reduction on Consumer Acceptance and Sensory Quality of Food. Foods 2017, Vol. 6, Page 103, 6(12), 103.

[5]Yamaguchi, Shizuko, and Chikahito Takahashi. 1984. "Interactions of Monosodium Gl utamate and Sodium Chloride on Saltiness and Palatability of a Clear Soup." Journal of Food Science 49 (1)：82–85.

[6]Wang, C., Lee, Y., & Lee, S. Y. (2014). Consumer acceptance of model soup system with varying levels of herbs and salt. Journal of Food Science, 79(10), S2098–S2106.

[7]佐々木公子, 芦田愛佳, 關元真紀, 西川真由, 山﨑恵里奈, 小林由枝, & 藤戸茜. (2018). 香辛料の塩味への影響および減塩食への応用の可能性. 美作大学紀要, (51), 99-106.

[8]真部真理子. (2011). だしの風味と減塩, 44(2), 3–4.

[9]小松さくら,友野隆成,青山謙二郎. (2009). 食物への渇望(Food Craving)と気分状態との関連. 感情心理学研究, 17(2), 129–133.

[10]川端二功. (2013). スパイスの化学受容と機能性. 日本調理科学会誌, 46(1), 1–7.

[11]小島 泰雄, 辛い四川料理とモンスーンアジア, 日本地理学会発表要旨集, 2018, 2018a 巻, 2018年度日本地理学会秋季学術大会, セッションID S606, p. 86

[12]Yoshida, K., Nagai, N., Ichikawa, Y., Goto, M., Kazuma, K., Oyama, K. I., ... & Kondo, T. (2019). Structure of two purple pigments, catechinopyranocyanidins A and B from the seed-coat of the small red bean, Vigna angularis. Scientific reports, 9(1), 1-12.

[13]小林茂雄, 近藤奈々美, 大嶋絵理奈. (2019). 視覚を制限した暗闇での飲料味覚の現れ方. New Food Industry, 61(6), 419–429.

[14]Maga, J. A. (1974). Influence of color on taste thresholds. Chemical Senses, 1(1), 115–119.

[15]西村幸泰, & 橋田朋子. (2016). 飲料の彩度変化が味の濃さと明瞭さに与える影響. 信学技報, 115(495), MVE2015-69, pp.79–83.

[16]澁川義幸, & 田﨑雅和. (2010). 食・テクスチャーの神経基盤：脳における口腔内体性感覚発現. 歯科学報, 110(6), 813–817.

## ら



## り



## る



## れ



## ろ



## わ

## み



## む



## め



## も



## や



## ゆ



## よ

## ふ



## へ



## ほ



## ま

## ぬ



## ね



## の



## は



## ひ

## す

## さ



## し

## く



## け



## こ

## い



## う



## え

# 索引

## あ

**川崎寛也**（かわさき ひろや）

1975年　兵庫県生まれ。実家は明治20年創業の西洋料亭「西洋亭」（現在は廃業）
2004年　京都大学大学院農学研究科博士後期課程修了 博士（農学）
同　味の素株式会社食品研究所に勤務
2009年　仁愛大学食品学講師
2011年　味の素株式会社イノベーション研究所を経て、現在食品研究所エグゼクティブスペシャリスト。特定非営利活動法人日本料理アカデミー理事。

おもな執筆書 『料理すること その変容と社会性』（ドメス出版刊）『料理のアイデアと考え方』『料理のアイデアと考え方2』『だしの研究』（柴田書店刊）『日本料理大全　だしとうま味、調味料』『日本料理大全　向板I』（特定非営利活動法人日本アカデミー刊）ほか。

# 味・香り「こつ」の科学

## おいしさを高める 味と香りのQ&A

初版印刷　2021年8月25日
初版発行　2021年9月10日

著者©　川崎寛也
発行者　丸山兼一
発行所　株式会社 柴田書店
〒113-8477
東京都文京区湯島3-26-9　イヤサカビル
営業部　03-5816-8282（注文・問合せ）
書籍編集部　03-5816-8260
URL　https://www.shibatashoten.co.jp

印刷・製本　シナノ書籍印刷株式会社



ISBN　978-4-388-25121-6　Printed in Japan　©Hiroya Kawasaki. 2021